KB201439

삶의 의미를 찾아서

삶의 의미를 찾아서

토마스 H.네일러, 윌리엄 H.윌리먼, 맥덜레너 R.네일러 지음
박근원, 신현복 옮김

도서출판 아침
Christian Home Books

The Search for Meaning

by Thomas H.Naylor, William H.Willimon, and Magdalena R. Naylor

차례

5

　　이 책 <삶의 의미를 찾아서>를 통하여 함께 의미를 탐구하게 된 것을 환영한다. 이 책은 일곱 단계의 과정으로 구성되어 있다. 거기에는 살며, 사랑하며, 일하며, 놀며, 고난당하며, 죽는 인간 존재란 과연 무엇인지에 관하여 씨름하는 것이 내포되어 있다.

　　윌리엄 H. 윌리먼, 토마스 H. 네일러, 그리고 맥덜레너 R. 네일러는 우리가 우리의 '삶의 이야기'를 재검토하고, 삶 속에 있는 '무의미함'을 온전히 극복하며, 우리 자신과 다른 이들에게서 '분리'와 대면하고, 단순한 '소유'의 결과를 심사 숙고하며, '존재'를 통하여 의미를 찾으며, '개인적인 철학'을 공식화하고, 인간이 직면한 가장 중요한 탐구－우리 삶에 참을성 있는 의미가 있었으면 하는 욕구－에 대하여 언급하는 '개인적인 전략'을 고안해 낸다.

　　토마스 H. 네일러(Thomas H. Naylor, Ph.D.)는 작가요, 철학자이며, 듀크 대학교 경제학과 교수이다. 그는 그 곳에서 30년 동안 가르쳤다. 네일러 박사는 특히 전략적 관리 분야에서 활동하는 국제 관리 고문으로서, 30개 이상의 나라에서 정부나 주요 회사들의 고문 역할을 해 왔다. 현재 그는 미들버리 대학과 버몬트 대학교에서 '직장에서의 의미 탐구'를 가르치고 있다. 그는 24권의 책을 쓴 저자이기도 하다. 윌리엄 H. 윌리먼(William H. Willimon, S.T.D.)은 듀크에서 교목실장 겸 그리스도교 교역학과 교수로 활동하고 있다. 윌리먼 박사는 <에덴을 위한 탄식>과 <먼저 웃을지어다>를 포함한

33권의 책을 쓴 저자이며, 재류 외국인의 공저자이기도 하다. 맥덜레너 R. 네일러(Magdalena R. Naylor, M.D., Ph.D.)는 특히 여성과 사춘기 청소년 문제를 다루는 분야에서 두각을 보이고 있는 정신의학자로서, 버몬트 대학교 의학 센터의 조교수이다. 그녀는 수많은 과학 논문의 공저자이기도 하며, 전문적이고 교육적이고 종교적인 집단에 대하여 빈번하게 강의도 하고 있다.

이 책에 대한 서평을 세 사람이 했는데, 한 마디씩 옮겨 보면 이렇다. 먼저 스탠포드 대학교의 정신의학 교수요, <사랑의 실행자>와 <니체가 울었을 때>의 저자인 어빈 D. 얄롬 박사(M.D.)는 "자극과 통찰을 가져다 주는 책으로서…감히 알기 어려운 쟁점들을 탐구해 보도록 하되 - 그것들을 현재 미국의 정치적인 분위기의 맥락에서 탐구해 보도록 하는 책"이라고 격찬했고, 크리스찬 센츄리의 제임스 M. 윌은 "좋은 책으로서…의미 탐구는 하나의 궁극적인 관심에 대한 몇몇 참조 없이는 행해질 수 없는 것"이라고 덧붙였으며, 릴리 인다우먼트(Lilly Endowment)의 제임스 P. 와인드 박사(Ph.D.)는 "60년대의 부분적인 메아리요, 90년대를 위한 부분적인 자명종 소리라 할 수 있는, 이 책 <삶의 의미를 찾아서>에서는 미국인의 삶 밑부분에 있는 무의미함을 용감히 대면하고, 우리가 세상에서 존재의 대안적인 방법들을 찾고 따르고 창조할 수 있도록 초대하고 있다"고 피력했다.

의미없는 삶, 그것이 현대인의 자화상이다. 삶의 의미를 탐구한다는 것은 무엇인가? 과연 삶을 의미있게 살 수 있는 길이 없는가? 강력한 삶의 의미는 우리가 아침마다 이부자리를 훌훌 털고 일어나서 전혀 다른 날과 그 모든 불확실성을 직면함으로써, 삶을 모험 그 이상이 되도록 동기를 부여해 준다. 그런 의미에서, 지금 미국 전역에서 베스트셀러로 많은 이들의 주목을 받고 있는 이 책은, 현대를 살아가는 모든 사람들에게– 전문가들뿐만 아니라 일반인들에게까지도 – 탁월한 삶의 지혜를 선사하는 보기 드문 지침서로서 손색이 없을 것이라고 확신한다. 심리치료와 상담의 관점에서 볼 때, 이 책은 '의미치료'라고 감히 말할 수 있다.

특히 이 책은 삶의 의미로 날마다 진지한 씨름을 하고 있는 젊은이들과 노인들, 학생들과 교수들, 직장인들과 가정 주부들, 환자들과 의사들, 돌봄을 필요로 하는 이들과 돌보는 일을 하고 있는 이들, 예술인들과 철학자들, 일반 신앙인들과 종교 지도자들, 상담가들과 심리치료 전문가들에게 값진 선물이 될 것이다. 삶의 의미는 곧 우리 삶의 희망과 직결되어 있기 때문이다. 나아가 이 책이 가져다 줄 영향력과 그 깊이 있는 성찰은 한국 사회에 더없는 청신호로 작용할 것이다. 부족하지만, 척박한 이 땅에 꼭 읽혀져야 할 책이라 생각되어 서둘러 이렇게 소개한다. 한국 상황에 맞게 구수한 된장찌개 냄새가 풍기는 관련 서적들이 곧 뒤따르게 될 것을 약속하면서 말이다.아무쪼록 이 책이 삶의 의미를 발견하지 못한 채 쓰린 마음으로 아파하며, 현대 사회의 으슥한 골목길을 마냥 헤매고 있는 이들에게, 뜻밖의 소중한 선물로 손에 쥐어지고 가슴에 안겨졌으면 한다. 그래서 이 책을 읽고 나서, 저마다 그리스도 안에서 살아 있다는 생생한 느낌 곧 삶의 의미를 회복함으로써, 하늘이 준 새로운 삶의 기회를 풍성하게 누리게 되기를 간절히 바란다. 끝으로 정성을 들여 이 책을 만들어 주신 열린마당의 백성기 대표님께 감사드린다. 자, 그럼, 이제부터 여러분이 그토록 궁금해 하는 여러분의 삶의 의미를 탐구해 보기로 하자!

1999년 새해 아침에
옮긴이

머리말

10분쯤 지났을까, 바그다드에서 폭탄이 터지기 시작했다. 그 날이 바로 1991년 1월 16일 밤이었다. 그리고 그 때 학생들은 '의미의 탐구'라는 새로 개설된 강좌 세미나에 참석하기 위하여, 듀크 대학교 강의실로 발걸음을 재촉하기 시작하던 차였다. 사막의 폭풍이라는 작전이 시작됐을 때, 경제학자 한 명과 신학자 한 명과 학부 학생 열다섯 명이 참여한 14주의 여행도 시작되었다. 걸프전과 그 여파의 침울한 배경에 반하여, 우리는 불확실한 미래의 의미를 곰곰이 생각했다. 우리는 왜 여기 있는가? 우리는 어디로 가고 있는가? 그것은 모두 무엇을 의미하는가? 이것들은 우리가 붙잡고 씨름하는 질문 가운데 속한다. 우리가 어디로 가고 있는지 또는 우리가 어디에 막다르게 되는지를 모른 채, 그 세미나는 우리의 존경할 만한 경력 가운데 가장 도전적인 가르침의 경험이 될 수 있음을 입증해 주었다.

걸프전 소식에 충격을 받은 채, 학생들은 첫날 밤 동안 꽤 개방적이었고 소명도 있었다—그것은 그 세미나 내내 지속되었던 분위기였다. 그 집단에는 로마 가톨릭 신자가 세 명, 유대인이 한 명, 남침례교 신자가 여러 명, 중국인 불가지론자가 한 명, '비신자'가 서너 명, 그리고 베이루트에서 자라고 예수회를 통하여 양육된 젊은이가 한 명 포함되어 있었다. 그들은 모두 자신들에게 우리가 한 모든 말에 도전할 권리가 있음을 느꼈다—또 실제로 그들은 그렇게 했다.

때때로 대학생들이 머리에 지식은 쌓아 가면서도 정작 삶이란 무엇인지 그리고 그 삶을 어떻게 살 것인지에 대해서는 관심을 갖지 않는 모습을 지켜 보면서, 우리는 여러 가지 책을 함께 읽고, 몇 가지 연설과 연극도 연구하고, 그리고 "사람들은 삶 속에서 어떻게 의미를 발견하는가?"라는 주제에 대하여 많은 토의를 하기로 제안하였다. 엄격하고 분화된 대학 교과과정의 제한 사항들이 싫어서 우리들은 통전적이고, 개인적이고, 참여적이고, 요구적이라고 할 수 있는 코스를 추구했다. 첫 세미나 뒤에, 한 정신의학자가 우리 탐구에 참여하였다. 이 책은 우리 셋이 듀크 대학교와 그 밖의 다른 곳에서 '의미의 탐구' 세미나를 이끄는 가운데 배웠던 것의 결과이다. 우리 둘, 윌과 토마스의 탐구는 1950년대에 남부에서 국가적으로 강요된 인종 차별주의와 개신교주의를 개인적으로 경험한 것들로부터 발전되었다. 윌의 영적인 순례는 연합 감리교 목사, 교수, 그리고 대학 교목이라는 형태로 이어졌다.

> 나의 의미 탐구에는 다양한 교역 형태를 통하여 빚어진 교회에 대한 오랜 책임이 포함되어 있다. 내가 의미 탐구에 대한 개인적이고 적극적인 책임을 떠맡기 위하여, 이 책 곳곳에서 반복적으로 울려 퍼지고 있는 도전의 목소리에 반향을 나타내는 동안에, 이 세미나는 곧 성서와 전통과 그리스도교 신앙의 회중적인 구체화에 참여하는 것을 의미했다. 이 책을 쓰면서 나에게 도전이 되었던 것은, 나의 신념을 전적으로 공유하지 않는 사람들과 의미 탐구에 관한 대화를 나누고 또 그들에게서 도움을 받음으로써 나의 독특한 그리스도교적 확신을 설명하는 것이었다.
>
> 목사

토마스는 가뭄에 콩 나듯 종교적인 예배에 참석했던 인내심 많은 불가지론자였는데, 삶의 의미를 묻는 그의 탐구는 그가 미시시피를 떠난 뒤 거의 25

년 동안 잠자고 있는 상태에 놓여 있었다. 그러나, 그의 탐구는 1982년 모스크바의 크레믈린 벽 바깥에서 공산주의의 그늘 아래 삶의 의미를 고뇌하고 있던 한 젊은 여성—공공연한 무신론자—과 영적인 만남을 이룸으로써 새로운 에너지를 주입받았다.

> 나는 1982년 모스크바 여행에서 돌아온 뒤, 한 지역교회 목사에게 이런 제안을 하면서 접근했다. "제가 신약성서 신학의 대부분을 받아들이지만, 그 중 몇가지 이야기에는 문제를 느끼고 있는데, 목사님 교회에 나가도 됩니까?" "그런 탐구를 하고 계시다니 환영입니다." 그의 대답이었다. 탐구하는 성공회 신자로서, 나는 예수 그리스도의 사랑과 공동체에 관한 메시지에 매혹을 느끼고 있는 나 자신을 발견하게 된다. 그러나, 나는 여전히 하나님에 관하여 많은 의문을 지니고 있다. 하나님은 계시는가? 하나님은 누구신가? 하나님은 사랑스런 분인가, 돌봄을 베푸시는 분인가, 자기애적인 분인가, 포학한 분인가, 아니면 복수심에 불타는 분인가? 하나님이라는 말의 의미는 무엇인가? 이런 저런 의문을 둘러싼 신비를 통하여, 나는 탐구로 나아간다.
>
> 경제학자

맥덜레너는 토마스나 윌이 경험했던 것보다 훨씬 더 억압적인 환경에서 자랐다. 그녀의 탐구는 폴란드 바르샤바에서 시작되었는데, 거기서 30년 동안 그녀는 스탈린 공산주의와 폴란드 가톨릭주의 아래서 살았다. 의과 대학을 마치고 심장관 계통 물리학 분야에서 철학박사 학위(Ph.D.)를 받은 뒤, 그녀는 폴란드와 미국에서 첨단 의학과 의학 연구의 비인간화 측면에 대하여 다시 생각하기 시작했다. 좀더 인간적인 형태의 의학을 위한 탐구를 통하여, 그녀는 정신의학 쪽으로 나아갔다. 이 책을 쓴 직후에, 맥덜레너와 토마스는 자신들이 썼던 생활 양식 유형과 버지니아 리치먼드에서 누리는 삶의 질을 비교했다. 그리고 그들은 자신들이 그 책을 다시 쓰거나 아니면 자신들의 생활 양식이 바뀌어야 한다는 결론에 이르렀다. 그들은 지금 버몬트에 살고 있다.

미국인들은 "늘 그 밖의 다른 어떤 곳을 향하여 길을 가는 중"에 있다. 다음은 하퍼 출판사의 편집장인 루이스 H. 래펌의 말이다.

> 만일 미국이 그 밖의 아무것도 아닌 것에 관하여 존재한다면, 그것은 자기의 발명에 관하여 존재하는 것이다. 우리는 역사를 거의 사용하지 않기 때문에, 그리고 계급 특권이라는 청사진 위에 설립된 한 사회의 위로를 거절하기 때문에, 우리는 우리 자신이 그럴싸한 자기를 건축하고, 정체성이라는 뗏목을 만들려는 의무 외에는 아무것도 물려받지 못한 채, 실존적인 공허 속에서 출생시부터 표류하고 있음을 발견한다 … 끊임없는 탐구를 해 나가는 방랑의 순례자가 아니라면, 그 밖에 누가 미국의 영웅이란 말인가?[1]

의미 탐구는 우리 뼈 안에 있다고 래펌은 말한다. 따라서, 우리는 여러분이 여러분의 삶 가운데서 가장 중요한 순례를 계속하고, 재개하고, 나아가 새롭게 시작도 할 수 있었으면 하고 초대하는 바이다. 다음 장부터 우리는 왜 의미가 십중팔구 현대인의 핵심적인 문제라고 생각하는지 분석할 것이다. 그리고 나서 우리는 여러분의 삶에서 의미를 찾는 단계별 과정을 통하여, 그리고 여러분의 탐구를 위한 구체적인 목적과 목표를 몇 가지 설정함으로써 여러분을 이끌려고 한다. 혼자 읽든지 아니면 친구들과 함께 읽든지 이 책이 여러분 자신을 어떤 다른 곳을 향하여 길을 가는 순례자로 보도록 격려함으로써, 여러분의 삶을 풍요롭게 할 수 있을 것이라고 믿는다.

> 나의 강력한 로마 가톨릭 배경 때문인지, 내게는 높은 데 계신 분의 능력을 믿는 데 조금도 어려움이 없다. 그러나, 이 능력의 본질은 내게 신비이다.

> 나의 문제는 세상의 어마어마한 양의 고통과 고난을 신약성서의 낙관적인 메시지의 빛에서 합리화해 버린다는 점이다. 내가 성공회 신자일지라도, 내게 의미 탐구는 하나님 탐구와 동일하지 않다. 나의 탐구는 나의 개인적인 정신 분석으로 다듬어져 왔고, 환자와의 심리치료를 통하여 지금도 계속되고 있다.
>
> 정신의학자

이 책을 통하여 우리는 여러분을 우리의 여행에 합류하도록 초대하고 있는 것이다. 우리는 여러분이 삶을 꽉 붙잡도록 격려한다. 또 여러분이 지금 어디로 가고 있는지 그리고 여러분이 어디로 가기를 희망하는지 정직하게 바라보도록 격려한다. 아울러, 우리는 탐구에 참여한 다른 사람들의 어깨 너머를 너그럽게 보아넘길 것이다. 우리는 존재의 새로운 터로 나아가는 길 위에서 순례자들이 될 것이다.

듀크 대학교와 그 밖의 우리 학생들에게 이 책을 바친다. 그들이 우리와 함께 기꺼이 여행을 해 주지 않았더라면, 우리는 결코 첫 장소에서 시작도 할 수 없었을 것이다. 우리 학생들과 워크숍 참여자들 외에도, 다른 수많은 이들이 이 책에 공헌하였다. 실제로 이 책에 포함된 모든 아이디어는 잭 D. 들로이트와 함께 주마다 벌인 토의 덕분이다. 그는 두 편의 시를 제공해 주기도 했다. 드나이스 스켈렛은 수도 없이 개정된 인쇄본 타이프를 쳐 주었다. 논평과 격려를 아끼지 않은 이들도 많이 있다. 특히 도움이 되었던 분들은 제임스 R. 애덤스 목사님, 다이애너 앤토너치 박사님, 잭 D. 스피로 랍비님, 그리고 킵 톰프슨 등이다. 많은 도움을 준 우리의 대리인, 도널드 C. 브랜던버그에게도 깊이 감사드린다.

토마스 H. 네일러, 윌리엄 H. 윌리먼, 맥덜레너 R. 네일러

삶의 의미를 찾아서

산송장

> 탐구란, 누군가 자신이 스스로 파 놓은 삶의 일상성 속에 묻혀 지내고 있
> 는지 아닌지를 실험해 보는 것이다. 탐구의 가능성을 알아차리는 것은 무엇
> 인가로서 존재하는 것이다. 무엇인가로서 존재하지 않는다는 것은 절망에
> 빠져 있다는 것이다.
>
> 워커 퍼시
> <영화광>

우리는 전례가 없을 정도로 영적인 위기 한복판에 살고 있다.[1] 공산주
의의 몰락과 구소련의 붕괴 때문에 우리의 심리학적인 취약성이 명백히
드러났다. 우리에게는 냉전이 끝난 지금 무엇이 되려는지에 대해서 전혀
생각이 없다. 우리는 그 길을 잃어 버렸다. 우리는 무의미함 때문에 고통
스러워한다. 그 무의미함은 차례로 분리로, 소외로, 그리고 궁극적으로는
절망으로 번져 간다. 그와 똑같은 현상이 실제로 유럽의 많은 나라들에서
나타나고 있다―특히 프랑스, 독일, 이탈리아, 스웨덴, 그리고 대부분의
동유럽 국가들에서 나타나고 있다―이전의 소련에 속하던 국가들을 모조
리 언급하지 않더라도 말이다. 우리의 정치, 영성, 학문, 경제의 지도자들

에게는 미래에 대한 전망이 전혀 없다. 우리는 공동체에 대하여 어떤 느낌도 갖고 있지 않다. 허무주의의 망령이 우리 위에 어렴풋이 나타나고 있다.

소외된 이들은 자기 가족, 자기 일, 자기 정부, 자기 기본 신념, 그리고 마침내는 자기 자신에게서 고립됨으로써 자신을 방어하려고 한다. 약물 남용, 알코올 중독, 이혼, 문란한 성생활, 십대의 자살, 범죄, 그리고 폭력은 모두 무의미함에 뿌리를 두고 있다. 왜 서구 산업 국가에서 살고 있는 그렇게 많은 사람들이 삶의 의미에 대하여 공허해 하는가? 만일 할 수 있다면, 이 지독한 문제에 대하여 무엇을 할 수 있는가? 만일 무의미함이 정면에서 우리를 빤히 응시하고 있을 때조차도 우리가 그것을 인정하지 않는다면, 우리는 결코 그 무의미함을 다루는 일을 시작할 수 없다.

무의미함이 가장 널리 퍼져 있는 곳은 바로 대학 교정이다. 단과대학도 종합대학도 모두 자신들의 인내심을 잃어 버렸다ー행정을 맡은 이들도, 교수들도, 학생들도 마찬가지이다. "듀크 대학교는 세계적인 학교입니다ー프린스턴보다 훨씬 우수합니다." 이 말은 듀크 대학교의 한 높은 분이 기금을 모으는 한 단체에게 공언한 것이다. "사 년 동안 일 주일에 나흘 밤을 내리 술을 마시고도 평균 B 학점을 유지할 수 있는 몇 안 되는 주요 대학교 가운데 하나입니다." 그는 자신의 주장을 떠받치기라도 하듯, 최근 방문한 4명의 프린스턴 동료들의 이야기를 인용한다. 그 친구들은 듀크야말로 진실로 최상급 학교임을 확인해 주었다. 이것이 <뉴욕 타임즈 매거진>에서 책 표지 사설을 쓴 저자가 듀크 대학교를 '주목받는 대학'으로 묘사했을 때 마음에 두고 있었던 것이었을까?

그러나, "음주 : 술이 깬 상태에서 인내심 많던 프린스턴의 과거 시절을 바라봄"이라는 제목을 단 <주간 프린스턴 동창생>의 한 사설에서는 듀크의 예민한 경쟁적 특권에 의혹을 제기한다. 듀크나 프린스턴을 바라보는 사회적인 시각은 여느 미국 대학교들의 그것과는 전혀 딴판이다. 미국의 공중 위생에 관한 한 연구에서는 미국의 대학생들이 해마다 거의 4조 개에 달하는 캔맥주를 마시며, 한 사람 당 34갤런에 육박하고도 남을 정도의 포도주와 술을 마셔 댄다는 사실을 발견했다. 신입생들의 난투를 즐기기 위하여 오럴 섹스를 실행하는 여성 스트리퍼에 대한 보고들에 뒤이어, 널리 알려진 버지니아 대학교의 남학생 클럽 하우스 약물 불시 단속 등에서 보는 것처럼 그보다 더 많은 것들이 밝혀지고 있다. 대학생들은 알코올이나 약물 남용보다 더 근본적인 침체 상태로 인해 고통을 받고 있다. 그들의 삶은 의미가 없다.

여러 해 동안, 듀크의 푸콰 경영학부 학생들은 개인적인 전략 계획을 쓰라는 요구를 받았다. 그들에게 제기된 질문은, "여러분이 성장했을 때 무엇이 되고 싶은가?"라는 것이었다. 몇 명 예외가 있긴 했지만, 그들은 세 가지의 것을 원했다－돈, 권력, 그리고 한 가지는 매우 큰 것이었는데,

그것은 휴가철용 별장, 비싼 외제차, 요트, 그리고 심지어는 비행기까지 포함하는 것이었다. 그들의 개인적인 계획에는 주로 자신들의 경력과 재정적인 증권 증식에 관한 관심만 있었지 가정이나, 지적 개발이나, 영적 성장이나, 사회적 책임에 대한 배려는 전혀 없었다.

교수들에 대한 그들의 요구는, "어떻게 해야 돈 버는 기계가 되는지 가르쳐 달라"는 것이었다. 과학 기술−특히 개인용 컴퓨터−은 그들의 신이었다. 개인용 컴퓨터를 부드럽게 다룸으로써 고요한 잡음에 따라 최면에 걸린 채, 그들은 죽을 수밖에 없는 자신들의 상황을 거부할 수도 있고 자신들의 운명을 제어할 수도 있다는 환영에 사로잡혔다.

오늘의 세계에서 의미를 탐구해야 할 이유가 그렇다. 탐구는 살며, 사랑하며, 일하며, 놀며, 고난당하며, 죽는 인간 존재란 과연 무엇인지에 관하여 씨름하는 것을 내포한다. 의미를 강하게 느끼는 것은 우리가 아침마다 침대를 훌훌 털고 일어나서 전혀 다른 날과 그 모든 불확실성을 직면함으로써, 우리의 숙명을 운명으로 바꾸고, 삶이 따분한 것보다는 모험이 되도록 동기를 부여해 주는 것이다.

알베르 카뮈만큼 의미 탐구에 집착한 이는 없었다. 그는 "삶의 의미는 가장 절박한 문제"[2]라고 말했다. 탐구를 호소하는 것은 삶의 신비 자체를 끌어당기는 것이다. 라인홀드 니버에 의하면, 의미에 대한 인간의 어떤 말도 충분히 신비를 풀 수 없다고 하더라도, 삶의 신비는 의미 안에서 이

해된다.[3] 또 J. 미들턴 머리에 의하면, 오로지 의미를 알지 못하는 데 의미가 있다는 사실을 아는 것, 그것이야말로 더없는 행복이다.[4]

　대부분의 대학에서는－시장 압박에 대한 반응으로－경력주의에 너무 사로잡힌 나머지, 학생들의 의미 탐구를 촉진시킬 수 있는 일은 거의 안 하고 있는 실정이다. 의미의 부재 때문에 남학생 기숙사를 강타하는 주정, 데이트 강간, 문화의 파괴, 그리고 폭력 행위가 생겨난다. 한 듀크 학생에 의해 고발된 데이트 강간과 술집 칼 싸움 소동은 일간 학생 신문－<듀크 크로니클>에서 다룬 최근 발렌타인 데이에 관한 쟁점 가운데 톱 뉴스들이었다.

　학생들에게는 만족시키는 것을 미룰 만한 동기가 전혀 없다. 그들에게는 자신들에게 의미가 전혀 없는 미래에 대한 믿음이 거의 없다시피 하기 때문이다. 대신에, 그들은 "모조리 소유할 수 있고 또 당장 소유할 수 있는" 아리송한 꿈을 좇는다－그 꿈은 의미 없음을 물질적인 것으로 덮어놓은 거짓임이 탄로나고 만다.

　한편 대부분의 대학생들은 개인주의를 거의 신적인 지위로 격상하는 이데올로기를 지지하면서, 세계적인 순응주의자로 행동한다. 어떤 이들은－종종 헛되이－부모의 승인, 과도한 텔레비전 시청, 록 뮤직, 스포츠 구경꾼, 육체적인 건강, 난잡한 성생활, 그리고 인종주의를 통하여 의미를 발견하려고 애를 쓴다. 반어적으로, 그들은 어떤 방향 감각도, 자신들의 삶에 의미를 던져 줄 만한 것에 대한 어떤 내적인 확신도 없이, 외부 압력에 순응하는 희생자가 된다. 그들의 부모, 그들의 강한 애착, 그리고 회사가 그들을 배후에서 조종한다.

대학 교정은 미국 의학 협회와 전국 교육위원 연합회가 작성한 한 연구의 결론을 반영한다. "전에는 한 세대의 미국 십대들이 자기 부모들이 십대였을 때보다 결코 덜 건강하거나, 보살핌을 덜 받거나, 삶의 준비를 덜 한 적이 없다." 과반수 이상의 고등학생들이 알코올기 있는 음료를 마시고, 거의 50만 명이 주마다 진탕 마시고 떠들어 댄다. 많은 이들이 이미 알코올 중독자들이다. 동유럽과 구소련에서는 상황이 훨씬 더 나쁘다.

미국에서는 젊은이들에 의한 폭력적인 범죄율이 1980년대 동안에 25퍼센트까지 증가되었다. 십대 자살율은 과거 30년에 비해 3배가 되었다. 자살은 15세에서 19세 사이의 사망 원인 가운데 두 번째로 주요한 것이다. 한 갤럽 여론 조사에서는 미국 십대의 15퍼센트가 자살을 심각하게 생각해 보았고, 6퍼센트가 실제로 자살 시도를 한 적이 있는 것으로 나타났다. 십대 자살의 70퍼센트 이상이 알코올이나 약물의 상습적인 사용과 관련되어 있다.

대학 생활은 우리의 침체 상태를 은유적으로 표현하고 있다. 번영과 너무 많은 여가 시간의 이용 때문에, 우리는 무엇을 해야 할지를 아는 것보다 더 많은 자유를 누리고 있다. 에리히 프롬이 언젠가 말했듯이, "우리는 유명할 정도로 불행한 사람들 : 외롭고, 불안하고, 우울하고, 파괴적이고, 의존적인 사람들의 사회이다—그 사람들은 우리가 구해 내려고 무척 힘들게 시도하는 시간을 우리가 허비하고 있을 때 기뻐한다."[5]

비록 많은 정신 질환의 원인을 무의미함의 문제로까지 거슬러 올라갈 수 있다고 할지라도, 수없는 사람들이 어떤 평범한 증상도 없이 공허한 삶을 경험하고 있다. 비록 우리가 전례 없는 번영의 시대에 살고 있다고 할지라도, 소설가 워커 퍼시는 그것이야말로 타나토스의 시간 — '산송장(living dead)'의 시간이라고 경고한다. 그 안에서는 "사람들이 온갖 사회학적 규준에서 볼 때 좋기만 한 삶을 살고 있는 것처럼 보이고… 어떻게든 살아 있는 것보다 더 죽어 있는 것처럼 보인다."[6] 퍼시가 말했듯이, "삶을 박탈당한 것보다 더 나쁜 것이 있다 : 그것은 바로 삶을 박탈당했으면서도 그 사실을 알지 못하는 것이다."[7]

육체적으로 살아 있는 많은 이들이 영적으로는, 정서적으로는, 그리고 지적으로는 죽어 있는 것처럼 보인다. 산송장을 어디서나 발견할 수 있다—풍요로운 사건이 없는 삶 속에서 무슨 사건이라도 터지기를 바라며 시간마다 바보 상자 앞에 딱 달라붙어서 CNN 같은 뉴스 프로그램만 뚫어지게 들여다 보는 사람, 주일 아침이면 자신들이 믿지도 않는 사도신조를 암송하는 사람, 컨트리 클럽에서 골프를 치는 사람, 부품조립 라인에서 일하면서 "좋은 날 되세요!"라고 말하는 사람, 쇼핑 가게에서 시간을 모두 허비하는 사람, 일터를 왔다갔다 출퇴근하는 사람, 마음에도 없는 관료적인 직업에 흥미있는 체하는 사람, 록 뮤직에 최면이라도 걸린 것처럼 푹 빠진 사람, 해변가에서 자신들의 몸을 태우는 사람, 전혀 감동이 없는 교실 강의를 들어주느라 죽치고 앉아 있는 사람, 그리고 이웃 스포츠 용품 가게에서 텔레비전 프로그램을 넋 놓고 바라보고 있는 사람, 이들 모두가 하나같이 살았으나 죽어 있는 산송장들이다. 미국의 보통 사람들이 한 주에 28시간이나 텔레비전을 본다거나, 케이블 텔레비전을 보는 이들이 조만간 500개의 채널을 선택할 수 있게 되리라는 것은 결코 우연이 아니다.

> **대**부분의 사람들에게, 삶이란 파일로 정리해 놓기 위하여 정확한 서류철(마닐라 폴더)을 탐구하는 것이다.
>
> 클리프턴 패디먼

사람이 올바른 질문을 던지는 법을 배우지 않는다면, 영적인 공허를 피할 길이 없다 :

나는 왜 여기에 있는가?

나는 어디로 가고 있는가?

무엇이 삶의 목적인가?

하나님은 계신가?

내가 죽을 때 어떤 일이 벌어질까?

죽은 다음에도 삶이 있을까?

이런 질문들에는 공통적으로 삶의 근거나 목적이나 의미를 느끼고픈 갈망이 깃들어 있다. 인간으로서 우리에게는 우리 삶의 영성적, 지성적, 정서적, 생리적 차원이 무엇인가 의미 있는 것과 관계되어 있다는 사실을 확신하고픈 만족할 줄 모르는 욕구가 있다. 우리의 딜레마는 삶의 의미가 자명하게 드러나지 않는 세계에 우리가 살고 있다는 사실이다. 의미를 찾으려는 우리의 욕구가 아무리 강렬할지라도, 의미는 우리를 회피해 버린다.

커트 보니거트의 <고양이의 요람>에서, 하나님께서는 방금 아담을 창조하셨다. "무엇이 이 모든 것의 목적입니까?" 남자가 정중하게 여쭈었다. "모든 게 꼭 목적이 있어야 하느냐?" 하나님의 대답이었다. "물론입니다." 남자가 말했다. "그렇다면 네가 그 모든 것 가운데서 하나를 생각해 보도록 그것을 너에게 남겨 두겠다." 하나님께서 말씀하셨다. 그리고 그는 사라졌다. 엘리 위젤이 지적했듯이, 아담이 처음 자신의 눈을 떴을 때, 그가 하나님께 드린 질문은, "당신은 누구십니까?"[8]보다는 오히려 "저는 누구입니까?"였다.

어떤 사람들은 삶의 무거운 질문들에 대하여 좀처럼 생각하지 않는다. 또 어떤 사람들은 자신들의 중요성을 부인하거나 아니면 '상식'이나 다양한 종교적 신앙에 따라 제공된 교리적 답변들을 받아들인다. 삶의 중요한 질문들에 대한 심리학적 부정 때문에 과도한 실존적 불안이 생길 수 있다. 그 불안은 사람을 쇠약하게 만드는 다양한 형태의 정신 질환을 불러일으킬 수도 있다. 비록 종교적인 교리들이 삶의 의미의 불확실성과 관련된 불안으로부터 일시적인 위안을 제공해 줄 수 있을지라도, 이런 종류의 안심은 종종 사랑하는 사람의 죽음이나, 심각한 재정적 실패나, 천재지변 같은 몇몇 개인적인 위기에 따라 이내 깨어지곤 한다. 저마다의 종교적인 신념을 통하여 제어할 수 없는 사건들을 합리화할 수 없는 무능력 때문에, 그의 신앙은 산산이 부쉬져 버리고, 우울증이나 다른 유형의 정신병리에 대하여 취약한 상태에 놓일 수도 있다. 그러나 다른 선택권이 있다. 그것은 관습적인 지혜에 대하여 부정하지도 않고 맹목적으로 수용하지도 않는 것이다.

우리 가정, 종교 단체, 초 · 중 · 고 및 대학교에서는 해도 해도 너무할 정도로 삶의 근본적인 질문에 대하여 공개적인 토의를 벌이지 않는다. 그것은 마치 모든 것에 대해 말하되 정작 중요한 문제는 말하지 않으려는 거대한 음모가 있는 것과 거의 같다. 사람들은 관습적인 지혜에 대한 자신들의 의혹을 표현하는 걸 두려워한다. 부모, 교사, 그리고 성직자는 자신들이 의미에 관한 질문에 답변할 능력이 없음을 기꺼이 인정한다. 그러나, 그것이 바로 우리가 그러한 쟁점들에 대한 가장 현실적인 관심사들을 표현하는 데 더 많은 시간을 들여야 할 필요가 있는 이유이다. 우리가 의미에 대하여 모르고 있다는 것을 아는 것이 중요하다. 그것은 우리가 무엇을 해야 할지를 아는 것과도 같다.

의미 탐구는 삶에 관계된 모든 것 가운데서 본질적인 것 – 우리 영혼의 돌봄과 양육 – 에 다다른다. 만일 우리가 문제가 없는 것처럼 그리고 질문들이 금방이라도 사라져 버릴 것처럼 행세한다면, 우리는 결코 의미를 발견하지 못할 것이다. 탐구하는 일이란 게 그렇게 안락한 작업이 아니다. 그것은 고통스럽고, 스트레스 쌓이는, 매우 어려운 일이다. 비록 우리가 이 과정에 함께하는 이들에게 '의미 있는 장비들'을 약속하지는 못한다고 할지라도, 많은 이들이 이 여행이야말로 큰 기쁨과 무한한 에너지의 원천임을 발견할 것이다. 삶 자체가 우리를 탐구에 합류하도록 재촉하고 있다. 탐구를 함께하게 된 것을 환영한다!

탐구 과정

*의미를 필요로 하고 있는 존재가 어떻게 하면 아무런 의미도 없는 우주
에서 의미를 찾을 수 있을 것인가?*

어빈 얄롬 <실존적 심리치료>

무인도 이야기

당신이 콜럼버스보다도 먼저 발견을 위한 항해에 나선 유럽인이라
고 상상해 보라. 사나운 폭풍우 때문에 당신의 배는 침몰되었다. 생존
자는 오직 당신뿐이다. 배가 사람이 살지 않는 열대섬의 해안으로 밀
려 올려질 때까지, 당신은 기적적으로 배 파편에 매달려 있었다.

푸르게 우거진 그 섬에는 과일과 땅콩과 딸기가 풍성하게 넘쳐나고,
야생 생물도 많이 있으며, 신선한 물도 얼마든지 있다. 그 곳에는 폭
풍우와 짐승들에게서 당신을 보호해 줄 동굴도 있다. 물리적인 생존에
는 아무런 지장도 없다. 단 한 가지 장애가 있다면, 그것은 당신만이
그 섬에 거주하는 유일한 사람이며, 어느 누구도 당신이 그 곳에 있다
는 사실을 모른다는 점이다. 사람들은 당신이 바다에서 실종된 것이라
고 추정할 것이다. 유럽인들이 아직 아메리카를 발견하기 전이어서 그
런 항해도 아주 드물기 때문에, 당신이 죽기 전에 그 항로로 다른 배
가 지나갈 가능성은 너무나도 희박하다. 이제 당신은 남은 생애 동안,
결코 인간을 만나 볼 수 없을 것이다.

이 소름끼치는 이야기에서 우리는 몇 가지 어려운 문제에 부딪히게 된다. 그런 섬에서 당신이 정서적으로 살아남을 수 있는 길은 무엇일까? 당신은 어떻게 해야 할까? 당신은 그 곳에서 과연 의미를 찾을 수 있을까? 만일 의미를 찾을 수 있다면, 그것은 어떤 형태의 의미일까? 당신은 어떻게 남은 삶을 사는 방법을 선택할 수 있을까? 당신의 삶을 가치 있게 만들어 주는 것이 도대체 존재할까? 다른 사람들과의 상호 작용 없이도 과연 의미 있는 삶이 가능할까? 당신이 미쳐 버리지 못하도록 막아 줄 만한 것이 무엇일까? 자살을 막을 수 있을까?

이처럼 섬에서 생겨나는 삶의 의미 문제는 우리 자신의 섬 – 지구라는 행성 – 에서 생겨나는 삶의 의미 문제와 전혀 다를 바가 없다. 섬은 삶 그 자체의 상징이다. 섬에서의 삶은 워커 퍼시가 산송장이라고 부른 삶보다 더 나쁠 것도 없다. 섬에서든지 그 밖의 어느 곳에서든지, 의미 탐구는 곧 우리 삶의 영성적, 지성적, 정서적, 생리적 차원들을 모두 연결지어 주는 토대와 관계에 대한 탐구이다.

삶의 모체

자기 삶의 의미를 탐구하기 위해 노력하고 있는 사람들을 위하여 탐구 과정을 제공하려고 한다. 이 과정은 대학생들, 젊은 직업인들, 가정 주부들, 사업가들, 교육자들, 성직자들, 중년의 위기에 봉착한 사람들, 자기 삶을 어떻게 이끌어 나가야 하는지 모르는 사람들, 은퇴한 후에는 무엇을 할 것인지에 대해서 곰곰이 생각하고 있는 나이 많은 시민들을 대상으로 한 것이다. 의미 탐구는 탐구할 만한 용기를 충분히 갖추고 있는 사람들을 위한 것이다.

많은 사람들이 이 탐구가 무척 어렵다고 느끼는 이유 가운데 하나는, 바로 그들이 자기에게 유용한 선택 사항들을 이해하지 못하기 때문이다. 그들이 이러한 선택권들을 가려 내고, 또 그 선택권들의 영성적, 지성적, 정서적, 생리적 영향력을 증진시킬 수 있도록 도와 주기 위하여, 우리는 하나의 단순한 모체를 채택하려고 한다. 이것을 우리는 '*삶의 모체(life matrix)*'라고 부른다. 삶의 모체는 의미의 네 가지 상이한 상태 - 무의미함, 분리, 소유, 존재 - 와 동일시된다. 이 네 가지 상태는 고정된 상호 배타적 범주가 아니다. 오히려 이 네 가지 상태는 우리가 선택할 수 있는 여러 가지 대안들 사이에서 구별할 수 있도록 도와 주는 유용한 이미지이다. 이 모체의 구성 요소들은 특별한 상태의 의미와 결합된 적당한 효과들을 대표한다. 예컨대, 아무런 삶의 의미를 느끼지 못하는 사람들은 대체로 우울증과 절망을 경험하며, 사실 그것은 죽음과도 같은 것이다.

정해진 날에 의미의 이 네 가지 상태를 한 번에 다 만날 수도 있다 - 분위기의 변경이나 외부 환경의 변화에 따라 이 상태에서 저 상태로 옮겨 갈 수 있는 것이다. 이 상태들이 삶의 모체에 나타나는 순서는 어떤 특별한 중요도를 반영하는 것이 결코 아니다. 그렇지만, 어떤 사람들은 분리와 무의미함의 상태가 실제로 인간의 조건을 선언한 것이라고 주장하였다. 소유와 존재는 무의미와 분리로 인한 고통을 처리하기 위한 대안적인 방법들이다. 이 장에서는 우선 네 가지 상태를 짧게 정의 내리기만 하고, 좀더 자세한 설명은 2~5장에서 따로 다루기로 하겠다.

삶의 모체는 그것을 사용하는 사람들을 위해 명성과 행운과 사랑과 영원한 희열을 약속해 주는 임시변통의 만병 통치약이 결코 아니다. 오히려 삶의 모체는, 만일 정당하게 사용하기만 한다면, 많은 사람들이 자신의 탐구에 유용하다고 느끼게 될 그런 도구이다.

삶의 모체

의미의 상태 영향	무의미함	분 리	소 유	존 재
영 성 적	절 망	초 연	정통주의	탐 구
지 성 적	허무주의	소 외	쾌락주의	성 장
정 서 적	우 울 증	불 안	자 기 애	균 형
생 리 적	죽 음	신 체 화	건강숭배	항 상 성

섬과 그 밖의 곳에서의 삶

프랑스 작가인 알베르 카뮈와 장-폴 사르트르가 우리더러 믿으라고 한 것은 섬에서 생겨나는 삶의 의미일까? 삶이란 정말로 "부조리(不條理)한" 것이며 전혀 의미가 없는 것일까? 성서의 전도서보다 더 설득력 있고 힘차게 '무의미함(meaninglessness)'의 상태를 표현한 것은 없다 :

> 사람에게 닥치는 운명이나 짐승에게 닥치는 운명은 같다. 같은 운명이 둘 다를 기다리고 있다. 하나가 죽듯이 다른 하나도 죽는다. 둘 다 숨을 쉬지 않고는 못 사니, 사람이라고 해서 짐승보다 나을 것이 무엇이냐? 모든 것이 헛되다. 둘 다 같은 곳으로 간다. 모두 흙에서 나와서, 흙으로 돌아간다. (전도서 3장 19~20절)

아메리카 인디언이나 아프리카계 미국 흑인 노예들의 혹독한 역사나, 테러 통치와 히틀러의 유대인 대학살과 마오쩌둥의 문화 혁명 기간에 생명을 빼앗긴 수백만 명의 냉혹한 역사를 잘 생각해 보면, 삶이 의미 없다는 결론을 내린다고 해서 그리 냉소적인 사람이 아니라는 점을 알 수 있다. 아이들의 죽음이나 허리케인, 토네이도, 지진 등의 자연적 재앙들 역시 모든 것이 무의미하다는 전도서의 결론, "바람의 뒤를 쫓는 것"과 일맥 상통한다.

우리는 자신의 무의미함을 극복할 수 있게 될 때에야 비로소 개인으로서의 의미와 나아가서는 가정과 직장에서의 의미까지도 찾을 수 있다. 자기 자신의 개인적인 역사를 기록하는 것이 진실로 의미 있는 사건들과 그렇지 못한 사건들을 구별할 수 있게 해 주는 효과적인 방법임을 깨달은 사람들도 많이 있다.

노년기의 무의미함

젊을 때에 너는 너의 창조주를 기억하여라.
고생스러운 날들이 오고
"사는 것이 즐겁지 않다"고 할 나이가 되기 전에,
해와 빛과 달과 별들이 어두워지기 전에,
먹구름이 곧 비를 몰고 오기 전에, 그렇게 하여라.
그 때가 되면, 너를 보호하는 팔이 떨리고,
정정하던 두 다리가 약해지고,
이는 빠져서 씹지도 못하고,
눈은 침침해져서 보는 것마저 힘겹고,
귀는 먹어 바깥에서 나는 소리도 못 듣고,
맷돌질 소리도 희미해지고,
새들이 지저귀는 노랫소리도 하나도 들리지 않을 것이다.
높은 곳에는 무서워서 올라가지도 못하고,
넘어질세라 걷는 것마저 무서워질 것이다.
검은 머리가 파뿌리가 되고, 원기가 떨어져서
보약을 먹어도 효력이 없을 것이다.
사람이 영원히 쉴 곳으로 가는 날,
길거리에는 조객들이 오간다.

> 은사슬이 끊어지고, 금그릇이 부숴지고,
> 샘에서 물 뜨는 물동이가 깨지고,
> 우물에서 도르래가 부숴지기 전에,
> 네 창조주를 기억하라.
> 육체가 원래 왔던 흙으로 돌아가고,
> 숨이 그것을 주신 하나님께로 돌아가기 전에,
> 네 창조주를 기억하라.
>
> 전도자가 말한다.
> "헛되고 헛되다! 모든 것이 헛되다!"
>
> 전도서 12장 1~8절

  비록 삶이 의미 있는 것일 수 있다 할지라도, 의미라는 것은 종종 섬이나 그 밖의 곳에서 자신의 내적 자아나 타인이나 어떤 토대의 원천을 서로 연결 짓지 못하고 사는 사람들을 교묘히 피해 가는 수가 있다. 자신의 감정과 접촉하지 않는 사람들, 자신이 누군지 알지 못하는 사람들은 종종 자기 비하와 불안과 심지어는 절망 때문에 고통받기도 한다. 그들은 쉽사리 자기 부모나 애인이나 자녀나 친구들에게서 영향을 받는다. 더군다나, 자기 자신에게서 분리된 사람들은 자주 외로움을 느끼며, 편집증 증세를 보이는가 하면, 죽음에 대한 공포를 느끼기도 한다. 그들은 진정한 자기 자신을 규정지어 줄 영혼과 멀리 떨어져 있다. 자기에게서 '분리(separation)'는 끊임없는 부모의 지원이나 어린이 학대나 성폭력이나 종교적 사상 주입에서 비롯된 것일 수도 있고, 소비자 상품의 지나친 방임이나 가난이나 무주택에서 비롯된 것일 수도 있다.

분리의 두번째 형태는 타인과 관계를 맺지 못하는 데서 비롯되는 것이다. 개인적인 애정 관계나 순수한 의미의 공동체 관계에서 말이다. 무인도에서 다른 인간에게 정신을 쏟는다는 것은 그야말로 이룰 수 없는 꿈에 불과하다. 짝사랑이나 채워지지 않는 공동체의 기대는 고립감과 공허감뿐만 아니라 영적인 분리, 소외, 불안, 우울증까지 불러일으킬 수 있다.

분리의 세번째 형태는 우리 삶의 깊이나 토대가 결핍되어 있는 데서 기인한다. 이것은 우리를 소외감으로 이끌며, 우리의 존재감으로부터 우리를 분리시킨다. 어떤 사람들은 섬에서의 분리를 타개하기 위하여 신이나 자연이나 동물들에게로 관심을 돌리면 되지 않겠느냐고 말한다.

섬과 현실 세계에서 겪게 되는 분리와 무의미함, 이것과 결합된 고통과 고난을 회피하기 위한 방편으로, 많은 사람들이 '소유(having)'에 기반을 둔 삶을 통하여 의미를 찾으려 한다. 소유에 집착하는 사람들의 경우에는 섬에서의 삶이 천국처럼 느껴질 것이다. 여러분은 그 섬에서 그야말로 모든 것을 소유할 수 있다. 그 곳에 있는 것들은 모두 당신의 것이다. 정부가 없으므로 법도, 정부의 규칙도, 세금도, 특수 관심 집단도, 복지 사기도 없다. 가난과 무주택과 약물 남용과 범죄와 폭력은 그 섬과는 관계가 먼 것이다.

우리는 물질적인 소유물과 부와 타인을 소유하고 조종하고 통제함으로써, 불확실한 세상 속에서 안전성과 확실성을 찾으려 한다. 우리는 무제한의 기쁨을 누릴 수 있는 삶을 위하여 아무런 심리학적 대가 없이도 끊임없는 자기 실현의 상태에 들어갈 수 있다고 생각하고 있다. 소유의 양식을 취한 사람들은 자신이 대가를 치른 것들을 붙잡고 늘어지길 원한다. 그들은 "잭, 난 내 것들을 가지고 있어."라고 외치며 살아간다. 삶이 추구하는 것은 그저 '제일 좋은 것을 찾는 것'이다.

예수님은 비유를 통하여, 소유의 양식이 삶의 불확실성을 취급하는 데 아무런 소용도 없다고 냉소하셨다 :

> 어떤 부자가 밭에서 많은 소출을 거두었다. 그래서 그는 속으로 '내 소출을 쌓아 둘 곳이 없으니, 어떻게 할까' 하고 궁리하였다. 그는 혼자 말하였다. '이렇게 해야겠다. 내 곳간을 헐고서 더 크게 짓고, 내 곡식과 물건들을 다 거기에다가 쌓아 두겠다. 그리고 내 영혼에게 말하겠다. 영혼아, 여러 해 동안 쓸 많은 물건을 쌓아 두었으니, 너는 마음을 놓고, 먹고 마시고 즐겨라.' 그러나 하나님께서 그에게 말씀하셨다. '어리석은 사람아, 오늘 밤에 네 영혼을 네게서 도로 찾을 것이다. 그러면 네가 장만한 것들이 누구의 것이 되겠느냐?' 자기를 위해서는 재물을 쌓아 두면서도, 하나님께 대하여 인색한 사람은 바로 이와 같이 될 것이다. (누가복음 12장 16~21절)

율법주의, 종교적 정통주의, 그리고 정치적 보수주의는 종종 소유에 기반을 둔 개인 철학과 영합되곤 한다. 유대교와 그리스도교는 규범의 준수를 강조하는 종교이다. 저마다의 종교들과 연결된 법규와 도덕적 행위는 하나님에게서 비롯된 것이다. 종교적 규범들, 곧 하나님께로 갈 수 있는 길을 가르쳐 주는 은사는 자칫 하나님의 자리를 대신 차지하는 우상 숭배가 될 수도 있다. 소유란 늘 하나님 앞에 불안전하게 서 있는 우리의 자리에 무엇인가를 – 소유물, 규칙, 사상 등을 – 대신 놓아 둔다. 정치 이데올로기, 애국심, 민족주의는 소유의 삶을 지지하는 율법주의의 실례일 수 있다. 성서적 종교는 언제나 소유란 하나님이 아닌 다른 사물에 집착함으로써 인간의 취약성 문제를 해결하려는 피조물의 부적절한 시도라고 생각해 왔다.

경제학자인 밀턴 프리드먼은 소유에 집착하는 사람들의 수호신이다. 그는 "사업의 유일한 사회적 책임은 주주들을 위하여 될 수 있는 대로 많은 돈을 버는 것"이라고 주장한 바 있다. 이러한 주장은 '자기 중심' 세대의 열광적인 지지를 얻고 있다. '자기 중심' 세대와 이것의 사이에는 도덕적 책임이나 사회적 책임 같은 문제들에 대한 관심이 들어설 여지가 전혀 없다. 사업가들에게는 그것이 합법적인 이상 결코 잘못을 저지르는 것이 아니다. 그들은 주주들을 위하여 가능한 한 많은 돈을 벌고 있는 것이다.

우리가 자동차에 열중하는 것은 소유 법칙의 전형적인 예이다. 우리는 자동차를 통하여 자유와 권력과 지배의 감정을 맛볼 수 있다. 만일 여러분이 혼다를 가지고 있다면 조만간 비엠더블유에 눈독을 들이게 될 것이며, 그것도 여러분이 훨씬 더 값비싼 다른 자동차를 살 여유가 생길 때까지만 충족시켜 줄 수 있을 뿐이다. 오랫동안 심리학자들은 우리의 유물주의 속에 팽배해 있는 끝없는 "기대의 한계"에 주목해 왔다. 여러분은 많이 가지면 가질수록 더 많은 것들을 바라게 된다. 값나가는 집과 페르시아 양탄자, 값비싼 예술품, 순종 경주마, 아름다운 여인들의 경우도 그렇고, 정치적 권력의 경우도 그렇다. 소유에는 상한선이 결코 존재하지 않는 것이다.

그러나, 심리학자인 에리히 프롬이 지적한 바와 같이, 소유는 의미의 거짓 출처이다 : "만일 내가 소유하고 있는 것이 바로 나이고, 만일 내가 소유하고 있는 것을 잃어 버린다면, 그렇다면 도대체 나는 누구란 말인가?"[1] 또는 예수님이 말씀하신 것처럼 말이다 : "어리석은 사람아! 오늘 밤에 네 영혼을 네게서 도로 찾을 것이다; 그러면 네가 장만한 것들이 누구의 것이 되겠느냐?"

출판업계의 다이쿤인 로버트 맥스웰이 카나리아 섬을 벗어나 자신의 개인 요트 위에서 홀로 의문의 죽음을 당하던 날 밤, 그의 마음 속에는 분명 위와 같은 생각들이 가득 차 있었을 것이다 – 그는 자신의 출판 제국이 붕괴되기 직전이라는 사실을 알고 있었다. 돈을 산더미처럼 벌어 들인

어번 뵈스키, 마이클 밀큰, 도널드 트럼프 역시 자신들의 운이 풀리기 시작할 무렵에 유사한 감정들을 경험했을 것이다.

> **돈**은 나의 첫사랑이자 마지막 사랑이며, 유일한 사랑이다.
>
> 아놀드 해머

도미노 피자 가게를 설립한 부자 토마스 모간은 세계적인 재산인 자신의 엄청난 수집품들에 대해 환멸을 느낌으로써 시작된 '영적인 재각성'에 입각하여, 갑자기 자신의 소중한 재산들 대부분을 팔아 치우기 시작했다. 그 중에는 프랭크 로이드 라이트가 설계한 집 세 채와 30대의 빈티지(1917~30년에 제조된 구형의 고급차 - 역자주)도 속해 있었는데, 그 빈티지 자동차 한 대가 1,300만 달러를 호가하였다. 건축은 500만 달러짜리 새 집에서 멈추었으며, 그는 디트로이트 타이거즈 야구팀도 팔아 넘겼다. 그 야구팀은 '지나친 자만심의 출처'였던 것이다. 그는 "내가 산 것 가운데 그 어느 것도 나를 진정으로 행복하게 만들어 주진 못했다. 그 어느 것도."[2]라고 말한 바 있다

역설적이게도, 우리 경제적 체계의 최고 수익자들 - 초부유층 - 가운데 일부는 가장 큰 손실자들이 된다. 때때로 그들은 물질적 부의 축적을 위하여 엄청난 영성적, 지성적, 정서적 대가를 치른다. 그리고 영혼에 영향을 미치는 것들은 곧 육체에도 중대한 영향을 미친다. 최근 한 의사는 이렇게 말했다 : "예전에 우리는 심장병이 곧 남자들의 질병이라고 생각

했다. 하지만, 지금 우리는 여자들 사이에서 더 많은 심장 질환을 찾아볼 수 있다. 내 생각에 이것은 여자들이 마침내 사업 분야에서 큰 성공을 거두었음을 의미하는 것 같다."

우리의 전체적인 경제는 '영성적, 정서적인 공허감을 채워 주어야 한다'는 우리 자신의 긴박한 심리적 욕구에 기대고 있다. 우리는 기분이 침체되어 어떤 활력소가 필요할 경우, 새 옷을 사 입거나 멋진 식당에서 점심을 먹거나 영화를 본다. 사랑스러운 표현으로 '쇼핑 센터의 쥐'라고 불리는 십대들의 새로운 유행이 도시 전체의 쇼핑 센터에 나타났다 ; 그들은 오로지 쇼핑 센터에 가기 위하여 사는 것처럼 보인다. 하지만, 물질적인 상품과 서비스 그 자체는 더욱더 심각한 무의미를 낳는다. 그야말로 악순환인 셈이다. 부시 대통령이 서방에서 저축율이 가장 낮은 국가 가운데 한 곳에 보낸 연두 교서(1992년)에 "지금은 사고, 나중엔 은퇴를 위해 저축하십시오"라고 쓴 것도, 무의미가 경제에 얼마나 중요한 영향을 미치는지 잘 보여 주는 예이다. 만일 우리가 게임을 하지 않을 경우 모든 카드 업소가 전락하고 말 것이라는 점은 불을 보듯 뻔한 사실이다. 우리는 소비를 해야 한다는 애국적인 의무를 짊어지고 있다. 미니애폴리스는 지금 '아메리카 쇼핑 센터'를 갖고 있으며, 이것은 250만 평방 피트의 매장 면적을 지니고 있다. 아메리카가 하나의 쇼핑 센터가 되어 버린 것이다.

많은 철학자들이 하나님, 예수, 부처, 마호메트, 자연, 우주 등의 어떤 외부적인 힘에 따라서 우리에게 부과된 우주적 의미라는 개념을 거부하고 있다. 그들은 만일 삶이 의미가 있는 것이라면 '소유(having)'가 아니라 '존재(being)'를 통하여 우리 자신을 창조해야 한다고 보고 있다. 존재라 함은 곧 사랑, 돌봄, 나눔, 협동, 공동체 참여를 의미한다. 이것은 소유와 조종과 통제와는 정반대되는 것이다. 에리히 프롬의 주장에 따르면, 이제껏 획득해 온 것들을 상실하게 될 위험에 처할 경우, 우리가 느끼는 불안과 근심은 존재의 양식에서는 전혀 찾아볼 수 없는 것이라고 한다. "만일 내가 가진 것이 아니라 바로 내 자신이 나일 경우, 그 누구도 나에게서 안정과 정체감을 빼앗아 갈 수 없으며 위협할 수도 없다."[3] 오직 존재를 통해서만 실현될 수 있는 의미의 유망한 출처에는 다음과 같은 것들이 있다.

1. *우리의 창작품* – 우리의 창조력을 갖고서 우리가 세상을 완성하거나 세상에 보답하는 것.
2. *사랑의 관계* – 우리의 만남과 경험과 개인적인 관계를 통하여 우리가 세상과 주고받는 것.
3. *공동체* – 우리가 가치 있는 집단에 통합되고 참여하는 것.
4. *고통, 고난, 그리고 죽음* – 우리가 변화시킬 수 없는 운명에 맞서는 것.[4]

> **우**리는 홀로 우리 자신의 역사와 의미와 영원성을 창조한다.
>
> 경제학자

확실히 인간의 사랑과 공동체는 무인도 문제와 무관한 것이다. 물론 동굴 벽에 그림을 그리고, 집을 세우고, 시를 쓰고, 음악을 작곡하고, 노래하고, 또 손으로 만든 악기를 연주할 수는 있다. 하지만, 이 창작품들을 함께 나눌 사람이 주위에 아무도 없다면, 과연 그것들이 의미를 가질 수 있을까?

전직 체코슬로바키아 대통령이자 극작가인 바클라프 하벨은 "힘 없는 이들의 힘"이라는 도발적인 수필에서, 혁명과 '사회의 도덕적 재구성'을 요청하였다 :

> 새로운 존재의 경험, 우주의 확고함 회복, 새로이 파악된 '더 고귀한 책임' 의식, 새로이 발견된 타인과의 내적 관계와 인간 공동체와의 내적 관계 − 이런 요소들은 우리가 가야 할 방향을 분명히 제시해 주고 있다.[5]

1980년대의 이른바 대중 심리학 서적이라는 것들 대부분이 의미란 '오직 내부로 향할 때'에만 발견할 수 있는 것이라고 주장했다. 비록 자기 실현이 의미 발견의 필수 조건이라 하더라도, 무인도는 그게 전부가 아니라는 사실을 암시해 준다. *'과연 존재한다는 것이 가능한 일일까?' −* '인간의 사랑과 공동체가 없는 상황에서?' 의미 탐구란 여러분 자신의 내부에서 찾는 것뿐만 아니라 타인들에게로 다가서는 것까지 포함하는 게 아닐까? 신학자인 폴 틸리히는 다음과 같이 말했다 : "오로지 타인들과의 끊임없는 만남 속에서만 개인은 인간이 되고 또 인간으로 남아 있을 수 있다. 이 만남의 장소는 바로 공동체이다."[6]

우리가 의미를 탐구하는 과정에서 부딪히게 되는 가장 거친 도전 가운데 하나는 바로 우리의 삶 속에서 영성적, 정서적, 지성적, 생리적 에너지의 균형을 맞추는 방법이다—이 에너지들은 저마다 우리의 의미감에 공헌하는 것들이다. 우리는 우리의 영적인 욕구들을 충족시키기 위하여 성직자나 랍비의 도움을 청할 수가 있다. 철학자나 신학자는 우리의 지적 추구에 조언을 해 줄 수도 있다. 심리학자나 사회 사업가나 정신의학자는 우리의 정서적 상처를 치유하는 데 도움이 되는 심리치료를 제공해 줄 수 있다. 그리고 의사는 우리의 육체적인 질병을 고쳐 줄 수 있다.

불행히도 삶의 의미를 결정하는 요소들은 상호 의존적이다. 성직자들의 경우, 종교와 신학과 철학에 대해서는 많이 알 수도 있겠지만 심리치료나 의학에 대해서는 아는 것이 한정되어 있다. 또 심리학자들은 심리치료의 기초는 잘 배웠겠지만 어떤 정신적 질병의 생리적 원인에 대해서는 거의 아는 게 없다. 궁극적으로 우리는 다른 어떤 사람이 우리의 손에 의미를 쥐어 줄 것이라는 기대를 가져서는 안 된다. 우리는 삶의 여러 요소들을 통합시킴으로써 균형을 이루어야 한다. 우리의 탐구 과정에서 부수적으로 발생하는 중요한 산물은 의미의 요소들을 균형 있게 만들고 그것들을 하나의 삶 속으로 통합시켜 주는 일련의 지침이다.

과 정

만일 삶이 의미를 지닌 것이라면, 그것은 당연히 탐구 그 자체에 담겨
있을 것이다. 우리의 탐구 과정은 다음의 일곱 단계로 구성되어 있다.

1. 여러분의 '삶의 역사' 가운데 가장 의미 있는 사건들을 되돌아보라.
2. 여러분 자신의 삶에서 '무의미함'과 대면하라.
3. 여러분 자신, 타인들, 그리고 여러분의 존재의 기초로부터의 '분리'를 직
   시하라.
4. '소유'에 몰두하는 삶의 결과들을 잘 생각해 보라.
5. '존재'를 통하여 의미를 추구하라－여러분의 창작품, 애정 관계, 공동체
   의식, 그리고 고통과 고난을 통하여.
6. '개인적인 철학'을 형성하라. 이것은 의미, 가치관, 윤리적 원칙들, 그리
   고 사회적 책임을 가리킨다.
7. '개인적인 전략'을 세우라. 여기에는 외부적인 환경의 예측, 상황 판단, 목
   적, 목표, 그리고 전략들이 포함된다.

우리의 탐구 과정의 통전적인 부분은 개인적인 철학과 개인적인 전략
적 계획(6단계와 7단계)의 기록을 수반한다. 개인적인 철학이란, 우리 삶
의 기반으로 삼고 있는 근본적인 원칙들을 선언하는 것이다. 개인적인 철
학은 우리의 의미감과 방향을 획득하려고 시도하며, 우리의 탐구에 원칙
을 제공해 준다. 잘 고안된 철학은 우리의 목표와 목적과 행위를 구체화

하는 데 도움이 될 것이다. 그것은 진정 우리가 누구인지, 우리 존재의 본질을 규정지어 주는 우리 마음과 영혼의 거울 이미지(鏡像)이다. 누구나 다 철학을 지니고 있다. 그러나, 자신의 철학을 기록하는 데 시간을 쏟는 사람은 거의 없다. 우리의 철학은 우리의 탐구를 위한 도로 지도를 고안하는 일에 사용할 수도 있다. 기업의 경영자들이 장기적인 사업 계획을 세우는 데 그것이 유용하다는 사실을 깨달을 수 있는 것처럼, 우리 역시 우리의 개인적인 삶 속에서 그러한 과정을 유용하게 사용할 수가 있다 − 영성적으로, 정서적으로, 지성적으로, 생리적으로, 전문적으로, 그리고 재정적으로.

> 우리의 개인적인 역사는 우리의 환경으로부터−특히 우리의 부모로부터−강력한 영향을 받아왔다. 우리는 이 개인적인 역사를 다시 쓸 수가 없다. 그러나, 우리 삶의 의미에 대해서 묻기 시작하는 순간 우리는 우리의 미래와 영원성을 형성할 만한 힘과 에너지를 얻게 된다.
>
> 정신의학자

우리는 믿는 사람이든 안 믿는 사람이든, 부유한 사람이든 가난한 사람이든, 젊은 사람이든 늙은 사람이든, 교육을 받은 사람이든 받지 못한 사람이든, 그 누구라도 실질적으로 의미를 발견할 수가 있다고 확신한다. 의미를 향해 가는 길에는 여러 갈래가 있다. 그러나, 인간적인 사랑에 대한 우리의 욕구와 공동체에 대한 우리의 진지한 갈망에 직면하기를 꺼리는 사람은 거의 없다. 만일 있다 하더라도 말이다. *'대부분의 사람들은 내면 세계로 떠나는 여행을 외부적인 탐색 여행과 결합시켜 버린다.'*

우리의 탐구에서 종교가 맡은 역할이 있다면, 그것은 과연 무엇일까? 어떤 사람들은 단순히 종교란, 우리가 어린 시절 동안에 그 지역의 목사나 신부나 랍비에게서 떠맡게 되는 일련의 교리들이라고 생각하기도 한다. 또 어떤 사람들은 종교를 텔레비전 복음전도자인 팻 로버트슨, 지미 스와가트, 제리 폴웰의 근본주의적인 메시지와 동일시한다. 하지만, 이것은 결코 사실이 아니다. 종교는 곧 우리가 삶과 죽음의 신비를 다루는 방법이다. 종교는 탐구 과정에서 전적으로 우리 자신의 계획대로 맡겨 두지 않는 확언이다. 종교의 목적은 우리에게 어떻게 살 것인가를 가르쳐 줌으로써 죽음을 준비할 수 있도록 도와 주는 것이다. 종교는 탐구에 있어서 근본적인 요소이다.

> **하**나님은 궁극적인 의미의 출처이다. 그렇지만 하나님이란 어떤 분이신가? 그것이 *바로* 문제다.
>
> 목사

하나님의 존재와 본성은 둘 다 신비에 싸여 있다. 인간의 생명은 유한하다. 만일 죽음 이후에도 삶이 있다면, 우리가 그것에 관해 알고 있는 것은 무엇일까? 우리는 개인적인 자유를 발휘함으로써 자신의 죽음뿐만 아니라 자신의 역사와 의미와 영원성에도 직면하게 된다.

궁극적으로, 의미 탐구는 우리가 죽는 순간, 곧 우리 삶의 영성적, 지성적, 정서적, 생리적 차원들이 하나로 무너지는 순간을 위하여 우리 영혼의 조건을 계획하는 일과 관련되어 있다. 손쉬운 인본주의는 우리의 죽음이라고 하는 끔찍한 결말 앞에서는, 그만 무색해지고 만다. 도대체 무엇이 우리의 영속적인 유산이 될 수 있을까? 우리 삶의 본질은 무엇일까? 우리는 늘 삶과 죽음에 관한 우리의 지식을 한계점에까지 밀어 부치고, 또 늘 의미가 무의미함과 맞붙어 싸우게 함으로써, 끊임없는 탐구를 통하여 우리 스스로를 이러한 최종적인 결말에 대비하도록 만들어야 한다.

　지금부터 우리는 무의미함과 분리, 소유, 그리고 존재에 관하여 좀더 세밀한 논의로 들어간다.

제 2 장

무의미함

> 오늘 어머니가 돌아가셨다. 아니, 어쩌면 어제였는지도 모른다 ; 확실하
> 지가 않다. 집에서 온 전보에는 이렇게 쓰여 있었다 : 어머니 돌아가심. 내
> 일 장례식 있음. 조의를 표함. 이 전보만으로는 언제 돌아가셨는지 알 수가
> 없다 ; 아마도 어제였을 가능성이 크다.
>
> 알베르 카뮈 <이방인>

침체 상태

잔과 저스틴

잔은 매력적이고 지성적인 35세의 사교계 명사로서, 버지니아의 고소
득층에 속하는 리치먼드의 웨스트 엔드에 살고 있다. 잔은 상류의 버지니
아 여자 대학을 졸업하였으며, 7세의 킴과 10세의 애슐리의 엄마이다. 잔
과 그녀의 남편 저스틴은 오랜 전통의 리치먼드 가문 출신이고, 그 도시
에서 가장 상류층에 속하는 사립학교에 다녔다. 킴과 애슐리도 지금 그
학교에 다니고 있다. 저스틴은 국가 정치에 적극적인 저명한 변호사이다.

애슐리가 태어나자 잔은 연구 기자가 되려 했던 계획을 포기했고, 그

뒤로는 한 번도 바깥 일을 하지 못했다―이것은 잔이 꽤 민감하게 여기는 문제이다. 잔의 삶은 완전히 킴과 애슐리와 버지니아 사회 모임의 세련된 컨트리 클럽에만 묶여 있다. 테니스를 치고 나서 클럽에서 점심식사를 하고, 애슐리를 발레 학원에 태워다 주고, 킴을 학교에서 데려오고, 이웃에 있는 음식점에 쇼핑을 가는 것이 잔의 전형적인 하루 일과이다. 그녀는 종종 삶이 끝도 없이 계속되는 자가용차 합승이나 다를 바 없다고 여겼다.

설비가 잘 갖추어진 잔의 집에는 정말로 온갖 유명한 첨단 노동절감 장치들이 들어서 있다. 자가용차 합승과 테니스 시합의 시간 계획표를 짜는 일은 전부 가정용 컴퓨터가 맡아서 한다. 잔의 가족은 물질적인 재산을 좀처럼 자제하지 않는다. 만족을 모르는 욕구를 지니고 있기 때문이다. 잔과 그녀의 딸들은 종종 강가의 오두막집에서 주말을 보낸다. 그리고 여름에는 북 캐롤리나의 볼드헤드 섬으로 간다.

잔은 비록 연합 감리교 신자로 자라났지만, 1980년대에 교회를 등졌다―부분적으로 그것은 텔레비전 복음전도자인 짐과 타미 배커, 지미 스와가트, 제리 폴웰에 따라 채택된 종교적 근본주의에 대한 잔의 모욕감 때문이었다. 잔은 그녀의 동갑내기들과 그리 다를 바 없이, 종교를 개신교적 근본주의와 동일시하고 있다. 그녀는 유산을 하느냐 안 하느냐 하는 선택권은 여자 자신에게 주어져야 한다고 뼈저리게 느끼고 있다. 1년에 한두 번 정도 그녀는 컨트리 건너편에 가까이 위치해 있는 성공회 교회에 나가 예배한다.

잔은 자기 가족과, 테니스를 같이 하는 여자들의 소모임 말고는 다른 관심사가 거의 없다. 잠을 이룰 수 없는 밤이 오면, 그녀는 이따금 눈을 뜬 채 누워서 의문을 제기해 본다. 테니스와 자가용차 합승 말고는 삶에 아무것도 남지 않는 것일까? 하지만, 불행히도 이런 감정은 어떤 행동의 변화나 실천으로 이어지질 않는다. 잔은 예전에 저널리스트가 되기를 열망했던 사람이었음에도 불구하고, 날마다 신문을 읽을 시간조차 낼 수가 없는 형편이다. 그녀는 텔레비전의 저녁 뉴스도 어쩌다 한 번씩 보며, 공동체 활동에는 전혀 참여하지 못하고 있다. 온갖 실제적인 목적 때문에 그녀는 이웃과 도시와 주와 국가와 나머지 세상으로부터 완전히 관계를 끊고 있다. 그녀는 오로지 자신과 가족을 위하여만 살고 있는 것이다.

저스틴은 저녁에 거의 집에 있지 않는다. 그렇지만 잔과 저스틴은 이따금 저스틴의 고객들과 친구들을 초대하여 대접하곤 한다. 저스틴은 아직도 담배를 피우며 술도 많이 마신다. 그는 킴이나 애슐리와 별로 가깝게 지내지 못한다―그 문제에 대해서는 잔과도 마찬가지이다. 잔은 남편이 법률사무소의 도심지 아파트에서 비서와 관계를 맺고 있는 게 아닌가 의심하였다. 어느 날 저녁 잔은 남편을 한 번 검사해 보기로 결심하고 아무런 통보도 없이 아파트에 가 보았다. 그 곳에서 그녀는 스테파니와 함께 침대에 누워 있는 남편을 발견하였다.

잔은 분노와 우울증과 자살 충동에 시달리다가 정신의학자를 찾아가 자신이 이 침체 상태—그녀의 삶의 무의미함과 공허함—에 직면할 수 있도록 도와 달라고 청했다.

마릴린과 라슬로

샌프란시스코 만이 내려다보이는 지역의 한 작은 대학에서 심리학을 가르쳤던 아름다운 헝가리 여인 마릴린은 잔보다 훨씬 더 절망적인 상황에 처해 있었다. 마릴린과 그녀의 남편 라슬로와 그들의 딸 마리아는 1989년 부다페스트의 공산주의 정부가 해체된 다음에 헝가리에서 미국으로 이민을 왔다. 라슬로 코바크스는 공산주의 정부의 외무부에서 상급의 정보 장교로 일했다.

마릴린과 라슬로는 15년이 넘도록 부다페스트의 정당 엘리트들이 누리는 특권을 즐겼다. 공산주의의 붕괴와 함께 그들의 세계—그들의 이데올로기, 정치적 영향력, 재정적 안정성—는 완전히 무너져 버렸다. 라슬로는 샌프란시스코 바로 외곽의 대학교에서 국제 관계를 가르치고 있었다. 이것은 그가 헝가리 사회주의 아래에서 살던 이전의 생활과 자본주의 국가인 미국에서 시작한 새로운 생활의 모순점을 거부할 수 있는 편리한 형태를 제공하였다.

마릴린과 라슬로와 그들의 딸은 전형적인 미국 여피 가족의 삶을 살았다. 그들은 샌프란시스코에서 오래된 집을 수리하여 놓고, 온갖 좋은 물건들로 그 집을 꾸몄다. 라슬로는 비엠더블유를 몰고, 마릴린은 사브를 몰았다. 그들은 페블 해변에서 여름 휴가를 보냈으며, 크리스마스 연휴에는 애스펜에서 스키를 탔고, 봄철 휴가에는 타훼프 호수로 갔다.

코바크스 가족에게 처음 3년 정도의 미국 생활은 계속되는 모험이었다. 그러나, 정치적으로 그들은 샌프란시스코가 부다페스트와 같을 수는 없다는 사실, 그리고 예전에 헝가리에서 즐겼던 권력과 명성과 풍요함을 이제 다시는 경험할 수 없으리라는 사실을 깨닫기 시작했다. 그들의 딸은 아버지가 예전에 헝가리 공산주의 정당에 참여했던 사실에 관하여 매우 곤란한 질문들을 던졌다. 딸은 아버지에게, "어쩌면 그렇게도 타락하고 무능한 정권을 위해 일하실 수가 있었죠?"라고 물었다. 라슬로는 딸의 이런 질문들과 자기 자신의 질문에 대한 반응으로, 우울해져서 술을 마시기 시작했다. 공산주의의 권력자에서 자본주의의 부르조아로 갑작스럽게 전향함으로써 부딪히게 된 실존적 위기는, 그가 이겨 낼 수 있는 한계를 이미 넘어서고 있었다.

그들이 샌프란시스코에서 4년째 거주하고 있던 무렵, 마릴린은 자기 선전적인 바바리아의 백작인 동시에 천만장자인 루트비히 폰 카논에게 한눈에 반해 버렸다. 루트비히는 위조 기술과 캘리포니아 부동산에 투자를 하여 막대한 재산을 축적한 파렴치한 사업가였다. 그는 샌프란시스코 만이 바라다 보이는 소살리토에서 돈으로도 살 수 없는 콜럼버스 이전 시대의 미술 수집품들을 갖고서 혼자 살고 있었다.

그로부터 얼마 후, 마릴린은 루트비히와 함께 살 것이라는 희망을 가지고 갑작스럽게 가족을 떠나 버렸다. 그녀가 바라는 결혼 상대는 한 사람밖에 없었다. 그러나, 루트비히에게는 여자 친구가 한 명 더 있었다. 그는 소냐와 5년이 넘도록 낭만적으로 관계를 맺어 왔다. 소냐는 소살리토에서 조그마한 화랑을 운영하고 있었는데, 이것은 루트비히의 불법 미술 사업을 위한 은신처 역할을 하였다. 소냐는 또한 그의 부정한 부동산 투기를 위한 연락책이기도 했다.

루트비히는 샌프란시스코의 사회 모임과 좋은 관계를 유지하고 있었으며, 부자들과 저명 인사들이 주최하는 파티에 마릴린을 자주 초대하였다. 오래지 않아 마릴린은 라슬로를 떠났고, 루트비히의 아이를 갖게 되었다.

몇 개월 뒤 루트비히는 자신의 소살리토 아파트 소파에서 죽은 채 발견되었다. 처음에는 자살로 추정되었으나, 결국은 전혀 자살이 아닌 것으로 판명되었다. 루트비히는 소냐에게 살해되었던 것이다.

소냐는 제2급 살인 판정을 받았고, 지금은 캘리포니아 주 교도소에서 복역하고 있다. 마릴린은 아기를 낳자마자, 딸과 아기를 데리고 비엔나로 이사를 갔다.

공산주의, 자본주의, 질투, 탐욕, 욕망, 모정, 살인-이것들은 모두 무엇을 의미할까? 아마 아무런 의미도 없을 것이다.

무의미함에 관하여, 셰익스피어

내일, 내일, 또 내일은
매일매일 살금살금
인류 역사의 최종 음절(音節)까지 기어가고 있고,
어제라는 날들은 다 바보들에게
무덤으로 가는 길을 비쳐 왔거든.
꺼져라 꺼져, 짧은 촛불아!
인생이란 한낱 걷고 있는 그림자,
가련한 배우.
제 시간엔 무대 위에서 활개 치고 안달하지만,
얼마 안 가서 영영 잊혀져 버리지 않는가.
글쎄, 천치가 떠드는 이야기 같다고나 할까.
고래고래 소리를 친다.
아무 의미도 없다.

<멕베스> 제5막 5장

무(無)

로스앤젤레스 폭동, 인종차별주의, 뉴욕 세계무역센터의 폭격, 이란-콘트라 사건, 콜럼비아의 마약 거래, 제3차 세계 기근, 발칸 전쟁, 구소련의 무정부 상태, 환경 오염 등은 모두 무의미함이 삼켜 버린 세계의 증거이다. 우리는 우리 자신이나, 타인들이나, 자연이나, 우리의 역사나, 우리 존재의 토대에 대하여 아무런 관련 의식도 갖지 못하고 있다. 우리의 삶에는 목적이 결핍되어 있으며, 우리의 삶은 다만 무(無)에 기초를 두고 있을 뿐이다.

모두 다 백인들로 구성된 사이미 밸리의 배심원들이 널리 공포된 비디오 테잎에서 로드니 킹의 체포와 구타에 지나치게 폭력을 행사한 4명의 경찰관들을 석방한 지 몇 시간도 채 안 되어, 로스앤젤레스 중남부가 화염에 휩싸이게 되었다. 이틀 간의 폭동으로 53구의 시체가 나뒹굴었고, 2,300명이 부상을 입었으며, 결국에는 1만 명도 넘는 사람들이 체포되었다. 건물 1만 채가 화염과 약탈 때문에 손상되거나 파괴되었다. 4만 명도 넘게 직장을 잃었으며, 수천 명이 집을 잃었다. 그리고 어림잡아 견적을 낸 재산 손실만 하더라도 10억 달러를 훨씬 넘어섰다.

정치적으로 박식한 사람들은 성급하게도 로스앤젤레스에서 벌어진 사건을 거의 모든 사람들의 탓으로 돌렸다—백인 인종차별주의자들, 흑인 인종차별주의자들, 한국인들, 로드니 킹, 배심원들, 로스앤젤레스 시장, 경찰서장, 린던 잔슨, 조지 부쉬, 흑인 살인 청부업자 겸 강간범인 월리 홀톤, 자유주의자들, 보수주의자들, 그리고 대중 매체. 대충 그 일부만 진술하는 게 이 정도이다. 또 어떤 사람들은 자본주의, 사회 복지 프로그램, 십대 엄마들, 식량 카드, 랩 음악, 그리고 텔레비전 폭력을 지적했다. 그 누구도 무의미함이 폭력의 기본적인 원인이라고 생각지는 못했다—알코올 중독자인 로드니 킹의 무의미한 삶, 그를 구타한 경찰관들의 무의미한 삶, 그 구타 장면을 빤히 쳐다보고 서 있었던 경찰관들의 무의미한 삶, 그들을 석방한 배심원들의 무의미한 삶, 로스앤젤레스에 거주중인 힘 없는 아프리카계 미국인들의 무의미한 삶, 소외된 백인들의 무의미한 삶, 기회주의적인 정치가들의 무의미한 삶에 대해서는 아무도 주목하지 않았다.

로스앤젤레스에서 발생한 폭동은 미국 전역의 다른 많은 대도시들에서도 얼마든지 일어날 수 있는 사건이다. 그 폭동의 목적은 무엇이었을까? 그것은 어떤 의미를 지니고 있었을까? 우리는 그 경험에서 무엇을 배웠을까? 아마 아무것도 아닐 것이다. 무의미함은 무의미함을 낳으며, 자기애와 무책임감의 순환은 언제까지나 계속된다.

무의미함에 관하여, 브래들리 상원의원

도회풍의 미국은 지금 의미의 위기에 봉착해 있다. 의미가 없다면 희망 역시 존재할 수 없다 ; 희망이 없다면 투쟁 또한 있을 수 없다 ; 투쟁이 없다면 개인적인 개선 또한 있을 수 없다. 수년 동안 인종차별주의적 지역에서 발생한 미묘한 공격들과 정의의 가능성에 대한 점차적인 비관설의 영향을 입은 의미의 부재는 혼돈과 무책임의 상황을 불러일으킨다. 의미는 날 때부터 발달한다. 하지만 미국의 20개 대 도시들에서 모든 출산의 40퍼센트 이상이 혼자 사는 여자들에게 일어나고 있다. 흑인 여성의 경우에는 65퍼센트가 넘는다.

패거리 이외에는 가족도 없고, 종교와도 아무런 관련이 없고, 세력권 이외에는 장소 의식도 없고, 텔레비전에서 보는 폭력 이외에는 상상력도 없는 그런 아이들의 경우에, 정부가 그들 편에 서 있다고 하는 우리의 주장은 울리는 꽹과리에 불과하다. 그들에게 정부는 기껏해야 무능한 정부일 뿐이며, 가장 나쁘게는 타락한 정부이다. 그 아이들은 책임이나 공동체 봉사와 같은 가치관에 뿌리를 내리는 대신, 필수품 같은 것들에 대한 욕구와 즉각적인 만족이라는 얕은 기초 위에 뿌리를 내리게 되었다. 텔레비전은 눈에 띄는 소비의 메시지들을 이 아이들에게 퍼붓는다. 이 아이들은 지금 그것을 원하고 있다. 이 아이들은 성, 폭력, 마약의 이미지에 흠뻑 젖은 채, 미국 물질주의의 유사(流砂)에 빠져 들어가게 되었다.

　　점점 더 많은 삶 속에서 의미가 사라져 가고 있는 미국 도시들의 물리적 조건은 포신 속에서 화해를 하고 있다. 만일 여러분이 1970년대 이후로 도시들 속에서 변화된 요소를 딱 한 가지만 고른다면, 그것은 아마도 공포일 것이다. 공포가 마치 빙원처럼 거리들을 뒤덮고 있다. 1978년 이래로 20개 대도시에서는 살인자와 폭력 범죄의 숫자가 두 배로 뛰었다. 모든 폭력의 90퍼센트가 남자들에 의해 발생한 것이며, 가장 현저한 희생자들 역시 남자들이다. 사실상 살인은 젊은 흑인 남성들 사이에서 가장 주된 사망 원인이 되고 있다.

빌 브래들리 상원의원

로드니 킹 평결 한 달 전에 한 연설

　　허리케인 앤드류가 1992년 8월 시속 160마일의 태풍을 몰고 남부 마이애미를 강타했을 때, 6만 3천 채의 가옥이 파괴되고 25만 명이 집을 잃었다. 재산 손실은 150 내지 200억 달러로 추정되었다. 우리는 그렇게 엄청난 파괴에서 무엇을 얻었는가? 그것이 어떤 의미를 가질 수 있는가? 앤드류의 의미는 어쩌면 삶이 전혀 무의미하다는 게 아닐까?

우리 가운데 한 명이 최근 과테말라 그리스도교 어린이 기금의 지원을 받은 몇 개의 공동체 발달 프로젝트를 방문하였다. 그 방문 일정에는, 과테말라 시에서 가장 호화로운 지역 가운데 하나와 단 몇 블럭밖에 떨어지지 않은 고도로 밀집된 바리오(스페인어를 일상어로 하는 사람들이 사는 지역 – 역자주)의 한복판에 위치해 있는 '뉴바 비다' 프로젝트도 포함되어 있었다. 이 지역에 거주하는 수천 명의 사람들은 방이 하나뿐이고, 쥐들이 떼지어 몰려다니고, 나무 곤로가 놓여 있고, 배관 공사도 전혀 안 한 낡아 빠진 집에서 복잡한 미로 속을 돌아 다니며 산다. 어두컴컴하고 더럽고 낡아빠진 집들 사이로는 닭, 돼지, 개, 고양이들이 맘대로 돌아다니며, 그 집 가운데 일부는 12명이나 되는 많은 사람들이 살기도 한다. 장마철에 이런 비참한 헛간에서 산다는 것이 어떠한지 우리는 겨우 상상만 할 수 있을 뿐이다.

그 가운데 어떤 낡은 집에는 – 더 말할 나위도 없이 아름다운 – 3명의 어린 소년이 살고 있었다. 그 아이들은 더러운 마룻바닥에서 철사로 엮어진 세 평방 피트짜리 닭장에 갇혀 있었다. 그 아이들의 미소 띤 얼굴에 관한 기억이 뇌리를 떠나지 않아서, 앞으로도 쉽사리 잊혀지지 않을 것이다. 그 닭장은 사실 그 아이들의 보호소였다─아이들에게는 금새 사라져 버리는 과테말라 시의 거리를 방황하는 것보다는 차라리 닭장 속에 갇혀 있는 것이 훨씬 나았던 것이다. 과테말라 신문을 보니까, "폴로 맥프리토 (Pollo McFrito)"를 선전하는 맥도널드의 전면 광고 옆에, 3명의 미아들 사진과 약력이 실려 있었다. 만일 삶이 의미 있는 것이라면, 그렇게 비참한 불행이 어떻게 해서 엄청난 부자들 바로 근처에 존재할 수 있는 것일까?

45년 동안 미국은 동유럽과 구소련 공산 정권이 저지르는 불의 때문에 괴롭힘을 당해 왔다. 그렇지만 최근에는 동유럽과 구소련의 그 어느 곳에서도 현재 과테말라에 존재하고 있는 것과 견줄 만한 정치적 · 경제적 침체 현상을 찾아볼 수가 없다. 과테말라 사람들은 강력한 지진과 활화산과 연중 끊이지 않는 가뭄 외에도, 끝도 없는 시민 폭동과 헤아릴 수 없는 빈곤에 시달리고 있다.

안티구아에서 더러운 도로로 45분 걸리는 곳에 화산 두 개와 인접해 있는 산타 마리아 마을의 경우를 생각해 보라. 인구 7,000명이 거주하고 있는 산타 마리아에는 도대체 자생의 수원지라고는 한 군데도 없으며, 문자 그대로 화산재만 뒤덮여 있다. 그 마을은 2개의 파이프라인을 통하여 이웃 마을들에게서 일시에 물을 제공받았다. 불행히도 산타 마리아의 시장이 그 가운데 한 파이프라인을 다른 마을에 팔아 버렸고, 나머지 한 개는 그만 수원이 말라 버렸다. 그래서 지금은 날마다 안티구아에서 물을 길어 나르고 있다. 각 가정은 3일에 한 번, 한 항아리씩 물을 배급받아서 온갖 필요를 충족시켜야만 한다.

산타 마리아의 거리 모퉁이마다 있는 모래자루 뒤에는 자동 소총으로 무장한 십대 군인들이 서 있다. 이 보충병들은 대부분 군사들을 따라 다른 마을들에서 유괴되어 온 아이들로서, 강제로 살인 사업을 하게 된 신병들이다. 그 마을 전체에는 50명의 군인들이 배치되어 있다. 1년 전 그 마을이 소수의 게릴라 부대에게 침략을 당한 후로는 계속 그 군인들이 주둔하고 있었다. 그 군대는 헬리콥터로 밀려 든 1천여 명의 병력과 더불어 반격을 개시했다. 어린이 2명을 포함해서 6명의 주민들이 십자포화 속에서 죽어 갔다.

1970년대 후반부터 수만 명의 과테말라 사람들이 시골 마을들을 통제하려는 게릴라들과 군대의 전쟁 때문에 목숨을 잃었다. 그 전투의 결과로 25만 명의 어린이들이 쫓겨났다―그 아이 가운데 대부분이 지금은 고아가 되었다. 5세 미만의 아이 가운데 45퍼센트가 심각한 정신적, 육체적 성장 지체의 증세를 보이고 있다. 중요한 호수와 개울의 대부분이 콜레라균 검사에 양성 반응을 보였다. 920만 인구의 70퍼센트가 문맹이며, 230만 명의 시골 아이들은 전혀 교육의 기회를 얻지 못했다.

과테말라, 하이티, 페루, 방글라데시, 이디오피아, 모잠비크, 소말리아,

수단, 그 밖에도 이와 비슷한 처지에 놓여 있는 수많은 나라의 어린이들이 그다지도 엄청난 고통과 고난을 견디어 내도록 두고만 본다면, 어떻게 우리 자신의 삶이 완전할 수 있으며 의미 있는 것일 수 있겠는가? 풍요로운 서방에서 우리의 삶이 누리는 독선적인 자기 만족은 더 가난한 나라들에서 사는 수없이 많은 아이들의 운명에 관한 철저한 무시의 증거이다. 전도서에서 전도자는 이렇게 말한다 : "헛되고, 헛되다! 모든 것이 다 헛되다!"

미국과 구소련 사이의 45년 냉전 역사를 돌이켜 볼 때, 무의미함은 훨씬 더 거대하게 느껴진다. 1945년과 1990년 사이에 미국은 냉전에 11조 달러 이상을 허비하였다. 이 기간 동안, 히로시마와 나가사키에 이어서 1,900번 이상의 핵폭발이 세계 도처에서 발생했다―한 번의 폭발에 아흐레가 꼬박 걸렸다. 구소련이 700개 이상의 핵무기를 터뜨리는 동안, 미국은 950개 이상의 핵무기를 터뜨렸다.

만일 우리가 진지하게 의미를 추구하려 한다면, 이 장에 실었던 몇 가지 실례들을 통하여 설명된 바로 그 실질적인 가능성, 곧 삶이 진정 부조리하고 아무런 의미도 가지지 못할 수 있다는 가능성에 정면으로 맞부딪쳐야만 한다. 어쩌면 무인도 이야기는―지구라는 행성에서의 삶과 별로 다를 바 없이―무의미함에 관한 이야기일 수 있다. 장―폴 사르트르는 이렇게 말했다 : "우리가 태어나는 것은 아무런 의미도 없다 ; 우리가 죽는 것도 아무런 의미가 없다.”[1] 삶의 원대한 목표가 없을 뿐만 아니라, 우리가 스스로 창조하는 것들 이외에는 다른 어떤 삶의 지침도 전혀 없다. 알베르 카뮈는 <반항인>에서 이렇게 말했다 :

> 만일 우리가 아무것도 믿지 않는다면, 만일 아무것도 의미가 없다면, 또 만일 우리가 결코 아무런 가치도 확언할 수 없다면, 그렇다면 모든 것이 가능할 것이며, 아무것도 중요성을 지닐 수 없을 것이다. 아무런 이해 득실도 없다 : 살인자는 옳지도 않고 그르지도 않다. 우리는 맘놓고 소각장에 불을 지필 수 있으며, 나병 환자들을 돌보는 일에 전념할 수 있다. 악과 미덕은 단순한 선택 내지는 변덕에 불과하다.[2]

삶 그 자체의 무의미함이 가져 오는 결과들에는 어떤 것이 있을까? 의미 없이 세상에서 살아남을 수 있을까? 제1장에서 설명한 바 있는 삶의 모체의 첫번째 칼럼은 무의미함의 영성적, 지성적, 정서적, 생리학적 영향을 묘사한 것이다.

만일 삶이 정말로 부조리한 것이며, 살고 죽는 것이나 인간이 된다는 것이 전혀 아무런 의미도 가지지 못하는 것이라면, 결국 삶이란 영적 공허감과 절망감 외에 그 어떤 것으로 이어지겠는가? 살인, 자살, 유아 살해, 모친 살해, 부친 살해, 대량 학살 등은 모두가 허무주의에서 비롯된 행위이다.

무의미함의 대가는 무(無)이다. 그 무는 대부분의 영혼들이 참아 낼 수 있는 한도를 넘어선 것이다. 영적 공허는 희망 없음, 우울증, 실존적 질환, 나아가서는 육체적 사망의 전조이다. 많은 사람들의 경우, 무인도에 감금된다는 것은 죽음과도 같은 것이다.

절 망

절망은 우리가 자기 인식을 위해 지불하는 대가이다. 삶을 자세히 들여다 보라. 그러면 언제든지 절망을 발견할 수 있을 것이다.[3]

어빈 얄롬

<니체가 울었을 때>

시각 장애인이나 청각 장애인이나 언어 장애인처럼 육체적으로나 정신적으로 문제가 있는 사람들, 또는 뇌성 마비나 다운 증후군 때문에 고난을 겪고 있는 사람들의 경우는 어떠한가? 이 사람들의 조건은 의미 탐구에 영구적인 방해가 될까, 아니면 그들의 가족과 연인과 희생자들을 위해 진정한 의미의 출처가 될 수 있을까? 몇 개월 동안, 심지어는 몇 년까지도 줄곧 혼수 상태에 빠진 채 병원 침대에 누워서 첨단 인공 호흡 장치와 정교한 소형 처리기만으로 삶을 연명하고 있는 사람에게, 과연 삶이 어떤 의미를 지닐 수 있겠는가? 또한 "산송장"의 경우는 어떻겠는가? 그들은 자기 자신의 무인도에 스스로 감금되어 있지 않은가? 그 섬에서 도망칠 수 있는 길은 전혀 없다. 어느 곳이나 다 그 섬이기 때문이다.

빌 머레이가 주연한 유명한 영화 <성촉절>은 피츠버그의 한 텔레비전 기상 캐스터의 무의미한 삶을 묘사한 것이다. 그 기상 캐스터는 자신이 똑같은 날을 거듭해서 다시 체험해야 하는 운명에 처하게 되었음을 알게 된다. 모든 날들이 다 성촉절이며, 문자 그대로 내일이란 결코 존재하지 않는다. 머레이는 자신의 처지—어쩌면 그런 곤경의 원인이 된 것—에 대한 응답으로, 수없이 많이 먹고, 수없이 많이 마시고, 수없이 많이 잤다. 심지어 그는 여러 번 자살을 시도했으나 모두 실패로 끝났다. 다음날 아침에 잠자리에서 일어나 보면, 또 다시 2월 2일이었던 것이다.

```
┌─────────────────────────────────────────┐
│               무의미함의 영향             │
│                                           │
│         영성적 ──────→ 절망               │
│         지성적 ──────→ 허무주의           │
│         정서적 ──────→ 우울증             │
│         생리적 ──────→ 죽음               │
└─────────────────────────────────────────┘
```

　일부 그리스도인들은 무신론과 불가지론을 무의미함과 절망으로 잘못 연결시킨다. 이것은 옳지 않다. 비록 무신론자들이 인간의 정신에서 비롯되는 의미의 우주적 출처를 믿지 않는다고는 하지만, 그래도 무신론자는 잘 규정된 의미의 세속적 관념을 즐길 줄 안다. 그리스도인, 유대인, 그 밖의 하나님을 믿는 다른 신자들이 영적인 성장과 통전적인 삶을 누릴 수 있는 것과 마찬가지로, 무신론자들과 불가지론자들도 역시 영적인 성장과 통전적인 삶을 경험할 수 있다. 비록 신자들의 의미 체계의 충분함에 대해서 의문을 제기할 수도 있겠지만, 일신론자들이 의미를 독점하는 것은 결코 아니다.

　만일 우리가 *허무주의*—궁극적인 무의미함—를 극복하지 못한다면, 자칫 피상적이고 부적절한 의미의 출처에 끌려들어 갈 수 있다. 그렇게 피상적이고 부적절한 의미의 출처들은 의미 탐구로 인한 고통과 불안을 억제해 주마고 약속해 주기 때문이다—실현될 것 같지도 않은 약속이지만 말이다. 예를 들면, 성서의 전도자와 욥은—의미 탐구에 연루된 사람이라면 누구나 다 전도서와 욥기를 읽어 보아야 한다—삶이란 것이 진정 어떤 것인가 하는 문제를 극적으로 표현하기 위하여 허무주의를 매우 효과적으로 이용하고 있다.

　독일의 철학가 프리드리히 니체와 프랑스의 실존주의자 알베르 카뮈, 장-폴 사르트르는 삶의 의미에 대한 자신들의 탐구에 박차를 가하기 위하여 허무주의의 절망과 자포자기를 이용하였다. 카뮈는 삶이란 의미의 우주적 출처가 전혀 없다면 부조리한 것이라고 주장하고 나서, 가치와 윤리와 사회적 책임으로 구성된 삶에 관한 인본주의적 철학의 구성 요소들을 개략적으로 선언하는 일에 착수하였다. 카뮈의 글을 다 뒤져 봐도 삶의 의미를 간결하게 요약해 놓은 부분은 결코 찾아볼 수가 없다. 오히려 카뮈의 글에서 찾아볼 수 있는 것은 삶과 사랑과 의미와 행복과 죽음에 관한 명확하고도 통렬한 주제들의 모음이다.

　카뮈는 "독일 친구에게 보내는 편지들" 가운데 하나에서 다음과 같이 말했다.

나는 계속해서 이 세상에 궁극적인 의미란 결코 없다고 믿고 있다. 하지만, 나는 이 세상 가운데 뭔가는 의미를 지니고 있으며, 그것은 바로 인간이라는 사실을 알고 있다. 인간만이 뭔가를 가졌다고 주장할 수 있는 유일한 피조물이기 때문이다. 이 세상은 최소한 인간이라는 진리만은 가지고 있으며, 우리의 임무는 운명 그 자체에 대항하여 그 진리의 정당성을 제공하는 것이다. 세상은 인간 이외의 정당성을 전혀 지니지 못한다 ; 그러므로 우리가 삶에 관한 생각을 지키고 싶다면 무엇보다도 인간을 지켜 내야만 하는 것이다.[4]

그러나, 카뮈는 <시지프의 신화> 서문에서 가치-허무주의에 관한 윤리적 이론의 기반을 다졌다 : "허무주의의 한계 내에서 우리는 허무주의를 넘어서는 의미를 발견할 수 있다."[5]

무의미함에 관하여, 욥

내가 태어나던 날이 차라리 사라져 버렸다면,
'남자 아이를 배었다'고 좋아하던 그 밤도 망해 버렸더라면,
그 날이 어둠에 덮여서, 높은 곳에 계신 하나님께서도
그 날을 기억하지 못하셨더라면, 아예, 그 날이 밝지도 않았더라면,
어둠과 사망의 그늘이 그 날을 제 것이라 하여,
검은 구름이 그 날을 덮었더라면,
낮을 어둠으로 덮어서, 그 날을 공포 속으로 몰아넣었더라면⋯
어찌하여 내가 모태에서 죽지 않았던가?

어찌하여 어머니 배에서 나오는 그 순간에 숨이 끊어지지 않았던가?

어찌하여 나를 무릎으로 받았으며,

어찌하여 어머니가 나를 품에 안고 젖을 물렸던가?

그렇게만 하지 않았더라도,

지금쯤은 내가 편히 누워서 잠들어 쉬고 있을 텐데.

지금은 폐허가 된 성읍이지만, 한때 그 성읍을 세우던

세상의 왕들과 고관들과 함께 잠들어 있을 텐데.

낙태된 핏덩이처럼, 살아 있지도 않을 텐데.

햇빛도 못 본 핏덩이처럼 되었을 텐데!

그 곳은 악한 사람들도 더 이상 소란을 피우지 못하고,

삶에 지친 사람들도 쉴 수 있는 곳인데.

그 곳은 갇힌 사람들도 함께 평화를 누리고,

노예를 부리는 감독관의 소리도 들리지 않는 곳인데.

그 곳은 낮은 자와 높은 자의 구별이 없고

종까지도 주인에게서 자유를 얻는 곳인데!

어찌하여 하나님은,

고난당하는 자들을 태어나게 하셔서 빛을 보게 하시고,

이렇게 쓰디쓴 인생을 살아가는 이들에게 생명을 주시는가?

욥기 3장 3~5, 11~20절

카뮈의 작품 전체에서 가장 중요한 관심사로 등장하는 것은, "인간은 죽는다 ; 인간은 행복하지가 못하다."[6]라고 하는 칼리굴라의 말로 대변된다. 칼리굴라는 똑같은 이름을 지닌 카뮈의 희곡에 등장하는 영웅이다. 카뮈는 자신의 첫소설 <행복한 죽음>에서부터 시작하여, 삶의 목적은

'자기 중심' 세대가 믿는 것처럼 행복해지는 것이 아니라, 오히려 '행복하게 죽는 것'이라는 주제로 거듭해서 되돌아갔다. <행복한 죽음>은 카뮈가 1960년에 자동차 사고로 죽은 다음에야 비로소 출간되었다. 카뮈의 희곡 네 개, <칼리굴라>, <오해>, <포위 상태>, <의로운 암살자>뿐만 아니라, 그의 소설 <이방인>도 주제는 한결 같았다 – 행복하게 죽는 것에 대해서.

> **부**조리가 하나님에 대한 은유일 수가 있는가?
> 아니면 아예 하나님이 부조리에 대한 은유인가?
>
> 경제학자

그러나, 만일 우리가 행복하게 죽기를 바란다면, 궁극적으로 행복한 죽음으로 끝날 순례를 떠나야만 한다. 무엇보다도 '삶의 어떤 측면도 거부하지 않고 살아가려는 의지'가 있어야 한다. "이것은 내가 이 세상에서 가장 존중하는 미덕이다."[7] 카뮈가 살인, 자살, 국가의 사형을 거부했다는 것은 그리 놀라운 사실도 아니다. 그의 개인적인 의미감과 가치관은 용기, 자존심, 사랑, 공동체, 사회적 정의에 최고의 우선권을 부여하였다. 더 나아가, 카뮈는 가난한 사람들과 사회적으로 특권을 부여받지 못한 사람들에게 특별히 유대감을 느꼈다.

카뮈의 철학이 대학 같은 곳에서 폭넓게 인정받지 못했던 것도 그리 놀라운 일이 아니다. 카뮈는 삶의 수수께끼 가운데 너무나도 많은 부분들을 해석해 냈다-무의미함, 삶에 대한 찬양, 당신이 아는 것을 실천하며 살아 가는 것, 영혼 다루기, 행복한 죽음. 그의 사상은 대부분 전통적인 지혜에 심각한 위협이 되었다. 저마다가 소유하고 있는 것이나 지배하고 있는 것으로 사람을 판단할 것이 아니라, 저마다의 존재 그 자체와 행한 일들에 따라서 사람을 판단해야 한다고 주장하는 철학이 소비지향적이고 물질주의적인 우리 사회에서 심한 반대에 부딪히리라는 것은 불을 보듯 뻔한 사실이다.

우리 자신의 삶에서 무의미함을 거부하는 행위는 우리 가운데 대부분이 경험한 바 있는 분리와 소외감뿐만 아니라 소유에 토대를 둔 삶을 향한 우리의 억제할 수 없는 이끌림까지도 잘 설명해 준다. 우리는 허무주의라는 무서운 유령과 그로 인한 온갖 고통과 불확실성을 극복해 내는 대신, 자기애와 쾌락주의와 소비주의와 극단적으로 단순화한 자유주의적이거나 보수주의적인 종교 교리와 정치 이데올로기를 통해 도망을 치려고 한다. 허무주의와 그것의 온갖 함의들에 대한 확고한 이해는 의미 탐구에 절대적으로 필요한 절차이다. 무의 가능성에서 도망칠 수 있는 길은 전혀 없다.

일찍이 알버트 아인슈타인은 이렇게 말했다 : "자기 자신의 삶과 동료 피조물들의 삶이 무의미하다고 여기는 사람은 단순히 불행한 것이 아니라 아예 삶에 적합하지 못한 사람이다."[8] 무의미함이 사람을 쇠약하게 만드는 정서적 영향력이 있음은 아주 잘 알려져 있다—불안, 우울증, 완전한 정서적 붕괴의 가능성. 사람들이 무의미로 인한 정서적 고통을 회피하려고 하는 데에는 전혀 한계가 없다. 어떤 사람들은 자기 자녀들, 자기 직업, 문란한 성생활, 알코올 중독, 약물, 정치 이데올로기, 인종 차별주의적 편견, 또는 폭력을 통하여 의미를 찾으려 한다. 또 어떤 사람들은 개인용 컴퓨터, 카세트 녹화기, 비디오 게임, 이동 전화기 같은 과학 기술 장치들을 통하여 의미를 찾으려 한다.

환자들이 자신의 실존적 고통에서 재빨리 해방되기를 원하고 있는 절박한 욕구 충족의 시대에 정신 의학자들이 정치적으로 약물 치료를 사용하는 것도 별로 놀라운 일이 아니다. 비록 신경이완약과 항울약이 무의미함에 대한 공포로부터 일시적인 위안을 가져다 줄 수는 있다 하더라도, 끊임없는 의미 탐구를 대신할 수 있는 것은 결코 아니다.

무의미함이 주는 불리한 영성적, 지성적, 정서적 영향 이외에도 생리적 영향이 종종 나타난다. 우리는 인간의 육체적 행복이 정서 상태의 영향을 종종 받는다고 하는 사실을 인정하기 위하여 굳이 신비주의자가 될 필요도 없다. 무의미함과 절망은 결코 장수와 건강에 공헌하지 못한다.

자기 자신의 생명을 빼앗겠다는 결정은 허무주의의 궁극적인 형태이다. 말기 환자들에게 자살 방법을 조언해 주는 책이 인쇄되어 나온 지 겨우 일 주일 만에 <뉴욕 타임즈>의 베스트셀러 목록에서 제1위로 급등하였다는 사실을 알고서 많은 미국인들이 깜짝 놀랐다. 헴락 소사이어티의 전무이사인 데렉 험프리가 쓴 책 <마지막 비상구>에는 어떻게 자살하는가에 대한 조언이 실려 있다.

인간이 자살이나 낙태나 정당 방위나 살인을 통하여 죽음에 능동적으로 참여하는 것이 삶의 무의미함에 대한 성명일 수 있는 것과 마찬가지로, 국가의 후원을 받고 있는 사형 집행이나 전쟁이나 군대의 모험과 같은 수동적인 승인 역시 삶의 무의미함에 대한 성명이다(자기 자신을 포함하여). 인간을 죽이는 것은, 그 사람의 삶이 의미 있는 것일 수 있다는 가능성을 부인하는 것이다. 판사나 사형 집행인처럼 사형 장치를 인가해 주거나 사람을 죽이는 사람들은 정글의 법칙이 아니라면 누구의 권한으로 그렇게 하는 것일까?

국가의 이름으로 벌어지는 전쟁과 사형 집행은 우리의 공동체 의식이 보복이라는 우리의 이교도적 욕망―허무주의의 토대 위에 굳건히 서 있는 욕망―에게 지고 말 경우에 생겨난다. 폭력은 더 많은 폭력을 낳으며, 그 밖에 다른 길이 주변에 있지 않다.

낙태를 하느냐 마느냐를 결정할 수 있는 권리가 여자 자신에게 있다 하더라도, 태아를 낙태시키려는 결정은 단지 개인적인 문제를 임시 변통으로 해결하기 위한 응급 처치가 아니라 삶의 의미에 대한 매우 강력한 성명이다. 태아의 아버지 역시 태아를 낙태시키려는 결정에 대한 책임을 면할 수 없다. 비록 그가 태아 어머니의 결정에 대해 공개적으로 반대하였다 하더라도 말이다. 태아의 삶의 의미는 태아가 기정 사실로 밝혀진 후가 아니라 성관계를 갖기 이전에 이미 논의를 해야 하는 것이다. 성적 난교(亂交)의 주된 이유 가운데 하나는, 많은 사람들이 향락을 위해 다른 사람을 이용하거나 다른 사람에게 이용되지 않을 경우 아무런 가치도 없는 사람이라고 느끼기 때문이다.

양수천자(羊水穿刺)와 같은 여러 가지 첨단 의학의 발전은 삶의 의미에 관한 근본적인 문제들을 불러일으켰다. 양수천자는 미국의 유복하고도 나이 많은 임산부들 사이에서 폭넓은 지지를 얻고 있는 매우 침투적인 테스트이다. 산모의 배낭에서 양수의 샘플을 채취하면, 태아의 염색체 이상을 알아 낼 수가 있다. 만일 태아의 어머니나 부모가 그 검사 결과를 싫어할 경우에는 의사에게 태아를 낙태시켜 달라고 요구할 수 있다. 그렇지만 양수천자는 결코 위험성이 없는 절차가 아니다. 양수를 채취하기 위해 사용하는 주사 바늘 때문에 태아가 다칠 위험성이 있으며, 어머니에게도 감염의 위험성이 있다.

양수천자가 종종 산부인과 의사들에 따라 대표되는 것과 대조적으로, 결코 그것이 가치 중립적인 과학적 만병 통치약일 수는 없다. 만일 부모가 태아를 고의가 아닌 치명적 상해의 위험 속에 빠뜨리지 않으려 한다면, 그리고 부모가 염색체 이상이라는 이유로 낙태를 통하여 태아의 생명을 빼앗지 않으려 한다면, 양수천자는 결코 해결될 수 없는 도덕적, 윤리적 문제들을 가져올 것이다.

안락사나 말기 환자의 생명유지 장치를 떼어 내는 시기에 관한 논쟁의 중심에는 환자의 삶의 의미와 관련된 문제들이 놓여 있다. 의식이 없는 말기 환자의 삶이 과연 어떤 의미를 지니고 있을까? 이 복잡한 문제에 해답을 제시해 줄 수 있는 사람은 누구일까? 환자의 담당 의사일까, 배우자일까, 가족일까, 친구일까, 성직자일까, 아니면 랍비일까?

의학적인 연구를 위해 우리가 지출하는 것의 대부분과 고통 없는 실존("안전한 성", 단순한 해결책, 도덕적으로 중립적인 절차)에 대한 우리의 추구, 이것들의 이면에는 끊임없는 욕구 충족―의미 탐구의 회피―을 향한 우리의 욕구가 숨어 있다.

접착제는 어디에?

70년이 훨씬 넘도록 마르크스-레닌주의 이데올로기는 구소련을 꽁꽁 묶어 주는 정신적인 접착제 역할을 하였다. 비록 스탈린의 공산주의는 구소련의 지도자 미하일 S. 고르바초프에게서 전혀 신용을 얻지 못했지만, 공허한 미국식 소비주의 이외의 어떤 의미 있는 미래 전망으로 스탈린 공산주의가 대체되지는 못했다. 이러한 영적 접착제의 결핍은 구소련의 몰락을 가져왔을 뿐만 아니라, 동유럽 세계에 널리 퍼져 있는 정치적 불안정에 공헌하기까지 했다. 오늘, 동유럽의 모든 국가와 구소련에는 뿌리 깊은 인종적, 종교적, 또는 민족주의적 소동이 끊이지 않고 있다.

수십 년 동안 공산주의 독재자의 철권 정치에 따라 꼭 붙어 있던 티토와 유고슬라비아의 접합선이 이제는 없어져 버렸다. 세르비아와 크로아티아, 보스니아와 헤르체고니아 간의 갈등은 동방 정교회 신자들과 로마 가톨릭 신도들과 이슬람교도들 간의 숙원만큼이나 오래된 것이다. 우리는 피비린내 나는 발칸 반도의 경험이 동유럽 전역과 구소련 전체에서 되풀이되지 않으리라는 확신을 결코 가질 수가 없다.

체코슬로바키아는 모스크바로부터 자유를 쟁취한 지 3년 만에 두 개의 독립 국가로 분리되고 말았다─비폭력적으로. 비록 헝가리는 경제적, 정치적 개혁을 단행하는 데 다른 동유럽 인근 국가들보다 30년이나 훨씬 더 앞섰지만, 헝가리 자체의 정치적 문제가 전혀 없는 것은 아니다. 헝가리는 거의 50개에 달하는 정당을 갖고 있으며, 인근의 세르비아나 루마니아와 사이좋게 지내지 못하고 있다. 구소련과 동유럽 동맹국 가운데서 가장 대표적인 루마니아도 역시 민주주의를 실현하기까지는 머나먼 길을 가야만 한다. 대부분의 루마니아 인들은 트란실바니아에 살고 있는 200만 명의 소수 헝가리 인들에 대해 강력한 반감을 품고 있다. 루마니아와 몰도바 사이에도 적지 않은 갈등이 존재한다. 불가리아 인들은 구소련이 자기들의 해방자라고 여겼다. 러시아 인들이 그들을 1877년에 오토만 터키

인들에게서 해방시켜 주었기 때문이다. 오늘까지도 여전히 불가리아 인들과 터키 인들 사이에는 식지 않은 사랑이 깃들어 있다.

극지의 사람들은 여전히 폴란드 정부가 채택한 자본주의를 망가뜨리기 위한 이른바 충격요법이라는 접근의 정치적, 경제적 효과 때문에 비틀거리고 있다. 비록 가게에는 음식이나 그 밖의 소비 상품들이 꽉 차게 진열되어 있다 하여도, 가격이 너무 비싸서 유용한 것을 구입할 만한 여유가 극지 사람들에게는 거의 없다. 역량 부족의 국영 기업들이 문을 닫게 되자, 실업률도 치솟고 수입도 줄어들었다. 범죄와 위법 행위가 극적으로 증가하였다. 이제 바르샤바는 유럽에서 도난 차량의 중심지가 되어 버렸다. 수십 개나 되는 정당들 간에는 폴란드의 미래 향방에 관한 말다툼이 쉴새 없이 계속되고 있지만, 조금도 의견의 일치를 보지 못하고 있다. 폴란드는 아마도 시장 경제로의 변화를 꾸준히 고수할 것이다. 그러나 아직은 숲을 벗어날 수가 없을 것이다.

전 동유럽 공산주의 국가 가운데 오직 동독만이 정치적으로나 경제적으로 비교적 안정을 취하고 있는 것으로 보인다. 그것은 서독이 동독을 취득한 결과이다. 그렇지만 그 합병의 값비싼 비용은 독일을 심각한 경기 후퇴와 높은 실직율에 빠뜨리고 말았다. 그 때문에 반유대주의와 집시 학대, 우파 과격주의가 증가하였다.

구소련 15개국 가운데 대부분이 지금 경제적 침체와 정치적 무질서 때문에 붕괴될 직전에 있다. 동유럽과 구소련에 들이닥친 영적 위기와 이데올로기적 위기는 상당히 심각한 상태이다. 새롭게 독립한 이 국가들은 자기들이 순전히 웃돈을 얹어 주고 옛 공산주의 독재자를 민주주의자로 변장한 파시스트 압제자와 바꾼 것에 불과하다는 사실을 금방 깨닫게 되었다.

구소련 전역에 범죄와 위법 행위, 약물 남용, 매춘, 밀수가 횡행하고 있다. 뇌물이 삶의 방식이 되어 버렸다. 규율과 신뢰의 완벽한 와해와 뻗대는 태도로 나아가는 경향이 지배적이다. 사람들은 오로지 자기 자신만을 생각한다. 애석하게도 잘 정리된 목적 의식이나 의미감은 결핍되어 있다. 무의미함의 문제에 대한 임시 변통의 해결책이 전혀 없다. 민주주의와 자유 시장만으로는 공산주의의 몰락 때문에 남겨진 공허를 채울 수 없다. 새로 독립국이 된 이 나라들의 지도자 가운데 그 누구도 혼란 때문에 소멸되어 버린 지역의 영성적, 정서적, 지성적 필요성에 관해 이야기하지 않는다. 구소련과 동유럽 국가들을 한꺼번에 묶어 줄 그런 접착제는 어디에 있는가? 아무 데도 없다!

그러면 미국의 경우는 어떠한가? 미국의 50개 주를 하나로 엮어 주는 접착제는 어디에 있는가? 20세기를 통틀어 4번의 커다란 위협이 미국이 본래대로 유지될 수 있도록 도와 주었다－제1차 세계대전, 세계 대공황, 제2차 세계대전, 그리고 구소련. 그렇지만 45년이 넘도록 미국의 의미감은 반 공산주의에 거의 전적으로 토대를 두고 있었다. 특히 1950년대의 맥카시 시대와 레이건 시절에는 더욱더 그랬다.

로널드 레이건 대통령은 구소련이 행한 일들은 문자 그대로 모두 다 수상한 것들이며, 1970년대와 1980년대에 증강된 구소련의 무기는 결코 미국의 무기 증강에 대한 반응이거나 구소련이 미국의 움직임을 인식한 것에 대한 반응이 아니라는 사실을 증명하려고 노력했다. 이러한 견해에 따르면, 무기 경쟁을 끝낼 수 있는 유일한 방법은 곧 미국이 구소련을 벽에 밀어 붙이고서 강제로 물러서게 만드는 것이다. 이러한 제로섬의 사고 방식과 더불어 외교적 협상은 거의 가치가 없는 것으로 인식되었다. 진실하고 선한 것은 모두 우리 편으로 돌리고 잘못된 것들은 모두 구소련의 탓으로 돌렸다. 극단적으로 단순한 견해이지만, 그래도 미국인들은 1980년대 내내 구소련에 대한 이러한 견해에 완전히 매료되어 있었다. 그것이야말로 그들이 듣고자 했던 것이며, 믿고자 했던 것이었기 때문이다.

냉전 시대에는 우리 모두가 대항해야 할 상대를 정확히 알고 있었다 – 하나님을 믿지 않는 공산주의와 구소련. 하지만, 냉전이 완전히 끝나 버린 지금은 우리가 옹호해야 할 대상이 무엇인지 전혀 짐작도 못하고 있는 것처럼 보인다.

텔레비전용으로 만든 페르시아만 드라마는 '산송장'을 정면으로 노린 것이다. 또한 그것은 사담 후세인의 쿠웨이트 침공 때문에 갑자기 붕괴

상태에 빠졌으며, 탐 크랜시가 쓴 냉전 이후 스릴러를 위한 필수적인 구성 요소들도 모두 다 갖추고 있었다 — 악마와도 같은 적군, 긴장감, 정치적 음모, 고도의 군대 영웅사, 중동의 석유. 액션으로 가득 찬 텔레비전 시리즈는 구소련을 대신할 만한 새로운 악마를 필요로 하는 미국 시청자들을 상대로 즉각적인 성공을 거두었다. 조지 부시 대통령은 아무런 어려움 없이 감수성이 예민한 미국 텔레비전 시청자들이 사담 후세인 — 자신이 직접 출현을 도와 주었던 폭군 — 은 사실 새로운 아돌프 히틀러라고 믿게끔 만들었다.

구소련 최고의 정치 권력의 입장에서 볼 때, 페르시아 만에 대한 부시 대통령의 군사 정책을 지지해 주었던 미국 텔레비전 방송 만큼이나 효과적으로 공산주의를 선전해 줄 만한 존재를 찾기란 어려울 것이다. 몇 주 동안 CNN 방송은 '카우보이와 인디언'에 상당하는 중동의 상황을 미국의 시청자들에게 24시간 쉬지 않고 생생하게 보도해 주었다. 미국인들은 일방적인 고도의 애국적 과장 선전에 세뇌되었다. 1980년대에는 로널드 레이건 대통령이 종종 캘리포니아에 있는 자신의 목장에서 자신의 말을 타고 있는 모습이 텔레비전 화면에 나타나곤 했다. 페르시아 만 무용담에 관한 드라마에 덧붙여서, 부시가 자신의 전동 골프 카트나 메인 주의 켄느-벙크 포트에 있는 자신의 고속 모터 보트에서 깊이 생각하지도 않고 사담 후세인에 대한 공격을 이야기하는 모습이 자주 텔레비전 화면에 실렸다.

비록 냉전은 막을 내렸지만, 삶보다 더 거대한 적을 필요로 하는 우리의 자세는 결코 사라지지 않을 것으로 보인다. 단 얼마 동안만이라도 사담 후세인은 자신의 역할을 훌륭하게 수행해 냈다. 탐 크랜시의 다음 번 소설에서는 누가 악마로 등장하게 될까? 오직 시간만이 그 답을 알려 줄 수 있다.

브라질, 중국, 인도, 구소련과 전혀 다를 바 없이 미국 역시 근본적으로는 현재의 상태를 제어하기가 어렵다. 고르바초프가 구소련을 모스크바에 앉아서 조종한다는 것이 불가능하다는 사실을 깨달은 것과 마찬가지로, 백악관과 의회 역시 가난, 무주택, 인종차별주의, 약물 남용, 폭력 범죄, 어린이 학대, 지독하게 실패해 버린 교육 체계 등의 문제에 대해서 워싱턴에 기지를 가진 하향식의 해결책들을 떠맡기는 것은 쓸데없는 짓이라는 사실을 깨달았다. 가난한 사람들, 혜택을 받지 못하는 사람들, 권리를 박탈당한 사람들의 문제는 상부로부터 떠맡겨진 해결책들로는 해결할 수가 없는 문제들이다. 해결책은 마음을 품은 사람들의 밑에서부터의 참여를 필요로 하며, 또한 희생양이 된 사람들과 결과에 영향을 미칠 수 있는 위치에 놓여 있는 사람들을 한 데 엮어 주는 공동체 의식을 필요로 한다.

미국 전역에 편만해 있는 무의미함은 미국에서 찾아볼 수 있는 공동체

의식의 부재와 공모를 한 것이다. 우리의 학교나 종교적 집회나 직장이 의미와 공동체 탐구를 격려해 주는 일은 거의 없다.

우리의 허무주의적 의미 결핍은, 유감스럽게도, 미국을 하나로 엮어 줄 만한 '접착제' 구실을 할 수 있는 어떤 적을 찾도록 우리를 이끈다. '적'이라고 지칭된 존재에 대한 공동의 공포가 사회를 하나로 묶어 주기에 충분한 유일한 접착제일 경우, 그 사회에게 허무주의적 의미 결핍은 하나의 슬픈 선물일 것이다.

무의미함을 넘어서

이 장에서 소개한 몇 가지 소름끼치는 예들과는 대조적으로, 무의미함이 반드시 어둡고 숙명적인 것이라고 볼 필요는 전혀 없다. 우리는 무의미함과 죽음이 우리의 의미 탐구를 조종해 주는 세 가지의 가장 중요한 요인 가운데 두 가지에 속한다고 믿고 있다—나머지 하나는 분리인데, 이것은 제3장의 주제이기도 하다.

우리는 무의미함과 우리 자신의 죽음에 직면하게 될 때에야 비로소 우리의 순례에 착수하기 위한 준비를 갖추게 된다. 회복기에 있는 알코올 중독자가 자신의 무력감을 잘 이겨 내야 하는 것처럼, 우리 역시 삶이 부조리하며 우리는 곧 죽게 된다는 가능성을 똑바로 직시해야 한다.

일단 맨 밑바닥까지 내려가고 나면, 우리는 우리 자신의 의미를 창조해야 하는 도전과 책임에 좀더 예민해질 수 있다. 있는 그대로 완전히 벌거벗은 무의미함과 직면하고, 또 사실 "자유로운 점심식사와 같은 것은 결코 없다"는 사실을 깨달을 때, 우리는 비로소 의미 탐구를 향해 적극적으로 나아갈 수가 있다.

> **안**녕, 어두움, 내 오랜 친구야.
> 너와 또 다시 이야기를 나누기 위해 내가 왔단다.
>
> 폴 사이먼
> *"침묵의 소리"*

일단 무의미함이 우리의 탐구에서 중요한 역할을 한다는 사실을 깨닫게 되면, 우리는 무의미함에 대해서 두려움을 덜 느끼게 된다. 무의미함은 이제 웬일인지 덜 끔찍한 것으로 여겨진다. 우리를 거스르는 무의미함과 죽음이 없다면, 우리 가운데 대부분은 안심한 나머지 그만 혼수상태에 빠질 것이다. 앞에서 언급한 '산송장 증후군'은 무의미함을 이겨 내려는 우리의 용기가 부족함을 반영해 주는 것이다.

무의 위협은 우리가 우리의 삶을 중요한 것으로 생각하도록 만든다. 허무주의의 고통에서 도망칠 수 있는 단 한 가지 방법은 바로 우리 자신의 의미를 창출하고, 우리의 영혼을 돌보고 양육하는 것이다.

분리

분리는 세 겹으로 되어 있다 : 개개인의 삶 속에 존재하는 분리, 자기 자신에게서의 분리, 그리고 존재의 토대로부터의 분리.

폴 틸리히 〈흔들리는 터전〉

자니와 사샤 이야기

자니와 사샤는 20대 초반의 육체 노동자이다.[1] 자니는 디트로이트 부근의 제너럴 모터스(미국의 세계 최대 자동차 회사 – 역자주) 공장에서 일하며, 사샤는 러시아의 페테르스부르크 조선소(전 레닌그라드 조선소)에서 일한다.

자니의 할아버지 역시 제너럴 모터스에서 일했는데, 최근에 40년간의 일관 작업에서 물러났다. 자니의 할아버지는 세계 대공황 기간에 남부 시골에서 자라났는데, 그와 그의 가족은 1930년대 내내 극심한 가난에 시달려야만 했다. 그는 16세 때 학교를 그만두고, 가족의 생계 유지를 도왔다. 그리고 후에는 제2차 세계대전의 보병대에 지원하였다.

전쟁이 끝나자 자니의 할아버지는 디트로이트로 이사를 갔다. 그 곳의 제너럴 모터스는 전쟁 이후의 자동차 수요를 충족시키기 위하여 기술 없는 수천 명의 노동자들을 고용했다. 그의 첫번째 목적은 가족을 부양할 수 있을 만한 안정되고 안전한 직업을 구하는 것이었다. 그의 뇌리에는 1930년대의 힘들었던 시절이 너무나도 깊이 박혀 있었다. 40년 동안 그는 연속하여 반복적인 일을 하였다 ― 언제나 그는 하라는 대로만 따라 했으며, 감독의 권위에 대해서 한 번도 문제를 제기하지 않았다.

사샤의 할아버지는 대조국 전쟁(구소련에서 제2차 세계대전을 칭하는 정식 호칭 ― 역자주) 때 러시아 군대에서 복무하면서 레닌그라드의 포위 공격 속에서 간신히 살아남았다. 전쟁 동안 사샤의 할아버지는 거의 굶어 죽을 뻔한 적도 있었으며, 그와 그의 가족은 1930년대에 아주 가까운 곳에서 스탈린의 테러 통치를 겪어야 했다. 사샤의 할아버지는 위험 인물이 아니었으며, 군대의 권위에 대해서 상당한 존경심을 지니고 있었다. 전쟁이 끝나자 그는 조선소에 배속되었으며, 1987년까지 그 곳에서 계속 일하였다.

1950년대와 1960년대 내내 제너럴 모터스와 레닌그라드 조선소의 권위주의적 경영은 아주 좋은 효과를 거두었다. 자니의 할아버지가 일했던 제너럴 모터스 공장은 미국에서 가장 효율적인 공장 가운데 하나였다. 레닌그라드 조선소는 구소련의 무역함대를 위해 커다란 유조선과 화물선들을 생산해 냈다. 제너럴 모터스 공장이나 레닌그라드 조선소나, 노동자와 감독들이 똑같이 교육 수준이 낮고, 가난하게 자라났으며, 통제된 조건 속에서 일하는 데 아무런 문제도 못 느끼는 사람들이기는 매한가지였다.

자니와 사샤가 태어났을 당시, 그들 가족의 생활 수준은 이미 전쟁이 끝난 터라 상당히 개선되어 있었다. 비록 자니의 가족이 사샤의 가족보다 물질적으로 조금 더 풍요롭기는 했지만, 두 집 모두 비교적 안락한 생활 수준을 즐기고 있었다.

자니와 사샤는 가난이라는 것을 한 번도 겪어 보지 못했다. 그들은 둘 다 고등학교를 졸업하였고, 추가로 대학 수준의 과정들을 몇 가지씩 수료 하였으며, 중산층의 환경에서 자라났고, 또한 텔레비전을 무척 많이 보았다. 자니는 한 번도 병역의 위험에 노출되지 않았다. 사샤는 2년 동안 구 소련 군대에서 병역의 의무를 이행하긴 했지만, 순간순간 그 시간들을 증오하였으며 아프가니스탄 전쟁을 강하게 반대하였다.

자니와 사샤는 많은 급료를 받고 있지만, 그들의 작업은 한결같이 단조롭고 변화가 없다. 그들은 종종 그렇게도 어리석은 직업에 왜 고졸 정도의 학력이 요구되는지 의아해 한다. 자니도 사샤도 자기의 직업에 비해서 너무 자격 과잉이다.

자니는 정치에 아무런 흥미도 없으며, 한 번도 투표를 하지 않았다. 사샤 역시 정치에 관심이 없으며, 그의 아버지나 할아버지와는 달리 1991년에 공산 정권이 몰락하기 전까지 전혀 거기에 동조하지 않았다.

자니도 사샤도 힘든 일을 싫어한다. 그들에게 좀더 많은 급료를 받기 위해 좀더 많이 일하는 것과 하루를 쉬는 것 가운데서 어느 하나를 선택하라고 한다면, 그들은 분명히 후자를 택할 것이다. 자니와 사샤는 둘 다 자기 감독들이 취하고 있는 고압적이고 권위주의적인 하향식 경영 형태에 분개하고 있다. 그들은 종종 작업 시간보다 늦게 출근하기도 하며, 아예 얼굴을 내밀지 않는 경우도 많이 있다. 자니는 작업 중에 담배를 피워 대며, 사샤는 음주 문제를 지니고 있다. 사샤는 아직 미혼이지만, 자니는 이혼한 상태이다.

자니와 사샤의 이야기는 미국과 러시아의 거대한 산업 회사들의 탈인간화 측면에 관한 이야기가 결코 아니다. 자니의 할아버지와 사샤의 할아버지는 둘 다 40년 동안이나 무지와 두려움 때문에 지루하고 반복적이고 때로는 위험하기까지 한 직업을 견뎌 냈다. 그렇지만 똑같은 작업 환경이라 하더라도 1990년대의 작업 조건은 소외감, 분리감, 동요, 심각한 불평 불만을 낳는다ㅡ이것은 산업 세계 전체에 널리 퍼져 있는 감정들이다.

자니와 사샤는 자신의 일과 자신의 감독들과 자신의 동료들에게서 소외되어 있다. 그들은 자기 일과 자기 상사와 자기 정부를 싫어하며, 심지어는 자기 자신까지도 싫어한다.

대부분의 미국 회사와 러시아 회사들은 1950년대와 1960년대 내내 그들에게 매우 효과적이었던 경영 철학과 조직 체계를 그대로 고수하고 있다. 그렇지만 1950년대의 전형적인 노동자는 가난하고 못 배우고 군대의 권위를 기분 좋게 받아들이는 사람들이었던 반면에, 오늘의 노동자는 미국이나 러시아나 모두 잘 배우고 유복하고 어떤 권위에 대해서도 분개하는 사람들이다. 어제의 현실에 입각한 조직적인 발달 전략들은 결코 내일의 세계에서 성공을 거둘 수가 없다.

1970년대에 미국의 경영자들은 종종 우리의 생산성 문제에 대해서 조직화된 노동 체계를 비난하곤 하였다. 그러나, 1980년대에 들어서서 높은 실업율과 레이건 행정 내각의 항(抗) 노동 정책이 조직화된 노동을 무력하게 만들었다. 점점 더 자기 중심적이고 독재적으로 변해 가는 경영 정책의 좀더 파괴적인 결과물들 중에는 근로 의욕의 결핍, 불성실, 생산성 저하, 그리고 국제 시장에서 효과적으로 경쟁할 수 있는 가능성의 부재가 있다.

미국이나 러시아나 이제는 게임의 법칙이 바뀌었다. 노동자들을 억압하고 위협하는 고루한 방식은 이제 더 이상 효과를 거둘 수가 없다. 만일 회사의 고위층 관리자가 진지하게 그 회사의 생산성 향상과 해외에서의 경쟁력 강화를 바랄 경우, 우선은 노동자들과 권력을 나눈다고 하는 값비싼 대가를 치뤄야만 한다.

미국 회사들의 비민주적 본성을 여실히 드러내 주는 증거로서, 1970년대에는 노동력의 30퍼센트였던 노동 조합원이 노동력의 16퍼센트로 대폭 감소되었다 — 이것은 오스트리아의 60퍼센트나 스웨덴의 85퍼센트와 대조적인 숫자이다. 게다가, 미국의 군사 산업 복합체가 러시아 쪽보다 더 민주적이라거나, 미국의 군사 산업 복합체가 러시아 쪽과 전혀 다르다는 점을 시사해 줄 만한 증거도 거의 없다.

경영 대학원이 육체 노동자들 사이의 소외 현상을 억제하기 위하여 하는 일은 전혀 없다. 만일 뭔가를 하고 있다면, 그것은 사실 문제를 더욱더 악화시키는 일에 불과할 것이다. 경영 대학원이 육체 노동자를 대하는 태도는 종종 거만하고 생색을 부리는 것이기 일쑤이다. 경영 대학원은 자니와 사샤의 문제에는 거의 관심조차 없다.

경영 학교들은 기업의 중역실에 널리 퍼져 있는 "무엇을 하든 상관 없다"는 식의 태도를 저지하기 위해 어떤 노력도 기울이지 않고 있다. 경영 대학원에서 훈련을 받은 "자기 중심적인" 경영자들의 새로운 유형은 내부자 거래, 냉담한 소유권 탈취, 타회사 직원들의 뇌물, 고압적인 반노동 조합적 전술 등을 매우 기분좋게 받아들인다.

러시아의 무의미 문제는 더더욱 심각하다. 70년이 넘도록 러시아 인들은 경제적 모험과는 전혀 상관이 없는 사회에서 살았기 때문이다. 모험의 부재, 그리고 차기 삶의 질을 한층 더 향상시킬 수 있는 가능성의 한계는 지금까지 러시아 인들을 희생양으로 만들었다.

러시아의 기업주들과 노동자들은 아주 최근까지도 결정권을 별로 갖지 못하였다. 모든 중요한 결정은 모스크바에서 내렸다. 중앙의 계획자들이 무엇을 생산해야 하는가, 어떻게 그것을 생산해야 하는가, 어떻게 그것을 분배해야 하는가, 가격은 얼마에 매겨야 하는가를 모두 결정한다. 임금, 고용, 직업, 훈련, 안전, 그리고 지역적인 노동 조건도 역시 모두 모스크바에서 결정한다. 미국의 노동자들과 마찬가지로 러시아의 노동자들도 역시 자기가 일하고 있는 기업에 영향을 미치는, 따라서 자신의 개인적인 삶에도 영향을 미치는 중요한 결정들에 참여하도록 고무받지 못하고 있다. 그러니, 자니와 사샤가 소외당하고 있다는 게 그리 신기한 일도 아니지 않겠는가?

자니와 사샤의 이야기는 분리에 관한 이야기이다. 비록 삶이 정말로 의미 있는 것일 수 있다 할지라도, 의미는 종종 자기 자신의 내면적 자아나 타인이나 어떤 토대의 출처와 자기 자신을 연결짓지 못하는 사람들을 교묘하게 피해가 버린다. 이런 경우 분리를 극복할 수 없는 무능력은 그 사람의 의미 탐구에 영성적, 지성적, 정서적 장애가 되고 만다.

> **때**때로 사회적 사건의 한가운데에서 외로워지는 사람은 누구인가? 삶의 나머지 부분으로부터의 분리감은, 우리가 소란스러움과 대화에 둘러싸여 있을 때 가장 민감하게 느껴진다. 그럴 때 우리는 고독의 순간보다도 훨씬 더 우리가 서로에게 얼마나 낯선 존재인지, 삶과 삶의

> 거리가 얼마나 먼지를 잘 알 수 있다. 우리는 저마다 자기 속으로 물
> 러서고 만다. 우리는 다른 사람의 감추어진 중심을 통찰할 수가 없다 ;
> 또한 그 사람도 우리 자신의 존재를 뒤덮고 있는 장막을 헤치고서 통
> 과할 수가 없다.
>
> 폴 틸리히
> <흔들리는 터전>[2]

분리되고 불연속적인 삶을 살고 있는 사람들은 수많은 불안 때문에 고
난을 겪기가 쉽다 :

1. 개인적인 자유와 인간적 운명 사이의 갈등으로부터 빚어지는 긴장
2. 고립과 공허
3. 죽음에 대한 공포

자 유

심리학자인 롤로 메이에 따르면, 개인적인 자유는 개인의 창의성, 개인
의 선택, 자발적 상호 작용을 통한 자기 실현의 가능성을 수반한다고 한
다. 개인적인 자유는 "비록 그 순간에는 어떤 방법으로 수행해야 할 것인
가를 분명히 알 수 없지만, 어쨌든 개인의 마음 속에 또 다른 가능성을 품
을 수 있게 해 주는 일"을 수반한다.[3] 계속해서 메이는 자유를 노예 상태
와 대조시킨다. 여기에서 노예 상태는 그가 무력함과 동일시하는 것이다.
"자유라 함은 한 번에 여러 방향에서 밀려오는 자극들에 직면하여 잠시

멈추어 서서 한숨을 돌릴 수 있는 능력 … 저런 반응보다는 이런 반응에 더 무게를 실을 수 있는 능력을 말한다."[4]

우리의 육체적 특징, 우리의 지능, 우리의 가정 환경은 우리 삶에 주어진 조건들이다. 이것들이 우리의 '운명'을 결정한다. 만일 하나님이 있다면, 하나님 또한 우리 운명의 일부일 수 있다. 삶의 문제는 우리의 외부적 환경—가족, 친구, 일, 정부, 사회 전체—에 고삐를 잡히지 않도록 하기 위하여 우리가 운명과 맞설 수 있는 우리의 개인적인 *자유*를 어떻게 사용하느냐 하는 것이다. 다른 사람들이나 날씨, 자연적 재앙, 경제, 세계 정치 같은 사건들에 휘둘리지 않고 우리가 자신의 삶을 통제할 수 있는 방법은 무엇일까? 우리의 자유와 운명 사이의 긴장은 무한한 에너지와 흥분의 원천일 수 있으며, 또한 사람의 몸을 쇠약하게 만드는 불만과 우울증의 원인일 수도 있다. 어빈 D. 얄롬에 따르면, "자신을 정복하지 않는 사람은 다른 사람의 지배를 받게 된다. 자기 자신을 지휘하는 것보다는 다른 사람을 정복하는 것이 더, 훨씬 더 쉽다."[5]

에리히 프롬은 자신의 고전적인 작품, <자유로부터의 도피>[6]에서 분리와 결합된 참을 수 없는 무력감과 외로움을 극복하기 위한 두 가지 대안을 제시하였다. 한편으로 우리는 창조하고 사랑하고 또 고통과 고난을 견뎌 낼 수 있는 우리의 능력을 증진시키기 위하여 우리의 자유를 자발적으로 사용할 수 있다. 우리는 그저 우리 자신이 됨으로써 의미 탐구의 잇점을 취할 수 있다 — 지적 성장, 정서적 보전, 생리적 균형. 다른 한 편으로 우리는 우리의 개성과 성실함을 직장 상사나 종교 지도자, 또는 히틀러, 스탈린, 마오쩌둥 같은 군사 독재자 등, 어떤 외부적인 권위에 내어줌으로써, 또는 파괴적인 행위에 동참하거나 자동적인 준봉자(遵奉者)가 됨으로써, 우리의 자유를 포기해 버릴 수도 있다.

풍요로운 서구 산업 민주주의 국가에서 살고 있는 사람들 대부분의 문제는, 우리가 너무 적은 자유를 누리는 것이 아니라 너무 많은 자유를 누리고 있다는 것이다. 우리는 앨빈 토플러가 <미래 충격>에서 이른바 "지나친 선택권의 위험"이라고 불렀던 것 때문에 고난을 당하고 있다. 우리는 종교적 신념, 정치적 이데올로기, 고용 가능성, 소비 상품과 서비스 등의 차원에서 엄청나게 많은 선택권을 부여받게 된다. 우리가 어떻게 우리의 시간과 돈을 쓸 것인가 하는 기회는 한도 끝도 없다. 오늘 대학생들에 따라 가장 흔하게 제기되는 문제는 바로 이것이다 : 어떻게 하면 내가 자라서 무엇이 되고 싶은가를 결정하는 일에 달라붙을 수 있는가? 그러나, 불행히도, 대학과 대학교는 학생들이 이 심각한 문제를 극복해 낼 수 있도록 도움을 주지 못한다.

잘 발달된 의미감이 없다면, 한없는 우리의 자유를 행사하는 방법은 우리의 개인적인 변덕과 타인의 바람과 시장과 일시적 유행과 국내외적인 정치적 사건들의 영향을 강하게 받을 것이다.

M. 스콧 펙은 자신의 베스트셀러인 <덜 지나간 길>에서, 우리의 운명과 맞서 싸우는 과정, 그리고 우리의 자유를 행사함으로써 삶의 문제들을 해결하려고 노력하는 과정 때문에 삶이 힘들어지는 것이라고 기록한다. 문제들을 똑바로 직시하고 그 문제들을 해결하는 훈련을 통하여 삶은 의미를 갖게 된다. 펙은 그 훈련의 네 가지 도구를 다음과 같이 묘사한다 :

1. 욕구 충족의 지연
2. 책임의 수용
3. 진리에의 헌신
4. 균형 맞추기

펙은 얼마 뒤에 저절로 얻게 될 즐거움을 경험하기 이전에, 먼저 우리의 상실을 받아들여야만 한다고 충고한다. 쾌락주의와 끝없는 욕구 충족의 철학에 흠뻑 젖은 사회에서도 이 책은 700만 부 이상이나 팔렸다!

책임은 인간 실존의 참된 본질이다. 펙에 따르면, 우리가 삶의 문제들을 해결해야 할 책임을 떠맡지 않는 한, 결코 이 문제들을 해결할 수가 없다고 한다. 그는 '신경증 환자'와 '성격 장애'로 고통을 당하는 사람들을 구분한다. 신경증 환자는 온 세상의 문제들이 다 자기 책임이라고 생각하는 사람이며, 성격 장애로 고통을 당하는 사람은 자신의 모든 문제들을 다른 사람의 탓으로 돌리는 사람이다. 가장 스트레스가 많은 삶의 문제 가운데 하나는, 바로 우리가 이 세상에서 책임져야 하는 일과 책임지지 않아도 되는 일을 결정짓는 것이다.

펙은 진실과 현실이 지도 작성의 형식이라고 본다. "만일 지도가 진실되고 정확한 것이라면 우리가 있는 장소를 대체로 알 수 있을 것이다. 또 우리가 어디를 가고 싶다고 생각할 경우, 어떻게 그 곳에 가야 하는지를 대체로 알 수 있을 것이다. 그러나, 만일 지도가 거짓되고 부정확한 것이라면 우리는 대체로 길을 잃고 말 것이다."[7] 만일 우리의 삶의 지도가 유용한 것이 되려면, 그것을 계속적으로 교정하고 또 현실에 관한 타당한 정보를 보류하지 말아야 한다.

펙이 말하는 '균형 맞추기'는, 삶의 문제들을 해결하기 위해서는 언제나 어떤 것을 포기할 줄 알아야 한다는 의미를 지니고 있다. 삶은 거래로 가득 차 있다. 좀처럼 아무것도 안 하고서 무엇을 얻을 수는 없다. 균형 맞추기의 궁극적인 메시지는 "당신이 그것을 모두 가질 수는 없다"이다.

신학자 라인홀드 니버는 아래와 같은 자신의 유명한 기도 속에서, 자유와 운명 사이의 긴장을 정확하게 묘사하였다 :

하나님, 우리에게 결코 변할 수 없는 것들은 차분하게 받아들일 수 있는 은총을 주시고, 변해야 하는 것들은 변화시킬 수 있는 용기를 주시며, 또한 이 두 가지를 구별할 수 있는 지혜를 주시옵소서.[8]

고 립

삶 속에서 의미를 찾는 것이 가능할 수도 있지만, 의미는 종종 자기 자신, 타인, 자기 존재의 중심에서 분리된 사람들을 교묘히 피해가는 수가 있다. 한편으로는 다른 사람들에게 집착하고 싶은 매우 인간적인 욕구와, 다른 한편으로는 분리와 독립을 누리고픈 욕구 사이에서 갈등을 겪는 것, 이것은 알렉산더 네일러가 두 살 때 보였던 행동을 고려해 볼 때 가장 잘 이해할 수 있다. 새로 발견된 자신의 독립성을 단호하게 주장하는 기간 동안, 그가 한 말 가운데 가장 신랄한 말은 바로 이것이었다 : "우리 엄마, 나와 함께." "우리 아빠, 내 근처에."

> **모**든 외로운 이들, 그들은 다 어디에 소속되어 있는가?
>
> 존 레넌과 폴 맥카트니
> *"엘리노 리그비"*

라디오, 텔레비전, 신문, 정치가, 교육자, 산업 지도자, 그리고 성직자는 우리에게 좋은 미국인이 되는 것은 곧 소박한 개인이 되는 것이라고 열심히 타이른다. 우리는 "당신 자신의 일을 하라"는 격려를 반복적으로 얻고 있다. "선택의 자유가 미국을 위대하게 만든다." 이것은 시보레(자동차 이름 – 역자주) 광고 문구이다. 그러나, 우리의 가정 생활, 일, 놀이, 종교, 정치 분야에서 대부분의 미국인들은 어리석은 준봉자처럼 행동하고 있다. 만일 시보레를 사는 것이 우리가 할 수 있는 가장 의미 있는 일이라면, 자유는 시시한 것일 수밖에 없다. 우리의 진정한 실존이 우리의 고유성과 분리성에 달려 있다는 사실을 깨닫게 될 때, 대부분의 사람들은 다른 사람에게서 고립됨으로써 생겨나는 외로움과 실존적 공허감을 두려워하게 된다. 우리가 의미감을 획득하느냐 마느냐는 어떻게 우리가 분리와 모임에 대한 상반된 욕구들과 맞서 싸우느냐에 달려 있다.

> **외**로운 쏙독새의 울음 소리를 들어 보았는가?
> 그 새는 너무도 슬퍼 날아 갈 수도 없는 소리를 낸다.
> 한밤중 기차의 낮은 소리 울릴 때,
> 난 너무도 외로워 울고만 싶다.
>
> 행크 윌리엄스
> *"너무 외로워 울고만 싶어라"*

분리의 개념은 칼 마르크스의 소외에 대한 정의와 폴 틸리히의 죄에 대한 정의—자기 자신과 타인과 자신의 토대로부터의 분리—의 기초가 된다. 무인도에 거주하는 사람은 확실히 타인에게서 분리되어 있다. 우리의 분리는 우리가 우리 존재의 토대—틸리히가 하나님이라고 부르는—로부터 소외될 것이라는 의미를 내포하고 있을까? 무인도에서의 고립감과 외로움을 참아 낼 수가 있을까? 아니면 친구들과 사랑하는 사람들에게서의 분리가 우리를 절망으로, 그리고 궁극적으로는 죽음으로 몰아 가게 될까? 틸리히의 말처럼, "우리는 사람들의 공동체를 통하여만 세상에 존재할 수 있다. 그리고 우리는 우리를 바라보는 사람들의 거울을 통하여만 우리의 영혼을 발견할 수가 있다. 공동 생활의 깊이가 없다면 삶의 깊이 역시 있을 수 없다."[9]

칼 마르크스만큼 소외와 무의미에 관한 진정한 인간의 문제들을 잘 파악한 철학자는 없다. 그러나, 서구 사회에서—특히 미국에서—칼 마르크스보다 더 많은 오해를 받은 철학자도 없다. 대부분의 미국인들은 마르크스가 물질주의에 흠뻑 젖은, 그리고 개인주의와 어떤 종류의 영적 가치에도 반대하는 사악한 무신론자라고 인식하고 있다. 그러나 그 어느 것도 사실과는 거리가 멀다.

마르크스에 대한 이 왜곡된 견해가 1883년에 그가 죽은 이후로도 그토록 오랫동안 지속되어 온 데에는 몇 가지 이유가 있다. 가장 우선적인 이유는, 구소련의 독재자 조세프 V. 스탈린 자신이 구소련 사람들에게 지웠던 공산주의의 포악한 형태를 정당화하기 위하여 마르크스의 이름을 부정하게 이용해 먹었다는 것이다. 사실, 구소련 공산주의는 마르크스가 염두에 두고 있던 것과 정반대되는 것이었다. 두번째 이유는, 무지 때문에 대부분의 미국인들이 마르크스에 대한 스탈린의 허위 진술을 액면 그대로 받아들이고 있다는 것이다. 마르크스의 글을 읽어 본 적이 있느냐 없느냐 하는 문제는 그들에게 별로 중요한 것이 아니다—읽은 사람도 거의 없지만 말이다. 누구나 다 마르크스에 대한 견해를 자유롭게 표출하고 있다. 세번째 이유는, 사유 재산이 곧 미국의 정치 이데올로기의 핵심이기 때문에 사유 재산이 미치는 영향에 대한 마르크스의 귀에 거슬리는 비평은 미국의 산업과 정치 지도자들을 격분하게 만들었다는 것이다. 네번째 이유는, 마르크스가 조직화된 종교에 심각한 위협이 되었다는 것이다. 마르크스는 어떤 신앙의 형태로 인간의 정신에 지워지는 제한성을 비판하였다. 그는 권력자들이 사람들을 무력하게 하기 위하여 어떤 식으로 종교를 자주 이용하는지 알고 있었다.

소 외

현대인은 스스로를 상품으로 변형시켰다 ; 현대인은 삶의 에너지를 최고의 이익을 얻기 위한 투자 대상으로만 경험한다. 인간 시장에서 자기가 갖고 있는 지위와 환경만을 생각하는 것이다. 현대인은 자신과 자기 동료와 자연으로부터 소외되어 있다. 현대인의 주된 목적은 자기 기술과 지식과 자기 스스로를 유리한 조건으로 교환하는 것, 그리고 자기와 마찬가지로 공정하고 유리한 교환에 열중해 있는 다른 사람들과의 "인간 일괄 거래"이다. 삶은 움직이는 것 외에는 아무런 목표도 가지고 있지 않다. 삶은 공정한 교환 외에는 아무런 원칙도 가지고 있지 않다. 삶은 소비하는 것 이외에는 아무런 만족도 가지고 있지 않다.

에리히 프롬

<사랑의 기술>[10]

구소련과 동유럽 전역에서 스탈린 공산주의가 완전히 신뢰를 잃어 버린 지금, 우리는 좀더 객관적으로, 그리고 좀더 이성적으로, 소외와 해방

에 대한 마르크스의 분석을 회고하고 검토해 볼 수 있을 것이다. 특히, 마르크스라면 의미 탐구에 대해서 무엇이라고 말했을까?

마르크스의 경우, 삶이란 결코 본래부터 무의미한 것이 아니었다. 오히려 그는 탈인간화된 19세기 자본주의 사회에서 사람들이 경험하게 된 소외의 결과 때문에 삶이 무의미해진 것이라고 보았다. 마르크스의 철학은 이러한 소외에 대한 항거였다. 그는 소외란 사람들이—특히 노동자 계급의 사람들이—물질로 변형되는 것이라고 여겼다. 마르크스는, 사실, 우리가 오늘 서구의 산업 국가들에서 직면하는 소외 문제를 어느 정도 줄잡아 말했다고 볼 수 있다. 그는 소외가 절대 다수—그저 육체 노동자들뿐만 아니라—의 운명이 될 날을 딱 꼬집어 예견하지 않았다. 미국의 사회 집단 가운데 특히 소외당하고 있는 것으로 보이는 사람들은 이주 노동자들, 일부 여성들, 예술가들, 약물 남용자들, 비행 청소년들, 일부 소수 민족들, 인종적으로 불리한 사람들이다. 다시 말해서 권력 수단으로부터 차단되었다고 느끼는 사람들이다.

지난 5년 동안 회계국 국장으로 일해 온 45세의 회계사를 한 번 생각해 보자. 그의 직업은 극도로 따분하다. 그리고 고위 관리들은 좀처럼 그에게 전략상 중요한 문제들에 대한 조언을 구하지 않는다. 어느 날 그는 직장으로 차를 몰고 가던 도중, 회사의 사장이 되고픈 자신의 은밀한 야망은 환상일 뿐만 아니라, 자신은 절대로 더 이상의 승진 단계를 밟을 수 없을 것이라는 사실을 깨닫는다. 앞으로도 20년이나 더 이 따분한 직장에 그대로 붙어 있어야 한다는 어처구니 없는 공포가 심각한 불안 발작을 불러일으킨다. 그리고 이 불안 발작은 몇 개월 동안 사람을 쇠약하게 만드는 우울증으로 이어진다.

실무를 담당하는 일행에게서 멀리 떨어져서 좀더 조용하고 사려깊은 실존을 추구하기 위하여, 회사 생활에서 빠져 나오기로 작정한 어떤 유명한 회사 실무자에 관하여 단 한 줄의 기사도 사보에 실리지 않은 채, 힘겨운 한 달이 지나간다. 흔히들 "중년기의 정체성 위기"라고 부르는 이 현상은, 이러한 고위급 실무자들의 삶 속에 목적 의식이나 의미감이 존재하지 않기 때문에 생겨나기도 한다. 너무도 확고한 신념 속에서 고위급 실무자들은 승진 단계를 오르기 위하여 강제로 회사의 가치관에 찬동해야 한다. 그들이 포용해야 하는 가치관은, 탐욕과 권력 획득과 타인을 지배하고 조종하고픈 욕구를 지나치게 강조한다. 그런 실무자들의 경우, 내면적인 목표나 개인적인 목표가 아니라 타인에게서 인정받고 승인받는 것이 동기를 부여해 준다. 사실, 이러한 유형의 행동은 불안과 우울증, 공허감, 그리고 신경 쇠약을 불러일으킨다. 일부 행정관들은 자신의 외로움과 공허감을 물리치기 위해 마약과 알코올에 빠져든다. 사실, 오늘 미국에 수백 가지도 넘는 스트레스-치료 프로그램이 존재한다는 사실은 그리 놀라운 것도 아니다.

천만 명도 넘는 미국인들이 경계선적 성격 장애(BPD)라고 알려진, 고립과 외로움에 대한 병리학적 반응으로 병들어 있다.[11] 이러한 장애의 징후로는 불안정한 관계, 자기 파괴, 극심한 기분 변화, 분노의 발작, 자살 위협, 낮은 자존감, 자포자기의 공포, 만성적인 지루함과 공허감들이 있다. 비록 많은 사람들이 한두 가지씩은 이런 징후들 때문에 아픔을 겪고 있지만, 경계선적 성격을 구별해 내는 것은 그들이 이런 증상들을 경험하는 강도이다. 경계선적 성격 장애가 가장 일반적인 정신의학적 장애 가운데 하나라고는 하지만, 이것은 또한 가장 치료하기 어려운 장애 가운데 하나이기도 하다. 일부 심리치료사들은 경계선적 성격 장애가 마치 전염병이나 되는 것처럼 피해 버린다. 아마도 이런 환자들이 치료자 자신의 분리 상태와 무의미 상태를 너무도 생생하게 떠올리기 때문일 것이다. 섭식 장애의 두 가지 유명한 형태인 거식증과 폭식증도 역시 분리 때문에 생겨날 수 있는 것이다.

고립과 외로움이 미치는 또 하나의 영향은 바로 '*신체화(somatization)*' — 아무런 생리적 질병의 증거도 나타나지 않는 신체적 질병 — 이다. 불안과 스트레스가 신체적 증상들로 전환되는 것은 종종 '*정신신체건강 염려증(hypochondria)*'을 불러일으키기도 한다.

```
┌─────────────────────────────────────────────┐
│              분리의 영향                       │
│                                               │
│        영성적 ──────→ 초연                     │
│        지성적 ──────→ 소외                     │
│        정서적 ──────→ 불안                     │
│        생리적 ──────→ 신체화                   │
│                                               │
└─────────────────────────────────────────────┘
```

　미국의 젊은이들−어린이, 십대, 대학생−이 처해 있는 자리를 생각해 볼 때, 수백만 명의 미국 성인들이 소외당하고 있다는 사실은 그리 놀라울 것도 없다. 실비아 휼리트는 자신의 책 <큰 가지가 부러질 때>에서, 다른 풍요로운 나라의 젊은이들과 비교해 볼 때, 미국의 어린이가 "첫돌이 되기 전에 사망하거나 ; 가난하게 생활하거나 ; 아버지에게서 버림을 받거나 ; 25세 이전에 살해를 당하는" 경우가 더 많다고 기록하고 있다.[12] 비록 미국은 세계에서 가장 부유한 나라 가운데 하나이지만, 미국은 "어린이 복지의 주요 지표 가운데 그 어떤 쪽으로도 10위권 안에 들지 못하고 있다."

　미국은 산업화된 서구 세계에서 유아 사망율이 가장 높은 나라에 속한다. 부자 나라 가운데서 최저 생활 유지에 필요한 소득 수준에도 미치지 못하게 사는 아이들의 백분율이 가장 높은 나라가 바로 미국이며(22퍼센트), 십대의 임신 발생율이 가장 높은 나라도 미국이고(해마다 100만 명씩), 15세에서 25세 사이의 남성의 살인 행위가 가장 많은 나라도 바로 미국이다. 1989년에는 적어도 90만 명의 어린이가 육체적으로나 성적으로 학대를 당했다. 입양아의 숫자는 34만 명을 넘어서며, 집 없는 어린이의 숫자는 20만 명을 족히 넘는 것으로 추산되고 있다. 1,200만 명의 어린이가 보험 가입이 안 되어 있으며, 건강 관리 절차를 거의 또는 전혀 밟지 못하고 있다.

앞에서 대학 교정을 관찰하면서 지적했던 바와 같이, 미국 십대들의 어려운 처지가 일단 대학에 들어갔다고 해서 개선되는 것은 결코 아니다. 변화가 있다면, 그것은 바로 그들의 문제가 훨씬 더 심각해진다고 하는 것이다.

듀크 대학교가 2년 연속 전국 농구 선수권 대회에서 우승을 거두던 날 밤, 고주망태가 된 몇 명의 학생들이 계속해서 거대한 모닥불 위로 뛰어넘으려 한 나머지 심한 화상을 입었다. 또 몇몇 학생들은 병 던지기를 하다가 깨진 병조각들 때문에 상처를 입었다. 12명의 학생들이 연루된 기숙사 대소동은 한 학생이 의식이 없을 정도로 흠뻑 맞은 후에야 끝이 났다. 그 12명의 학생 가운데는 칼과 총으로 무장한 이들도 있었다. 몇 시간 후에는, 듀크 대학교의 푸콰 경영학부에서 실시하는 행정 교육 프로그램에 참석하고 있는 두 명의 러시아 사업가들이 죽었다. 승리를 축하했던 푸콰 경영학부에서 반 마일 떨어진 곳에서, 시속 85마일로 달리던 차가 나무와 충돌하였던 것이다.

듀크 대학교뿐만 아니라 다른 많은 곳에서도, 자유로운 맥주 파티는 대학 사회 생활에 에너지와 구심점을 제공해 준다. 학생들의 입장에서 보면, 맥주 파티는 그들의 분리와 무의미함을 극복하려는 잘못된 시도이다. 수많은 학생들이 맥주 파티에 대해서 일종의 사랑–증오 관계를 경험한다. 한편으로, 그들은 맥주 파티가 없으면 못 살 것처럼 보인다. 다른 한편으로, 많은 여성들은 다음날 아침에 느끼는 소외감과 우울증과 절망감을 이야기한다. 맥주 파티는 알코올–관련 응급실에 듀크 대학생들의 방문이 그치지 않게 만들었으며, 알코올 중독 상담에 관한 보고와 기숙사 홀의 심각한 손상으로 이어졌다. 알코올은 전국에 걸쳐서 대학생들 사이의 강간 사건의 가장 큰 원인으로 자리잡고 있다. 여권주의자들은 면식 강간이 남성–여성의 힘에 관한 문제라고 설명한다. 우리는 그것이 젊은 이들 사이에 팽배해 가는 소외와 무의미의 징후라고 보고 있다. 그러한 행위는 대학생들을 겨냥한 대학생용 운동 이벤트가 텔레비전으로 방송되는 동안 방송국이 끊임없이 맥주와 와인 광고를 내보냄으로써 계속적으로 대학생들을 부추긴 결과이다–대학생들 중에는 법적으로 음주가 금지된 나이의 학생들도 많이 있다.

마이클에게 보내는 메시지

*11*세인 마이클은 자기 어머니의 항울약을 과량 섭취하여 병원에 입원하였다. 그 당시 그는 값비싼 검정 가죽 재킷과 가죽 바지를 입고 있

었다. 그와 함께 살고 있는 아버지의 반응은 다음과 같았다 : "네가 어떻게 내게 이럴 수가 있단 말이냐? 크리스마스에 너의 소망 목록에 실린 11가지 선물 가운데서 10가지나 사 주었는데도 말이다." 그 목록에는 카세트 녹화기, 퍼스널 컴퓨터, 그의 개인 전화선에 연결된 자동 응답 전화기도 들어 있었다. 왜 자살을 시도했느냐는 질문에 마이클은 고립감과 외로움을 느꼈으며, 매일 저녁을 아버지와 함께 보내는데도 아버지가 자기를 사랑하지 않는 것처럼 느꼈노라고 대답했다. 마이클의 말에 따르면, 그의 아버지는 매일 저녁 5시 30분 경에 도심지의 아파트에 돌아와서 술을 한 잔 마시고 <뉴욕 타임즈>를 읽었다고 한다. 물론 그의 아버지는 이 성스러운 시간을 절대로 방해받지 않으려했다. 오후 6시가 되면 그들은 전국 뉴스 다음에 방송되는 지방 뉴스를 함께 시청하였다.

그런 다음 그의 아버지는 혼자서 저녁 식사를 준비하였다. 아버지는 자신이 요리를 하고 있는 동안 다른 사람이 주방에 들어오는 것을 아주 싫어했다. 그럴 때면 마이클은 숙제를 하기 시작했다. 마이클의 저녁 식사가 다 준비되면 - 보통 햄버거가 저녁 메뉴였다 - 마이클은 혼자서 식사를 하고, 그 동안 아버지는 술을 한 잔 더 마셨다. 마이클이 식사를 마친 후에, 아버지는 자기가 좋아하는 스테이크 같은 것들을 만들어 먹었고, 마이클은 자기 방으로 들어갔다. 자주 아버지는 소파 위에서 잠이 들곤 했다. 마이클은 언제나 한밤중까지 깨어서 비디오 게임을 하거나 록 음악을 들었다. 비록 마이클은 아주 영리한 아이였지만, 그래도 매일 아침 그를 등교시키는 것은 아주 고된 일이었다.

아버지는 자신이 알코올 중독자라는 사실을 부인했고, 또 마이클이 퇴원을 한 후에도 자기 자신과 마이클을 위한 추가 치료를 거부하였다.

그러면 대학교에 진학하지 않는 '잊혀진' 50퍼센트의 고등학생들은 또 어떠한가? 특별 위원회가 작성한 미국 노동부 보고서는 고등학교를 졸업하고서 대학에 진학하지 않은 학생들이 직장에 다닐 만한 준비도 제대로 갖추지 못하게 된다는 사실에 경악을 금치 못했다. 그 연구 보고서는 이 학생들이 문제를 해결할 수 있는 능력, 결정을 내릴 수 있는 능력, 책임을 받아들일 수 있는 능력, 협동하여 일할 수 있는 능력, 자기 시간을 관리할 수 있는 능력까지도 결핍되어 있다는 사실을 밝혀 냈다. 이 특별 위원회는 위와 같은 문제들의 가장 큰 원인을 공립 학교에 돌렸다. 무의미한 삶을 살아가는 부모에게서 양육되는 것이 고등학생들에게 미칠 수 있는 영향은 전혀 고려하지 않았던 것이다.

우리는 공립 학교가 사회적, 경제적, 정치적 문제들을 모두 다 해결해 주리라고 기대한다. 그러다가 공립 학교가 우리의 기대에 미치지 못할 때 실망을 금치 못한다. 아무런 의미감도 갖춰지지 않은 가난한 결손 가정에서 자라난 아이들이 해 줘야 할 일이 있었다. 비록 그들은 좀더 풍요로운 교외에 번쩍일 정도로 새로 지은, 고소득층에 속하는 학교에까지 버스로 통학을 해야 하지만 말이다. 불행히도, 돈을 덜 내는 공립학교나 부유한 사립학교나, 소외와 무의미함의 문제에 관하여 많은 일을 할 수 있을 것처럼 보이지 않는 것은 마찬가지이다.

미국에서 특히 더 소외당하는 사람들의 집단 하나를 더 들자면, 바로 나이가 지긋한 사람들의 집단이다. 노인 요양소에서 지내고 있는 허약한 노인들이 자주 우울해진다는 사실은 이제 그 누구에게도 놀라운 소식이 아니다. 놀라운 사실은 고소득층에 속하는 퇴직자들의 복합 주거시설에서 발견되는 소외의 정도이다. 이 복합 주거시설은 아직도 여전히 스스로를 돌볼 능력이 있는 거주자들에게 특별 서비스를 시행함으로써 독립적인 삶을 제공해 주고 있다.

1980년대에는 전국에 걸쳐서 그런 시설들이 수백 개나 생겨났다. 이러한 현상은 점점 더 풍요로워지는 삶에 대한 반응이기도 했지만, 동시에 일부 가족들이 나이든 부모를 집에서 같이 모시고 살지 않으려 했던 때문이기도 했다. 어떤 사람들은 스스로 선택하여 이런 복합 주거시설에서 살기도 한다. 자기의 의지와는 반대로 강제적으로 그 곳에 보내진 사람들은 자주 화를 내고 자주 우울해지기가 쉽다.

비록 이러한 퇴직자 주택의 물질적 조건이 언제나 훌륭하다 하더라도, 나이가 지긋한 사람들을 다루는 관리 능력은 종종 턱없이 부족할 수가 있다. 경험이 부족한 관리 때문에, 퇴직자들 사이에 공동체 의식이 존재하지 않는 경우가 비일비재하다. 퇴직자들은 음식 서비스에 대해서 끊임없이 말다툼을 벌이며, 누가 어떤 테이블에 앉을 것인가 하는 문제로 싸움을 한다. 누가 죽거나 병원에 실려 가도, 정말로 관심을 가져 주는 이가 아무도 없다. "어떻게 하면 우리 모두가 힘을 합해서 남은 생애를 가장 멋지게 보낼 수 있을까? 서로가 죽음을 준비할 수 있도록 도울 수 있는 길은 없는가?" 이런 문제에 관심을 두는 사람도 전혀 없다. 죽음에 대해서는 거의 이야기하지 않는다. 죽음의 불가피성을 극복하려는 노력이 전혀 안 보인다. 그들은 대개가 화를 잘 내고, 우울해지고, 비협동적이며, 자기중심적이다. 만일 누군가가 이토록 사람을 우울하게 만드는 장소에 들어가기 전에 의미를 발견하지 못했다면, 그 사람은 그 곳에서도 결코 의미를 찾지 못할 것이다. 그러니, 나이가 지긋한 사람들의 다수가 약물의 도움을 받아야 잠들 수 있을 정도로 중독되어 있다고 해도, 그것은 전혀 이상한 일이 아닌 것이다.

노년기의 고통

노년기의 진정한 고통은 … 아무도 지켜봐 주는 이 없는 삶에 대한 공포이다.

어빈 D. 얄롬

<니체가 울었을 때>[13]

약물 남용과 폭력 범죄는 미국인들이 소외와 무의미함을 다루는 가장 파괴적인 방법에 속한다. 비록 우리가 정치적 신념을 이유로 사람들을 수감하거나 국외로 강제 추방하지는 않지만, 그럼에도 불구하고 우리는 세계에서 가장 폭력적인 나라에 속한다. 미국은 살인의 정도도 가장 심하고, 투옥 인구도 가장 많다—남아프리카와 구소련을 능가하고 있다. 미국

에서 너무 어린 나이에 사람들이 사망하는 여섯번째 주된 원인이 바로 살인이다. 이것은 두번째로 가장 폭력적인 서구 산업 국가보다 무려 4.4배나 높은 숫자이다.

미국인들은 아주 어렸을 때부터 토요일 아침 만화부터 시작하여 온갖 텔레비전 폭력의 공격을 받는다. 평균 16세가 되면, 이미 10만 번도 넘는 폭력 장면을 텔레비전에서 보고 난 다음이다. <링링 브라더스와 바눔 앤 베일리 서커스>의 1991년 판에 증언을 한 아이들은 쌍총신의 인간 법률, 죽음의 바퀴, 죽음의 지구 모터 사이클 행위, 그리고 데이비드 래리블－칼 던지기 어릿광대－같이 특별히 폭력적인 장면이 많이 나오는 프로그램들을 언급하였다. F.A.O. 슈와르츠가 5세 이상의 어린이들을 겨냥하여 판매한 장난감 무기, '제거자 TS-7'은 "궁극적인 소리와 빛을 사용한 방어 체계"라고 광고되었다. 이 무서운 무기(7-in-1)는 파워 단도, 파워 검, 레이저 검, 군대식 기관총, 사이버 총, 수퍼 엘리미네이터를 갖추고 있다. 최근에는, 스포츠 스타 대신에 유명한 킬러와 갱들을 그린 업무용 명함이 시장에 등장하였다. 그런 명함에 얼굴이 실린 범죄자 가운데에는 캘리포니아의 쪼디악 킬러, 뉴욕의 '샘의 아들,' 테드 번디, 그리고 밀워키의 제프리 다머 등이 있다. 제프리 다머는 16명의 젊은이들을 죽여서 토막을 내고, 또 어떤 경우에는 그 시체를 먹어 치우기까지 한 죄로 판결을 받았던 사람이다. 하루 평균 13만 5천 명의 어린이들이 학교에 총을 가지고 온다는 사실은 전혀 놀라운 것이 아니다.

1992년, 미국의 병력이 소말리아에 파견되고 나서 오래지 않아, 미국의 권총 폭력 장면을 그린 그래픽 만화가 <신시너티 엔콰이어러>지에 실렸다. 그 만화에는 다음과 같은 질문이 제기되었다 : "미국이 총기 사용량을 억제하기가 가장 힘든 곳은 어디인가?" 정답 : "소말리아."

여전히 많은 대학과 대학교들이 학도 군사 훈련단(R.O.T.C.) 과정에 학점을 주고 있다. 그렇지만 학도 군사 훈련단의 목적은 미국의 젊은이들을 유능한 살인자로 훈련시키는 것이다. 역설적이게도, 미국의 의과 대학들이 의사들에게 생명을 건지는 방법을 가르치고 있는 동안에, 한 편에서는 군사학 교수들이 똑같은 제도 아래서 훈련된 킬러들을 좀더 많이 배출하기 위하여 노력하고 있다. 리치먼드 대학교는 새로운 '젭손 리더쉽 스쿨'의 제막식을 위한 기조 연설자가 필요하게 되자, 제너럴 H. 노만 곧 '폭풍의 노먼' 슈와르츠코프에게 기조 연설을 부탁하였다. 이 사람은 페르시아만 전쟁 동안에 20만 명의 이라크 인들을 컴퓨터로 통제하는 첨단 과학기술을 사용하여 죽이는 일을 지휘했던 사람이다.

존 F. 케네디 대통령, 로버트 F. 케네디 상원의원, 그리고 마틴 루터 킹, Jr. 박사가 암살자의 총에 맞아 숨진 일이나, 또는 제럴드 포드 대통령과 로널드 레이건 대통령, 조지 월러스 주지사가 암살 시도의 표적이 되었던 일이 뭐 이상할 것도 없다. 우리는 단 한 주간도 미국 어느 곳에서 대량 살인 사건이 일어났다는 소식을 접하지 않고 지나가는 법이 없다.

빌 클린턴이 대통령으로 당선된 지 두 주 뒤에, 재무부 비밀 검찰부는 플로리다 중부 청년 공화당 클럽에게 해마다 개최하는 "움직이는 표적을 쏘는 권총 사격 대회"의 기금 조달을 위한 모임을 취소하라고 명령하였다. 청년 공화당원들은 클린턴 대통령 당선자를 과녁의 흑점으로 그린 확대 사진을 사용하기로 계획하고 있었던 것이다.

우리는 폭력 범죄와 약물 남용을 퇴치하기 위하여 법 집행, 사형, 교도소 증축 등 모든 수단을 동원해야 한다ー그 가운데 어느 것도 효과가 있을 것처럼 보이지는 않지만 말이다. 콜롬비아와 페루의 마약 왕들에게 폭탄을 투하하고픈 마음이 아무리 굴뚝 같다 하더라도, 미국의 마약 문제를 해결할 수 있는 군사적 해결책은 있을 수 없다. 사람들은 소외감과 무력감 때문에, 그리고 그들의 삶에 의미감이 없기 때문에 마약을 찾는다. 온 세계의 항공 모함과 전함들을 모두 다 불러온다 할지라도, 미국인들이 마약에 좀더 의존하지 않도록 막을 수는 없다. 약물 남용과 폭력은 실제적인 인간 문제이며, 홍보 활동 고안이나 정부의 법 시행 프로그램이 아니라 인간적인 해결책을 필요로 하고 있는 문제이다.

우리가 어떤 호칭을 사용하든지ー알코올 중독자, 약물 중독자, 어린이 학대범, 강간범, 살인범, 또는 환경 파괴범ー이들은 모두 우리의 정치 지도자들이 거의 이해하지도 못하고 공감하지도 못하고 있는 분리감과 소외감이 가져다 주는 결과들의 예이다. 미국은 어디로 가야 할지를 모르고 있다. 구소련이라는 적을 놓쳐 버린 지금, 냉전을 뛰어넘고 내일을 바라볼 만한 전망이 전혀 없다.

죽음의 부정

도미니카가 폴란드의 바르샤바에 있는 브로드노브스키 공동 묘지에서 키 큰 풀숲을 헤치며 아버지의 무덤을 찾아 걷고 있을 때, 그 곳은 온통 죽음의 기운에 감싸여 있었다. 유럽에서 가장 큰 공동 묘지 가운데 하나인 이 브로드노브스키 공동 묘지는 그 날 특별히 더 분주했다. 두 개의 장례 행렬이 손질되지 않은 섬뜩한 무덤들의 미로 속에서 꼬불꼬불 감겨 있었다. 도미니카의 아버지는 벌써 아홉 달 전에 돌아가셨지만, 어머니는 아버지의 사망 소식이 "도미니카에게 심한 정신적 충격을 줄까 봐" 두려워서 이제까지 도미니카에게 알리는 것을 미뤄왔던 것이다.

죽음에 대한 공포—분리의 궁극적인 형태—는 고려해 보아야 할 실존적 불안의 세번째 형태이다. 죽음에 대한 공포는 삶에 대한 통제력을 완전히 상실하는 것에 대한 공포이며, 죽음이 곧 무(無)로 이어질 수 있다는 가능성에 대한 공포이다. 죽음에 대한 공포를 극복하기 위하여 우리는 자신이 죽어가고 있다는 사실을 부인하는 데 온 생애를 바쳐 버린다. 에드거 앨런 포처럼 죽음에 열중한 작가도 다시 없을 것이다.

> ## 애너벨 리
>
> 그러기에 달빛이 비칠 때면
> 아름다운 애너벨 리의 꿈을 꾸게 되고
> 별빛이 떠오를 때 나는
> 아름다운 애너벨 리의 눈동자를 느낀다.
> 하여, 나는 밤새도록 내 사랑, 내 사랑
> 내 생명, 내 신부 곁에 눕노니
> 거기 바닷가 무덤 안에
> 물결 치는 바닷가 그녀의 무덤 곁에.
>
> 에드거 앨런 포

어니스트 베커는 자신의 힘있는 책 <죽음의 부정>에서 죽음의 공포
에 대한 두 가지의 서로 다른 신경증적 반응에 관하여 설명하고 있다−자
기애와 철수.[14] 어떤 사람들의 경우에는 존재의 중단과 자기 상실에 대한
공포가 능력, 물질적 부, 권력, 통제력의 추구에 토대를 둔 탈주로로 이어
진다. 이러한 형태의 자기애는 종종 운동 분야의 수퍼스타, 정치적 선동
자, 실업계의 거물, 영화배우 스타, 유명한 록 음악가, 텔레비전 전도자들
의 행동에서 나타난다. 이렇게 강박 관념에 사로잡힌 사람들은, 무(無)에
대한 공포에서 비롯되는 공포에 직면하기보다는 차라리 영웅적인 행위나
불멸의 기념비, 일 중독, 시장 조작, 그리고 자신의 죽어야 할 운명을 부
인할 수 있을 만한 통제 수단들에 의지하고 만다. 그들은 쉴 틈도 없이 몸
을 바삐 움직임으로써, 죽음에 대한 심각한 공포를 영원히 잊어 버릴 수

있기를 바란다. "그들은 이 세상의 물리적, 사회적 영원성을 가장함으로써 죽음의 타격을 조금이라도 약화시켜 보려고, 영구히 얽히고 설킨 사회를 만들어 낸다."[15)

다른 한 편으로, 자기 자신의 소멸 가능성을 깊이 생각할 때마다 죽는 것이 너무도 두려워서 그만 꼼짝달싹 못하고 얼어붙어 버리는 이들도 있다. 그런 사람들은 자신의 의지에 따라 일어나는 마비 상태를 극복하기 위하여, 개인적인 신과 같이 전능한 중보자라든가 또는 좀더 덧없는 수준에서-성직자, 랍비, 의사, 심리학자, 아니면 정신적 스승-의 보호를 추구한다. 그러나, 이 두번째 유형의 신경증으로 괴로움을 겪고 있는 사람들의 경우에는, 언제나 구원자에 대한 신뢰 결핍이라고 하는 심각한 문제가 따라 다닌다. 그들은 언제나 삶으로부터 철수하는 경향이 있으며, 다른 사람들이나 어떤 종류의 가치관과 신념에 참여하는 것을 회피하는 경향이 있다. 그들은 죽는 것을 너무도 두려워하고 있기 때문에 결코 삶을 즐길 수가 없는 것이다.

따라서, 신경증의 한 가지 유형은 주변 환경과 융합되며, 점점 더 그 주변 환경의 일부로 바뀌게 되어, 결국에는 삶에 대한 자신의 주장을 상실하고 마는 것이다. 반면에, 신경증의 또 한 가지 유형은 외부 세계와의 연결을 끊어 버리며, 결국에는 세상에서 자기가 맡은 역할을 수행해 낼 수 있는 능력을 상실해 버리게 된다. 어떤 사람들은 분리가 무척 어렵다고 여기는 반면, 또 어떤 사람들은 연합이 무척 어렵다고 여긴다. 분리와 융합의 균형을 맞추기 위해 싸우는 것은 하나의 도전이다.

에바 페론

당신은 영원히 죽지 않을 것으로 생각되었다 ⋯ 하지만 결국 당신은 구해 낼 수가 없었다.

에비타

첨단 의술, 그리고 전략 방위 구상과 같은 정교한 군사 무기 체계는, 미국에서 널리 대중적인 승인을 얻고 있는 두 가지 형태의 죽음 거부이다.

건강 보험에 들만한 여유가 있는 사람들의 경우에는 자기 공명(磁氣共鳴), 초음파, 핵 진단, 복합 다기관 이식, 심장 바이패스 형성 수술, 인공 신장, 죽음에 도전하는 태아 검진 절차, 그리고 응급 헬리콥터 서비스를 이용할 수 있는 기회가 얼마든지 있다. 우리가 가장 선호하는 첨단 기술 의료 절차는 바로 돼지의 간장 이식이다―이것은 기관의 소유자인 돼지가 죽은 다음에도 돼지의 기관이 오랫동안 살아 숨쉴 수 있도록 하는 의술이다.

중증 환자에 대한 집중 치료 의술은 돈으로 살 수 있는 의학적 치료 가운데서 단연 최고로 값비싼 것이다. 미국에는 8만 7천 개도 넘는 집중 치료 침상이 있다―이 세계의 어떤 나라보다도 많은 숫자이다. 미국은 국민 총생산의 12퍼센트 이상을 첨단 의술에 투자하고 있다―다른 어떤 산업 국가보다도 더 높은 수치이다. 우리가 온 생애 동안 지출하는 건강 관리 비 가운데에서 80퍼센트 이상이 우리 생애의 마지막 여섯 달 동안에 지출되고 있다. 결국 "건강 관리"는 여섯 달에 걸친 무익한 사망 관리의 완곡한 표현이라고 할 수 있는 것이다.

의학적 첨단 기술을 통하여 미국이 죽음을 거부하는 데 투자하고 있는 엄청난 비용은, 다른 선진국들과 비교해 볼 때, 평균 예상 여명(餘命)이나 발병율에 거의 영향을 미치지 못하고 말았다. 미국인들은 도처에서 더 어린 나이에 죽어 나가고, 더 많은 아기들을 잃어 버리는가 하면, 어쨌든 의술 분야에 훨씬 더 적은 비용을 들이고 있는 다른 산업 국가들의 국민과 별 차이 없이, 만성적인 고질병 때문에 고난을 겪는 경향이 있다.

이집트의 파라오들이 피라밋을 갖고 있었던 것이나 터키의 술탄들이 회교 사원을 갖고 있었던 것과 마찬가지로, 로널드 레이건 대통령 역시 전략 방위 구상을 갖고 있었다. 이 전략 방위 구상은 스타 워즈라는 별칭으로 널리 알려졌다. 레이건이 전략 방위 구상에 그토록 매혹되었다는 사실은 별로 놀라운 일이 아니다. 그는 B-1 폭격기, MX 미사일, 스텔스 폭격기, 트라이던트 Ⅱ 잠수함, 클린치 리버 증식형 원자로, 우주 왕복선, 우주 정류장, 초대형 입자 가속기 등과 같은 대규모의 첨단 기획들을 취미로 갖고 있었던 것이다. 레이건과 국방 장관인 카스퍼 와인버거가 사고 싶어하지 않았던 첨단 무기 체제는 하나도 없었다—그리고 비싼 것일수록 더 좋아했다.

레이건 대통령은 1983년 3월 23일, 반(反) 소련 물리학자인 에드워드
텔러와 1940년대 영화인 <살인자>에 자극되어, 과학자들에게 전략 방
위 구상을 개발하라고 시켰다 — 이것은 "무력하고 시대에 뒤진" 핵무기들
을 격파할 수 있는 공중 미사일 방호벽이다.

처음 예상했던 대로라면, 전략 방위 구상은 엑스선 레이저 광선을 포함
한 복합적인 조직들의 네트워크로 구성될 것이었다 ; 전자 '투석기' 는 "찬
란하게 빛나는 수정"이라고 불리우는 비폭발성 발사체들을 공간에서 무
서운 속도로 앞질러 갈 것이었다 ; 그리고 감지기와 레이더 추적 장치와
조준 장치까지 갖추게 될 것이었다. 이러한 체계는 모두 미사일을 탐지해
내고 그 궤도를 측정하고 먼 거리에 요격 무기를 유도할 수 있을 만한 첨
단 컴퓨터와 그 밖의 기술들의 엄청난 협조를 필요로 한다.

레이건 대통령은 1986년, 자신의 연두 교서를 읽을 당시, 전략 방위 구
상에 거의 도취되어 있었다 :

> 우리의 삶을 변형시켜 주는 기술은 20세기의 가장 큰 문제들을 해결
> 해 줄 수 있다. 언젠가는 방호 조치가 시대에 뒤떨어진 핵무기들을 격파
> 하고 인류를 핵 공포의 감옥에서 해방시켜 줄 수 있을 것이다.

우리가 거의 11조 달러에 달하는 비용을 냉전에 치르고 또 궁극적으로
는 '스타 워즈' 라고 하는 핵우산 밑에서 대피소를 찾도록 만든 것은 바로

죽음에 대한 우리의 신경증적 공포였다─스타 워즈는 모든 시대를 통틀어 가장 상상력이 풍부한 죽음 부인 기술이다. 비록 냉전의 막은 내렸고, 비록 구소련은 완전히 분해되었지만, 그래도 우리는 여전히 미사일 요격용 체제에 해마다 몇십억 달러씩을 낭비하고 있다.

강박 관념에 사로잡힌 무기 과학자들은 더 이상 구소련을 자신들의 정교한 우주 무기들을 정당화해 줄 만한 확실한 위협으로 이용할 수 없게 되자, 이제는 최신 미사일과 핵탄두를 그럴 듯하게 합리화해 주는 대규모 폭격의 위협에도 고개를 돌렸다. 그들의 관심은 "날쌘 거북이"라고 불리우는 혜성에 집중되었다. 이 혜성은 다음 세기의 어느 시점에서 지구와 부딪칠 가능성이 일만 분의 일이나 된다고 한다. 이 과학자들은 그런 일이 터질 것이라는 공포감을 십분 이용하여, 날쌘 거북이를 추적하여 지구로부터 멀리 딴 데로 돌리는 일에 수십억 달러를 들여야 한다고 제안하고 있다. 그들의 종말 예언은 자신들에게 너무나도 익숙한 종소리이다.

우리는 학기마다 듀크 대학교의 학부 재학생들에게 구약성서의 전도서 가운데서 죽음과 관련된 본문을 읽어 준 다음, 그들 자신의 죽음을 깊이 생각해 볼 때 무엇이 떠오르냐고 질문하였다. 그들의 대답은 대체로 분리, 무력함, 통제력 상실, 무의미함, 무(無)와 관련되어 있었다. 한번은 맥덜레너가 버지니아 의과 대학의 1학년 의과생들을 상대로 이 같은 수련을 되풀이하였다. 그런데 그들의 종합적인 답변은 이러했다 : "우린 죽음에 대하여 생각하지 않는다. 죽음이란 젊은이가 아니라 노인들을 위한 것이니까." 학부 재학생들은 죽음에 대한 자신의 공포심을 노골적으로 인정하였다. 의과생들, 그러니까 자신의 온 생애를 죽음과의 직면에 바치려고 준비 과정을 밟고 있는 의과생들마저 자기 직업의 통전적인 부분을 철저히 부인하고 있었다.

우리에게 찰스 맨슨과 제프리 다머라는 연쇄 살인자의 그림이 실린 사업용 명함들을 판매한 회사에서 섬뜩한 형태의 죽음 거부가 생겨나고 있다−에이즈에 걸린 사람이나 에이즈로 죽은 사람들의 얼굴을 그린 사업용 명함. 새로운 에이즈 시리즈에 포함된 명사들로는 록 허드슨, 아더 애쉬, 그리고 매직 존슨이 있다. 구매자들은 그 명함을 한 세트 구입할 때마다 무료 콘돔을 받는다.

비록 많은 사람이 자신의 삶을 죽게 되리라는 사실을 부인하는 데 써버린다 하더라도, 알베르 카뮈처럼 죽음이 중요한 의미의 출처라는 사실을 깨닫는 사람도 있다. 삶이 유한한 것이라는 사실은 남아 있는 순간을 값지고 아름답게 만들어 준다. 진정한 의미에서 볼 때, 죽음이 없는 삶은 전혀 가치가 없는 삶에 불과하다. 죽음은 우리를 현재에서 해방시켜 주며, 우리가 지상에 남아 있는 시간을 가장 잘 사용하도록 우선 순위를 가려낼 수 있는 지혜를 준다. 우리는 자신의 죽음을 진지하게 숙고해 봄으로써, 어떻게 하면 전적으로 자기애나 움츠림에 토대를 둔 삶의 유혹을 물리치는 방향으로 살아갈 수 있는지를 배우게 된다.

우리 모두의 곤경

분리에 관해서 지금까지 그린 그림은 무의미함에 관한 우리의 그림보다 별로 아름다울 것이 없다. 영적 분리, 지적 소외, 정서적 불안, 그리고 신체화는 절망, 허무주의, 우울증, 그리고 죽음 같은 호소력을 갖고 있다. 분리, 무의미함, 죽음은 인간 조건의 현실이다. 하지만, 우리 모두의 공통된 운명에 어떻게 대응해야 할까－인정, 부인, 아니면 대항?

이 장과 앞 장은 분리와 무의미함의 황폐한 결과들을 검토한 것이다. 이제 다음 장에서는 소비주의, 부의 축적, 종교적 정통주의, 율법주의, 정치적 이데올로기를 통한 인간 조건의 거부가 가져 오는 결과에 대해서 생각해 보겠다. 인간의 조건을 인정하거나 부인하기보다는 차라리 그것에 대항하려는 사람들에게는 세번째의 선택 사항이 있다－존재. 제5장부터 제10장까지 계속해서 우리는 소유가 아닌 존재를 통하여 우리 자신의 의미에 대한 책임을 이행할 수 있는 방법에 대하여 논의할 것이다. 특히 우리는 분리, 무의미함, 그리고 죽음이 어떻게 해서 우리의 의미 탐구에 긍정적인 기여를 하는지, 그리고 어떻게 해서 그것들이 우리가 불행하게 죽을지도 모르는 가능성을 줄여 주는지에 대해서 밝혀 보려고 한다.

소유

　획득, 이익, 재산을 원칙으로 삼고 있는 사회는 소유 지향적인 사회적 특성을 낳게 된다. 그리고 일단 지배적인 형태가 확고히 만들어지고 나면, 아무도 국외자나 추방자가 되지 않으려고 한다 ; 이러한 위험을 피하기 위하여 모두들 다수에게 순응하게 되는 것이다. 다수에게 공통점이 있다면 그것은 서로에게 적대적이라는 것뿐이다.

에리히 프롬

<소유냐, 존재냐>

　공화당의 대통령 선거운동 고문인 리 아트워터 – 매우 효과적이었던 조지 부시의 1988년 윌리 호튼 캠페인 광고의 설계자 – 는 뇌종양으로 죽기 직전에 다음과 같이 탄식했다 : "80년대에는 획득하는 것 – 부와 권력과 명성을 획득하는 것 – 에 관심이 집중되었다. 정말이다. 나는 더없이 많은 부와 권력과 명성을 획득했다. 하지만, 당신이 원하는 것을 모두 다 획득할 수 있다 하더라도, 여전히 공허함을 느끼게 된다."[1] 아트워터는 "미국 사회의 중심에 자리잡고 있는 영적인 공백"을 주목하였으며, 이 공백을 그는 "우리 영혼의 종양"이라고 지칭했다.

분리, 외로움, 지루함, 우울증, 그리고 절망에서 도망치기 위하여 산송 장들을 포용함으로써 의미를 추구하게 된다. 물질적 재산과 부, 모험주 의, 환경에 따른 폭음 폭식, 정치적 권력, 종교적 정통주의, 건강 숭배, 그 리고 심지어는 폭력까지도 동원해서 산송장들은 자신의 분리와 무의미함 에 수반되는 고통과 고난의 영향을 마비시키려 한다. 지배하는 것, 소유 하는것, 조종하는 것, 그리고 통제하는 것은 모두 소유의 양식을 취하는 삶의 절차에 속한다. 소유에 집착하는 사람들은, 자신의 탐욕스러운 심리 적, 감각적 욕구들에 응하여, 호전적이고 경쟁적이고 적대적인 행동 양식 을 종종 보인다. 어떤 사물이나 사람을 소유한다는 것은 그것을 맡는다거 나 정복한다는 것이다. 강탈하는 것, 죽이는 것, 제압하는 것, 소비하는 것은 모두 소유의 양식이다. 소유의 양식을 취하는 사람들은 자기가 소유 하고 있는 것들은 어떤 사람이나 정부에 빼앗길까 봐 두려워하며, 또는 죽음을 통하여 그것들을 상실하게 될까 봐 두려워한다. 그들은 자신이 소 유하고 있는 것을 상실할지도 모르는 위험을 줄이기 위하여, 끊임없이 돈 과 물질적인 것들을 모으고 또 모으는 것이다.

미국은 사람과 사물을 소유하고 소비해야 한다는 강박 관념에 사로잡 힌 나라이다. 우리는 소유에 너무 몰두한 나머지, 인간이 될 수 있는 능력 을 그만 상실해 버렸다. 우리의 행복은 대체로 다른 사람보다 우월해지는 것과, 우리의 권력과, 다른 사람을 조종할 수 있는 우리의 능력에 달려 있다. 자본주의 국가인 미국은 전 세계에서 가장 유력하고 생산적인 국가일 수 있다. 그러나, 이것은 너무도 많은 인간적 손실을 불러일으키고 있다. 과시적 소비는 이제 더 이상 우리의 성공을 보여 주는 증거가 아니다. 과시적 소비는 오히려 우리 영혼의 공허를 증명해 주는 것일 뿐이다.

쾌락주의

최근의 조사서를 보면, 전체 미국인의 90퍼센트가 어떤 조직화된 종교에 관계되어 있다고 한다. 그리고 전 인구의 약 60퍼센트가 교회나 유대교 회당이나 그 밖의 종교 모임의 구성원이라고 한다. 그런데 얄궂게도, 많은 미국인들이 정말로 푹 빠져 있는 오직 두 가지뿐인 종교 – 개인주의와 쾌락주의– 는 이 조사서의 어느 구석에도 보이지 않았다. 우리는 비록 스스로를 유대-그리스도교 국가라고 생각하지만, 사실 미국은 침례교 신자, 가톨릭 신자, 감리교 신자, 그리고 유대교 신자의 탈을 쓴 초(超) 개인주의자, 쾌락주의자의 나라이다.

텔레비전 프로듀서인 노먼 리어의 말에 의하면,

우리의 대중 문화는 물질적인 것을 찬양하고 정신적인 것은 깡그리 무시해 버린다. 탐욕은 순이익의 추구에 완전히 미쳐 버린 사회, 소비주의와 출세 제일주의와 획득을 찬미하는 사회에서 가장 중요시되는 규칙이다 … 우리는 우리가 보고, 만지고, 들을 수 있는 것들을 더 신용하고,

수량화할 수 없고 직관적이고 신비적인 것들은 의심부터 하는 숫자 지향적 문화에 젖어 버렸다. [2]

대부분의 미국인들이 삶에서 가장 중요시하는 것은 바로 "일등을 바라보는 것"이다. 일전에 로널드 레이건 대통령은 미국 국민에게 이렇게 말했다 : "무엇보다도 제가 바라는 것은, 이 나라가 어떤 사람이든지 늘 부를 획득할 수 있는 나라로 남아 있는 것이다." 이것은 레이건이 가장 자신있게 약속했던 사항이다.

자본주의의 폭발

1977년과 1989년 사이에, 모든 미국 가정의 세금을 포함한 실질적 수입 가운데서 사분의 삼에 달하는 증가분이 가장 부유한 66만 가정에게로 돌아갔다. 가장 고소득층에 속하는 가정들의 세금을 포함한 평균 수입은 불변의 달러회로 315,000달러에서 56만 달러로 77퍼센트나 증가하였다. 같은 기간에, 전형적인 미국인 가정 – 중산층 가정 – 은 단지 4퍼센트밖에 증가하지 않은 36,000달러의 수입에 그치고 말았다. 사실상 저소득층에 속하는 40퍼센트의 가정은 불변의 달러 수입에서 감소를 경험하였다. [3]

1980년대 내내 스스로를 돌보는 데 가장 성공을 거둔 이들은 바로 그 부유한 사람들이었다. 1980년대에는 부자들이 더더욱 부유해졌을 뿐만 아니라 더더욱 인색해지기까지 했다. 그들은 이전보다 훨씬 더 적은 몫을 자선 사업에 기부하였다. 1979년에는 1991년 시세로 백만 달러가 넘는 수

입을 올린 사람들이 세금을 뺀 수입의 7퍼센트 정도밖에 자선 사업에 기부하지 않았다. 그리고 12년 뒤에는 아예 4퍼센트 미만으로 뚝 떨어져 버렸다.[4] 1980년대에는, 부자들이 로날드 레이건의 자유시장 폭발 때문에 혜택을 누리는 한편, 최저 생활 유지에 필요한 소득 수준에도 못 미치는 임금을 받는 노동자는 거의 두 배로 증가하였다. 1979년에는 780만 명의 노동자들이 최저 생활 유지에 필요한 소득 수준에도 미치지 못하는 임금을 받았는데, 1990년에는 자그마치 1,440만 명으로 증가한 것이다.

　대기업의 고참 간부들이 받는 급료만큼 더 미국 사회에 팽배해져 있는 탐욕의 정도를 잘 보여 주는 것은 없다. 1980년대 내내 실질 임금이 하락하고 기업의 이윤이 감소하는데도, 고참 간부들의 봉급은 잘도 치솟았다. 지난 20년간, 평균 노동자의 임금은 불변의 달러화로 표현했고, 13퍼센트까지 감소된 세금에 맞게 조정했다. 그러나, 그 와중에도 미국 대기업의 평균 최고 경영자들이 받는 조정 급료는 네 배도 넘게 증가하였다. 미국의 최고 경영자들은 평균 노동자들보다 160배나 되는 돈을 벌었다. 일본과 독일의 최고 경영자들이 평균 노동자들보다 16배, 21배의 돈을 버는 동안에 말이다.[5] 증권왕 마이클 R. 밀켄은 드렉셀 버넘 램벌트로부터 한 해에 5억 5천만 달러를 받게 되자, 법인의 자격으로 새로운 고(高) 수위선을 세웠다. '월-마트' 의 설립자인 샘 월튼은 1992년에 사망하였는데, 그 당시 그는 미국에서 가장 부유한 사람으로 알려 있었다. 모두 그의 가족의 것으로 되어 있던 월-마트의 주식은 그가 죽을 당시 230억 달러를 호가하였을 정도이다.

　미국은 처음부터 세계적인 이주자들의 도가니라는 사실에 자부심을 갖고 있었다. 우리가 어느 정도까지 돈과 권력에 사로잡혀 있는가를 잘 보여 주는 단적인 예로, 미국 이민국과 귀화국은 1991년 외국의 투자자들을 끌어들이기 위하여 새로이 '백만장자 비자'를 만들었다. 최소한 열 명 이상의 노동자를 고용하고 있는 사업에 백만 달러 이상을 투자하는 외국인들에게, 미국 정부는 기꺼이 '특별 비자'를 내 주었다. 여기에는 영주권 – 시민권을 얻기 위한 첫걸음 – 도 포함되어 있었다. 다시 말하자면, 미국 시민이 되기 위해서는 그 사람이 누구인가는 더 이상 문제가 되지 않으며, 오히려 그 사람이 얼마나 많이 소유했는가가 중요해진 것이다.

　마리화나, 코카인, 헤로인, 또는 그 밖의 습관성 마약들에 중독되는 것은 미국에서 체포와 유죄 판결과 수감으로 이어진다. 그러나 맥주, 담배, 즉석 식품, 텔레비전, 비디오 게임, 자동차, 개인용 컴퓨터, 디자이너 브랜드, 쇼핑 센터, 신용 카드, 첨단 장난감, 비인간적인 농담에 중독되는 것은 용인된 행동으로 여겨질 뿐만 아니라, 온갖 가능한 형태의 광고들을 통하여 강력하게 고무되고 있는 행동이기도 하다. 미국에서는 소비를 향한 충동적 욕구가 너무도 강하여, 소비자의 주권과 소비자의 선택권이 다른 모든 인간적 권리들 – 시민권, 정치권, 경제권 – 을 지배하고 있다. 좋은 미국인이 된다는 것은 곧 열광적인 소비자가 되는 것이다. 당신이 누구인가는 곧 당신이 무엇을 소유하고 있는가와 당신이 무엇을 소비하는가에 달려 있다.

물질적인 것들에 대한 탐닉은 부모와 유치원 교사와 텔레비전과 또래 집단에 따라 아주 이른 시기부터 강화된다. 비록 세 살박이 알렉산더 네일러가 소유에 토대를 둔 삶을 살지 말라는 충고를 듣게 된다 할지라도, 토이즈 알어스(미국의 유명한 장난감 가게 – 역자주) – 이것이 재고품으로 쌓여 있는 100만 개의 장난감보다 더 자랑거리가 된다 – 를 향한 단 한 번의 여행 때문에, 그 아이의 물질주의적 사고 방식을 단념시키기 위한 몇 달 동안의 노력이 수포로 돌아가 버릴 수 있다. 이런 유혹적인 장난감 매장 가운데 하나로 발걸음을 들여 놓을 때마다, 그 아이는 완전히 미친 듯이 날뛰게 된다—모든 진열품 가운데서 오직 하나를 가리키며 미친 듯이 통로를 올라갔다 내려갔다 하는 것이다. 그러니 억제할 수 없는 물질주의가 바로 미국의 거대한 악마가 아니고 무엇이겠는가?

보석을 싣고서 칙칙폭폭

루비, 다이아몬드, 사파이어, 에메랄드를 41피트짜리 선로 위에 실은 효과 만점의 황금 소형 기차—가격 : 10만 달러

1992, 〈네이먼 마커스 크리스마스 북〉

미국에는 어린이 유괴와 어린이 학대를 금하는 법률이 있다. 그러나,

토이즈 알어스나 쇼비쯔 피자같이 어린이를 상대로 사기치는 것들이 미국의 어린이 심리에 미치는 영향은 간과되고 있다. 얼마나 많은 어린이들이 햄버거나 프렌치 프라이가 아닌 무료 플라스틱 장난감의 불가항력적인 유혹에 이끌려 맥도널드 식당으로 달려가고 있는가? 이러한 쾌락주의 상인들이 산송장인 어린이들의 지루함을 달래기 위해 사용하는 불법적인 방편들에 대해서, 우리 사회는 비싼 대가를 치르고 있다. 교회학교 수업이나 바르 미츠바(유대교의 남자 성인예식 – 역자주) 수업이 이러한 어린이들의 쾌락궁전에 따라 끼쳐지는 손상을 막을 수는 없다. 무의미하고 공허한 삶을 살고 있는 부모는 자기 자녀들을 위하여 다른 부모들이 선택하는 것들 – 소비, 소비, 소비 – 이 아닌 다른 어떤 것을 선택할 수 없다.

감마선 방사도 이젠 허용된다

가금(家禽 : 새고기, 닭고기 – 역자주) 가공업자들은 이제 박테리아를 없애기 위하여 감마선을 닭, 칠면조, 싸움닭에게 방사할 수 있다. 새로운 규정을 보면, 가금 가공 공장은 이제 신선 가금이나 냉동 가금을 취급하기 위하여 감마선 방사를 해도 된다고 허가받았다. 가금은 방사성 코발트 60이나 세슘 137의 막대가 들어 있는 방으로 보내진다. 여기에서 가금은 감마선 공세를 당한다. 감마선 방사는 인체에 유해한 박테리아와 곤충과 곰팡이를 없애 주지만, 가공업자들이 가금에게 투여하는 스테로이드나 그 밖의 성장 촉진제들의 효과는 감소시키지 않는다.

미국 농무부

전형적인 미국 가정은 커다란 정원이 딸린 값비싼 집과 수십 가지의 첨단 전기 기구들, 자동차 두세 대, 그리고 이웃 전체를 뒤덮기에 충분한 플라스틱 제품들을 갖고 싶어한다. 한편, 풍요로운 서부 유럽 사람들은 대체로 좀더 수수한 집과 좀더 작은 자동차와 좀더 작은 전기 장치들에 기꺼이 만족하는 편이다. 헬싱키나 스톡홀름, 비엔나 같은 도시에서 사는 사람들은, 한 사람 당 소비하는 자원이 더 적다. 그 사람들은 대부분의 미국 도시 사람들보다도 서로가 좀더 친밀하게 살고, 바로 옆에 있는 가게에서 쇼핑을 하며, 좀더 강한 공동체 의식을 즐기면서 살기 때문이다.

미국의 구매자들은 자기에게 유용한 선택권을 무척 많이 가지고 있다. 미국에는 고등학교 숫자보다도 많은 쇼핑 센터가 있다 – 거의 35,000개에 달한다. 전형적인 슈퍼마켓은 선반 위에 30,000가지도 넘는 상품들을 진열해 놓을 수가 있다 – 1976년에는 9,000가지였던 것이 이렇게 증가한 것이다. 미국에서는 한 해 동안 1,300가지의 새로운 음료와 함께, 3,000가지나 되는 많은 건강–미용 보조 상품이 새로이 쏟아져 나오고 있다. 해마다 미국의 소매 상인들이 벌어들이는 수익의 대부분은 12월의 크리스마스 소비자 소비 혼란 때 생겨난다. 부활절, 워싱턴 생일, 전몰 장병 기념일, 독립 기념일 역시 소매 상인들이 소비 상품들을 과장 선전할 수 있는 절호의 기회이다.

> ## 미국 쇼핑 센터
>
> 1992년 8월, 미니애폴리스 거리 부근에 미국 쇼핑 센터가 개장을 하였다. 이 쇼핑 센터는 78에이커의 땅을 뒤덮고 있으며, 4층으로 지어져 있다. 그리고 이 쇼핑 센터에는 4개의 대형 백화점이 들어서 있으며, 400개가 넘는 특별 매장과 14개의 스크린이 설치된 영화관, 수십 개의 식당, 몇 개의 나이트 클럽, 딴 매장보다 바닥이 높게 된 첨단 소형 골프장, 그리고 7에이커짜리 실내 유원지도 들어 있다. 이 미국 쇼핑 센터는 10,000명의 노동자를 둘 것으로 보이며, 해마다 4,000만 고객을 받을 것으로 기대되고 있다.

동유럽 사람들은 서구 소비주의의 유혹에 쉽사리 빠져 들었다. 구소련이 붕괴되기 훨씬 이전에도 미국을 방문한 구소련 사람들이 스테레오 전축, 비디오 카세트 녹화기, 개인용 컴퓨터를 실은 모스크바행 에어로플롯 비행기에 올라타는 것을 종종 볼 수 있었다. 1991년, 미국을 처음으로 방문한 바르샤바의 타데우스쯔와 그 가족은, 날마다 몇 시간씩을 리치몬드 쇼핑 센터의 인위적인 불빛 아래에서 햇볕을 쬐는 데 썼다. 그들이 폴란드 행 귀국 비행기를 타러 덜레스 공항으로 차를 몰고 갈 때에는, 그들의 여행 가방을 전부 실을 수 있는 공간이 턱없이 부족했다고 한다.

낙태에 대한 현재의 논쟁이 "선택의 자유"냐 아니면 "생명의 권리"냐로 갈라져 있는 것은 재미있는 현상이 아닌가? 이것은 낙태가 마치 소비자 문제에 속하는 것처럼 들리게 만든다. 생명은 소유해야 할 권리가 되고 만다 ; 낙태는 또 다른 생활 양식의 선택이 되고 만다.

> 진짜 청량 음료를 홀짝이고 싶지 않을 때, 내가 아는 사람들은 전부
> 다 진짜 맥주를 마신다 ; 그들은 모두 진짜 탈취제를 사용하며, 진짜
> 컨디셔너로 씻는다.
>
> 노먼 리어 [6]

미국인들은 소비 상품에만 푹 빠져 있는 것이 아니라, 관객 동원력이 있는 스포츠 – 특히 축구, 야구, 농구, 골프, 테니스 – 에도 역시 푹 빠져 있다. 운동 경기의 수퍼 스타들은 텔레비전 접대용 가치가 높기 때문에, 프로 선수 계약금이나 연봉을 수백만 달러씩 받는 것이다. 이른바 '드림 팀' 이라고 불리우는 미국의 전국 농구협회 선수들은 1992년 바르셀로나 올림픽 경기에 출전했을 당시, 하룻밤 숙박료가 900달러나 되는 호텔 방에 묵었다. 수백만 명에 달하는 미국 남성들과 일부 여성들이 주마다 여러 시간을 텔레비전 경기 시청에 쏟아 부음으로써, 스포츠 영웅이 되는 환상 속에서 대리 만족을 얻고 있다. 1,000명의 고등학교 운동 선수 가운데서 프로 선수가 되는 사람은 단 한 명뿐이지만, 그래도 학교에서 공놀이를 하는 아프리카계 미국 흑인 남학생들 전체의 절반 가량이 모두 자신은 직업적인 운동 선수가 될 것이라고 믿고 있다. 그리고 만일 우리가 그렇게 될 수 없다 하여도, 텔레비전에서 우리가 가장 좋아하는 스포츠 스타들을 지켜봄으로써, 최소한 그렇게 될 수 있다는 꿈은 꿀 수가 있다.

스포츠 영웅들은 자신의 운동 능력 때문에 텔레비전의 명사가 되기도 하지만, 더 나아가서는 경기장 밖에서도 자신의 성적 착취 때문에 널리 광고되기도 한다. 전설적인 농구 선수 매직 존슨의 문란한 생활 방식은, 그가 에이즈에 감염되기 훨씬 전부터 이미 모두에게 잘 알려져 있었다. 월트 챔버레인은 심지어 자신의 책에 20,000명의 여자와 잠자리를 가졌다고 자랑삼아 썼다.

미국의 관중 동원력이 있는 스포츠는 로마의 경기와도 같다. 스포츠 영웅들은 마치 이교도 로마 검투사와 같은 대접을 받는다. 그들은 강인하고, 자기 주장이 확실하며, 자아 도취적이다. 우리는 편리하게도 직업 스포츠와 대학 대항 스포츠를 둘러싸고 있는 돈과 탐욕과 광고의 더러운 영합을 간과해 버리고 있다. 물질적 상품의 소비와 별로 다를 바 없이, 관중 동원력이 있는 스포츠 역시 소유의 양식을 취한다 – 명성, 재산, 권력, 그리고 성(性). 다른 것이 있다면, 그것은 스포츠 관중들이 타인의 착취를 통하여 대리로 이런 즐거움들을 모두 경험해야 한다는 것뿐이다.

그러나, 텔레비전 경기 중계에 대한 탐닉이 성인들에게만 국한되는 것은 결코 아니다. 수많은 어린이들이 텔레비전으로 중계되는 축구, 농구, 야구 게임에 사로잡힌 나머지, 자기 스스로 이런 운동 가운데 어떤 하나를 해 보려는 동기를 전혀 부여받지 못하고 있다. 그 아이들은 축구 시합이나 테니스 경기에 참가하기보다는 오히려 컴퓨터 게임을 훨씬 더 많이 즐길 것이다. 이제 우리 가정은 소파에 앉아 텔레비전만 보면서 많은 시간을 보내는 사람들의 생산지로 변형되어 버렸다 – 사람들은 이제 너무 게을러져서 삶의 현장에서 일할 수 있는 모험 정신마저 상실해 버렸다.

1980년대에 대부호가 된 사람들의 경우, 대부분 세속적인 소비주의의 신제품이 쇠퇴하기 시작했으며, 지루함이 밀물처럼 들어오기 시작했다. 이것은 특히 부유한 지식 계급의 경우에 더 해당되는 말이다. 그들의 경우에는 또 한 대의 자동차나 두세 번째의 집, 또는 첨단 플라스틱 장치 하나 더 있는 게 거의 중요하지 않게 되었다. 그들은 상당히 다른 소유 양식 – 모험주의 – 에로 빠져 들었다. 이 지성적인 소비자들은 모험을 찾아서 비행, 스카이 다이빙, 행글라이딩, 번지 점프, 등산, 동굴 탐험, 스쿠버다이빙 등으로 돌아섰다. 보통 이러한 형태의 모험이 소유하고 있는 것은, 이것이 종종 무척 위험하며 돈이 무척 많이 든다고 하는 사실이다. 번지 점프가들은 탄성력이 있는 끈 하나에 자신의 운명을 매달고서 110피트 상공의 플랫폼에서 뛰어 내리기 위하여, 짧은 점프 한 번에 최고 65달러씩을 지불한다.

방랑 생활 – 불법으로 기차를 타는 것 – 은 모험을 추구하는 부유한 태평양 연안의 남성들 사이에서 특히 인기 있는 삶이 되었다. 전국 부랑자 협회의 회원 가운데 정말로 부랑자인 사람은 거의 없다. 많은 이들이 낭만적인 모험을 추구하고 있는 부유하고 따분한 사람들이다. 화물 열차를 타고 전국을 횡단한 다음, 자신의 모험에 관하여 과장되게 이야기하는 것은 이런 방랑자 가운데 일부의 진심어린 욕구를 충족시켜 준다.

에리스 소사이어티는 해마다 8월이 되면 콜로라도의 애스펜에 부유한 자유주의자들, 자기 선언적인 무정부주의자들, 인습 타파주의자들, 기술주의자들, 부랑자들, 그리고 쾌락주의자들로 이루어진 매혹적인 집단을 불러 모아, 즐거운 모험 이야기들을 서로 교환한다. 이 에리스 소사이어티의 회원들은 대체로 자기 자신의 회보와 카탈로그를 출간하여, 도움말을 싣거나 거래를 하거나 주식 시세, 생명 연장, 생존, 자유 의지론 등과 같은 다양한 주제들과 관련된 서비스를 제공하기도 한다. 최근의 모임에서, 에리스 소사이어티의 창립자인 더글라스 캐세이는 "자, 얘들아. 너희도 자신의 제3세계 국가를 소유할 수 있단다"라는 제목으로 강연을 하였다. 캐세이는 <세계인 : 세계 최후의 개척자, 자유추구자, 투자자, 모험가, 사색가, 국외 추방자들을 위한 완벽한 안내서>의 저자이다.

우리의 물질적 상품 소비에 대한 탐닉이 환경에 미치는 영향은 그야말로 놀랍다. 대기 오염과 수질 오염, 산성비, 오존층 파괴, 무절제한 산림 벌채, 토양 붕괴, 그리고 수백만 종의 서식지 파괴 등이 모두 여기에 속한다. 세계의 부유한 산업 국가들은 바로 지구 전체의 약탈에 연루되어 있다. 세계 인구의 비교적 적은 비율을 차지하는 인간의 단기 이득을 위하여 말이다. 자만과 탐욕과 폭음 폭식의 죄는 사회에 대한 공격일 뿐만 아니라 자연에 대한 공격이기도 하다.

쇼핑 센터에서 저를 만나세요

수천 개가 넘는 미국의 쇼핑 센터들은 지금까지 고안된 것들 중에서 가장 환경 파괴적인 생활 양식의 중심부이다. 쇼핑 센터 주변의 주택 지구, 쇼핑 센터로 끊임없이 흘러 들어가는 차들, 그리고 쇼핑 센터를 모방한 패스트 푸드 아울렛과 편의점들, 이것들이 모두 영합하여 아마도 급속한 인구 증가를 제외하면 생물권에 가장 해로운 영향을 미치는 요인을 생성하고 있다.

〈워싱턴 포스트〉 [7]

비록 미국은 세계 인구의 4.7퍼센트만 떠맡고 있으나, 치명적인 탄소이산화물(炭素二酸化物) 형성에 대해서는 22.3퍼센트나 되는 책임을 지고 있다 — 이것은 온실 효과와 지구 온난화의 주된 원인이다. 이러한 사실은 중국의 경우와 정반대되는 것이다. 중국은 세계 인구의 21퍼센트가 살고 있지만, 세계의 탄소이산화물 배출에 대해서는 10.9퍼센트밖에 책임이 없다. 그렇지만, 미국이 대기 오염 물질의 배출과 일 인당 에너지 소비와 대중 교통이 아닌 개인 자동차에 따른 출퇴근 비율이 세계 제일인 점을 감안해 볼 때, 위의 사실은 전혀 놀라운 것이 아니다.

"줄이고, 재생하고, 재활용하라"는 금언이 일본과 서부 유럽에서 광범위하게 실천되고 있는 이 마당에, 미국은 세계 제1위의 쓰레기 생산국이 되어 버렸다. 대체로 미국인 한 사람이 해마다 내다 버리는 쓰레기는 음식 찌꺼기, 신문, 용기와 포장지, 잔디 쓰레기까지 모두 합해서 약 1,500 파운드에 달한다. 또한 미국은 해마다 거의 2억 개에 가까운 면도 칼날과 300만 개도 넘는 쓸모없는 가전 제품들을 버리고 있다. 환경 문제 전문가인 마이클 맥클로스키의 말대로, "우리는 영원하지 못한데, 우리의 행동은 영원하다." 그는 다음과 같이 덧붙였다 :

> 문제는 우리가 왜 존재하느냐가 아니라, 만일 우리가 기꺼이 우리보다 약한 모든 이들과 지구를 공유하고 또 타인의 필요나 앞으로 올 모든 생명을 신중하게 존중해 주는 돌봄의 존재가 아닌, 정복자처럼 행동할 경우, 과연 우리가 이성적인 존재로서 존재할 만한 가치가 있느냐 하는 것이다.[8]

그러면, 우리의 정치 지도자들은 이 나라를 쾌락주의의 바다로 치닫게 만드는 탐욕과 극심한 물질주의와 무험주의와 환경의 폭음과 폭식에 대하여 어떤 반응을 보이고 있는가? 그들은 우리가 그들에게서 듣고 싶어 하는 바 그대로를 우리에게 들려 주고 있다 – 자아 도취와 끝없는 욕구 충족의 정책. 그들은 우리가 고통과 자기 비판을 너무나도 못 참아 한다는 사실을 간파하고서, 과장된 칭찬을 그럴듯하게 들려 주고 있다. 그리고 우리는 그런 말 한마디 한마디를 사랑하게 된다. 로널드 레이건 대통령의 자기애적 정책에 관한 이해는 과연 이에 필적할 만한 사람이 없을 정도였다.

율법주의

대부분의 사람들은 자신의 개인주의와 쾌락주의를 합리화하고 뒷받침하기 위하여, 그리고 무의미함과 연결된 일종의 공포로부터 좀더 멀리 도망가기 위하여, 자기가 가진 것들을 보호해 주는 율법주의에로 전향하게 된다. 그들은 사유 재산법, 정치 이데올로기, 애국심, 군국주의, 그리고 종교적 근본주의를 통하여 그렇게 하고 있다. 해답이 주어지지 않는 삶의 문제들에 대하여 명확한 대답을 추구하고 있는 사람들의 경우, 자기 스스로 이런 괴로운 문제들에 직면하기보다는 오히려 다른 누군가의 해답을 포용해 버리는 것이 훨씬 더 쉽다. 법률, 법 집행기관, 정치 이데올로기, 군대 그리고 율법주의적인 종교는 삶에 관한 어려운 문제들에 대하여 특정한 해답을 제공하는 임무를 맡고 있다. 율법주의는 매우 강력하고 매우 대중적인 형태의 무의미 거부이다.

만일 당신이 소유에 집착하는 사람이라면, 당신은 무엇보다도 당신이 자기 것이라고 여기고 있는 것들이 무사하기를 바라게 될 것이다. 사유 재산을 보호하는 법률이 하는 일이 바로 그것이다. 당신은 자신의 재산에 대한 통제력을 유지하기 위하여, 그것을 당신에게서 빼앗아 가려고 하는 사람들의 손에서 지켜낼 수 있을 만한 힘을 필요로 하게 된다. 그들도 역시 충분한 만큼 소유할 수는 결코 없다. 재산이 없는 사람들의 입장에서 볼 때, 재산을 가지려는 욕망은 다른 사람들의 재산을 훔치기 위한 폭력으로 이어질 수 있다. 법 집행 기관의 기본적인 역할은 사유 재산법을 강화하는 것이다.

서구 민주주의

서구 민주주의에는 흔히 의미에 관한 문제가 깃들어 있기 쉽다. 서구 민주주의는 시민들 저마다가 자유로이 자기 자신의 의미를 창출해 낼 수 있는 사회를 약속한다 – 우리들 대다수에게서 이 의미는 훨씬 더 높은 수준의 소비에 관한 자유나 다름 없다.

스탠리 하워워스와 윌리엄 H. 윌리먼[9]

그렇지만, 재산을 전혀 가지지 못한 사람들이 다른 사람들의 재산을 존중할 수 있도록 격려하기 위하여, 우리는 어떤 이들이 재산을 갖고 있는 반면에 또 어떤 이들은 선혀 새산을 갖고 있지 잃은 사실을 힙리화시켜 줄 만한 하나의 정치 이데올로기를 갖고 있어야 한다. 자유 시장 자본주의가 바로 이 그림에 딱 맞아 떨어지는 것이다. 이 논리에 따르면, 재산을 가진 사람들은 힘든 노동을 통하여 돈을 벌었다고 한다. 그리고 재산이 없는 사람들은 재산이 있는 사람들만큼 열심히 일하지 않았기 때문에 아무것도 없는 것이 당연한 이치라고 한다. 이러한 논리는 많은 사람들이 유산 상속을 통하여 재산을 획득한다고 하는 사실을 완전히 무시해 버린 처사이다.

정치적 보수주의자들과 자유주의자들은 자신의 사유 재산을 사용하는 데 어떤 제한을 가할 수도 있는 정부의 온갖 형태의 개입에 대해서 반대하고 있다. 그들은 현재의 상황을 지극히 만족해 하면서, 수입, 부, 교육, 또는 재산의 분배에 대해서 아무런 문제도 제기하지 않으며, 평등과 정의의 문제를 시장에 버려 두는 데 동의한다.

자유주의자들과 개인주의를 통해 의미를 추구하는 다른 사람들의 경우, 무인도에서의 삶은 더없이 행복한 것일 수 있다. 그 섬에는 정부도 없고 규칙도 없으며, 모든 것이 가능하다. 여러분은 그 섬에 살면서, 여러분이 하려는 일은 무엇이든지 할 수 있는 완벽한 자유를 누리게 된다. 여러분 자신 외에는 그 누구도 여러분의 책임이 아니다.

섬 전체가 여러분의 것이다. 그 섬에서는 여러분의 주장만이 유일하게 타당성을 지닌다. 모든 것이 무료이다. 여러분은 임대료나 세금을 전혀 낼 필요가 없다. 비록 여러분 스스로가 물고기를 잡아야 하고 먹을 수 있을 만한 사냥감을 잡아야 하지만, 그래도 음식과 물은 한도 없이 넘쳐 날 것이다.

살인하지 말라

우리는 살인이란 잘못된 행동이라고 확신하는 사회를 창설하였다. 만일 그렇지 않다면 국가는 위협을 당하게 될 것이다. 지금 이 순간 국

가는 사람들에게 궁극적인 정체성의 원천과 보호와 삶의 의미를 제공
해 주고 있기 때문이다. 우리에게 개인의 "자유"를 제공해 주는 것은
바로 국가이다. 그리고, 우리의 개인적인 자유는 모든 것을 의미하므
로, 개인적인 자유의 단정적 출처인 국가는 우리의 최고 가치가 되는
것이다.

윌리엄 H. 윌리먼[10]

우리는 글자 그대로 우리의 전쟁 속에서도 올바르게 살아남은 국민
이다. 전쟁이 우리에게 자기 희생의 필수적 토대를 제시해 준 결과, 오
직 자기 자신의 흥미만을 추구하라고 배워 온 국민도 때때로 서로를
위하여 죽는 일에 동원될 수 있었기 때문이다…간단히 말하자면, 선한
싸움으로 제거하지 못할 악은 미국에 결코 존재하지 않는다고 볼 수
있다.

스탠리 하워워스와 윌리엄 H. 윌리먼[11]

만일 우리 삶의 주된 관심사가 바로 자신이 소유하고 있는 것을 보호하
는 일이라면, 민족주의와 애국심은 그저 사유 재산에 대한 우리의 집착이
논리상으로 확대된 것에 불과할 것이다. 자기 삶의 의미를 의심하는 사람
들의 경우에는, 자기를 깃발로 싸는 것도 자신의 의심을 극복하기 위한
일반적인 방법이 될 수 있다. "애국심은 악당의 마지막 피난처"라고 새뮤
엘 존슨 박사는 말했다. 미국의 법무 장관인 램지 클라크의 솔직한 표현
에 의하면,

일반적으로 실천되는 애국심은 바로 전쟁과 착취의 주된 원인이었다. 다른 사람들에 대한 민족적 우월성을 주장할 때, 애국심은 바로 인종 차별주의자가 된다. 정부의 권력에 대한 절대적 복종을 강요할 때, 애국심은 바로 독재자가 된다. 도덕적으로 가장 비겁한 것은 바로 부도덕한 행동을 하라는 명령에 복종하는 것이다. 자신이 하고 싶은 것을 해 내기 위하여 실력을 행사할 때, 애국심은 바로 죄인이 된다. 힘은 개인들 사이에서와 마찬가지로 국가들 사이에서도 올바른 방법이 아니다. 애국심이 '한' 나라의 국민들에게 군대의 학살을 찬미하도록 부추길 때, '그' 국민은 자신의 전망을 잃어 버리게 된다.[12]

미국이 매우 호전적인 외교 정책을 펴게 만들고 또 그레나다, 리비아, 파나마, 이라크 같은 작은 나라들을 침공하게 만드는 것은, 바로 우리가 소중히 여기는 개인주의의 후원이다.

그리스도께서 탄생하시기 몇백 년 전에도 이미 사람들은 무의미함을 극복하기 위하여 법률과 이성으로 전향했다. 유대교와 그리스도교는 하나님에게서 비롯된 것이라고 믿어지는 도덕적 행동의 법칙과 규칙들로 가득 찬 종교이다. 조직화된 종교는 여러 가지 점에서 우리의 지성적, 영성적, 정서적 게으름의 증거이다. 성서는 하나님과 함께하는 우리의 순례에 관한 이야기라기보다는 차라리 법률 서적이며, 탐구의 대용품이 됨으로써 탐구를 포기하게 만드는 수단이기도 하다.

```
┌─────────────────────────────────────────────┐
│                 소유의 영향                    │
│                                               │
│        영성적 ───────→ 정통주의                │
│        지성적 ───────→ 쾌락주의                │
│        정서적 ───────→ 자 기 애                │
│        심리적 ───────→ 건강숭배                │
│                                               │
└─────────────────────────────────────────────┘
```

건강 숭배

수백만 명의 미국인들은 그저 한없는 물질적 소유물을 가지는 것만으로는 만족할 수가 없어서, 1980년대에는 자기 자신의 몸을 돌보고 보존하는 일에 관심을 쏟았다. 사실, 진보적인 모든 숭배가 다 육체적 건강과 바디 빌딩, 생명 연장에 집중되었다. 에어로빅 운동, 조깅, 역도, 심호흡 운동, 요가는 좀더 전통적인 편에 속했다. 건강 식품 가게가 점점 더 대중화되어 갔는데 이것은 비타민, 영양제, 디자이너 식품, 자연 식품, 뇌 흥분제, 근육 첨가제, 향신료, 식용 식물, 최음제 등을 전문적으로 다루는 가게이다. 허영심이 강하고 자기애적인 사람들을 위해서는 주름살 제거 수술, 코 성형 수술, 실리콘 유방삽입 수술, 그리고 그 밖의 여러 가지 미용 성형 수술이 생겨났다.

가상 현실 시뮬레이터

　가상 현실 시뮬레이터는 감각 기관의 원기 회복과 항상성과 행복감을 위하여 정신적 건강과 생리적 건강을 동시에 자극하고 조화시킴으로써, 전체적인 긴장 완화를 궁극적으로 경험하게 만들어 준다. 이것은 통일된 효과를 발휘하기 위하여 여러분의 시각·촉각·후각·청각이 예민하게 종합되는 통제된 환경을 모의 조종할 수 있도록 고안된 장치이다. 가상 현실 시뮬레이터는 진동하는 불빛과 입체음의 체계를 통해서 여러분의 마음을 이완시켜 주기 위해, 진동 마사지와 핀란드식 사우나와 후각 자극 장치와 청각 자극 장치와 시각 자극 장치를 연합시킨다. 누름 단추로 조절되는 침대 위에 따뜻한 공기가 흐름으로써 떠 있는 기분을 느낄 수 있다. 소형 처리기로 조절되는 수중 장치는 진동 마사지 장치를 조정할 수 있는 진동을 일으킨다. 붙박이로 짜 넣은 열 받침대는 쑤시는 근육을 완화시켜 준다. 후각 자극 장치는 네 가지의 냄새가 난다 – 목련꽃 향기, 월계수잎 향기, 유칼립투스 향기, 치자나무 향기. 여러분의 얼굴을 향해 냄새를 풍기는 차가운 공기는 여러분을 안정시키고 시원하게 만드는 효과를 가져온다. 사용이 용이한 가상 현실 시뮬레이터 조종틀은 여러분 스스로가 계속적으로 기온과 시간과 조명과 볼륨과 진동을 조절할 수 있도록 해 준다. 또한 여러분은 긴장 완화와 성욕, 체중 감량, 육체적 건강, 에너지 준위(準位), 창조성, 수면, 정신적 예민함, 장수 등의 효과를 높이기 위해서 미리 프로그램이 짜여진 소프트웨어 시스템들 가운데 하나를 사용할 수도 있다. 가상 현실 시뮬레이터의 온갖 기능들은 음극관 표시기(브라운관에 문자나 도형을 나타내는 컴퓨터 단말 장치 – 역자 주)로 모니터할 수

> 있다. 가격 : 2만 달러. 많은 건강 관련 서적들은 건강 증진과 정신적
> 능력 강화, 정력 보강부터 시작하여 심장 발작, 뇌졸증, 암 등의 위험
> 감소에 이르기까지 모든 것들을 약속해 주는 기구들을 선보인다. 또
> 어떤 기구들은 체중을 조절하고, 신체의 면역 계통을 자극하고, 스트
> 레스와 피로를 완화시키고, 생명을 연장시킨다고 큰소리 치기도 한다.
> 그리고 이런 건강 보조 기구의 제작자와 출판업자들은 너나 할 것 없
> 이 다들 자신의 상품이 전적으로 최첨단 과학 기술 연구에 토대를 둔
> 것이라는 점을 소비자에게 확신시키려 든다.

가장 최근에 고안된 첨단 생명 연장 장치는 바로 *가상 현실*이다. 가
상 현실을 통하여, 컴퓨터는 무한한 다른 세계의 경험을 만들어 내기 위
하여 신체의 오감과 직접적으로 연결된다. 만일 여러분이 스스로 의미를
찾을 수 없다면, 가상 현실이 여러분으로 하여금 첨단 감각 기제들을 통
하여 의미를 흉내낼 수 있도록 도와 줄 수 있다. 가상 현실 비디오 게임은
이제 어린이들에게도 유용하다. 가상 현실을 경험할 수 있는데, 어느 누
가 마리화나나 코카인을 필요로 하겠는가?

대부분의 미국인은 건강을 가장 중요하게 여기지만, 그래도 일부는 강
한 눈보라, 홍수, 허리케인, 토네이도, 지진에서부터 핵 공격에 이르기까
지 온갖 종류의 재앙으로부터 철저하게 살아남은 것에 더 많은 관심을 쏟
기도 한다. 이런 생존 의식이 있는 사람들에게 온갖 예기치 않은 위기에
대처할 수 있는 적절한 비축 물자를 공급하기 위하여 생겨난 것이 바로

생존 산업이라고 하는 하나의 완전 무결한 산업이다. 이 생존 산업에 따라 제공되는 비축 물자 가운데는, 정량의 비상 식량과 미식가를 위한 예비 식품, 휴대용 여성 위생품, 송수신 겸용 라디오, 반자동식 공격 무기, 탄약통, 곡물 분쇄기, 분만 도구, 방독면, 화학 무기, 방공호 등도 있다. 생존 산업은 이미 모든 것을 다 소유하고 있는 사람들에게 그들의 소유를 2배로 늘리도록 자극을 퍼붓는다. 이런 논리에 따르면, 잘 비축해 둔 비상 방공호에는 무엇보다도 한 가정의 쾌적한 설비가 최대한 많이 포함되어야 한다.

생존 주택

여러분은 선택된 집단에 발을 들여 놓았다 – 우발적인 사건들을 미리 예상하고 그것에 대비하기로 결심한 견식 있는 개인들의 집단에 말이다. 여러분은 확실히 자부심을 가질 만하며, 여러분의 가장 귀중한 가치 – 여러분의 생명 – 에 위협이 될 만한 것은 무엇이든지 물리치고 그 가치를 보존하려고 한다. 여러분은 사건이 여러분을 통제하기보다는 여러분 자신이 사건을 통제하기를 원한다. 우리는 여러분이 어떤 위험도 간파할 수 있도록 온갖 필요한 보급품들을 모두 제공해 준다.

새빨간 거짓말

하지만, 소유는 부와 명성에만 머무는 것이 결코 아니다. 중산층이나 육체 노동자 계급에 속하는 미국인들, 심지어는 실직한 미국인들까지도 쇼핑 센터, 토이즈 알어스 장난감 가게, 첨단 전자공학, 장식용 차, 신용 카드에 푹 빠져 있다. 그들 역시도 자신의 분수에 맞지 않는 삶 때문에 재정적으로나 정서적으로나 많은 스트레스를 받고 있다.

우리 경제가 제 기능을 다 하려면, 일을 하기로 되어 있는 사람들이 아메리칸 드림을 믿어야 한다. 아메리칸 드림은 그것을 가진 사람에게 행복을 선사해 준다. 행복으로 가는 길에는, 멋진 이웃이 있는 주택가에 멋진 가구가 배치되어 있는 집을 사고, 자동차 두 대와 컬러 텔레비전과 보트도 사고, 자녀에게 대학 교육까지 시킬 수 있을 만한 충분한 돈과 신용을 축적하는 것이 필요하다. 이 모든 것들을 살 돈을 갖기 위해서, 또 실제로 그것들의 비용을 지불하기 위해서, 여러분은 은퇴할 때까지, 또는 죽을 때까지 열심히 일을 해야 한다. 열심히 일하면 할수록 더 많은 돈을 벌게 될 것이다. 돈을 많이 벌면 벌수록 더 많은 것들을 살 수가 있으며, 그에 따라 여러분도 더더욱 행복해질 수 있을 것이다.

그렇지만 이것이 정말로 사실이라면, 왜 미국에는 그토록 많은 사람들이 불행하게 살고 있을까? 만일 아메리칸 드림이 원래의 기능을 다 하고 있다면, 왜 이혼율과 자살율, 낙태율, 물질 남용율이 그렇게도 높은 것일까? 앞에서 지적한 바와 같이, 우리는 가지면 가질수록 더 많은 것들을 바라게 되어 있다. 그렇지만, 일단 우리가 어떤 것을 정말로 소유한다고 해서 그것이 우리를 더욱더 행복하게 만들어 줄 수 있을까? 그것이 우리의 삶에 어떤 의미를 부여해 줄 수 있을까? 여기에서 우리는 다시 한 번 우리의 침체 상태에 대한 통찰을 위하여 전도서의 철학자에게로 귀를 기울이게 된다.

> 돈 좋아하는 사람은, 돈이 아무리 많아도 만족하지 못하고,
> 부를 좋아하는 사람은, 아무리 많이 벌어도 만족하지 못하니,
> 돈을 많이 버는 것도 헛되다.
> 재산이 많아지면, 돈 쓰는 사람도 많아진다.
> 많은 재산도 임자에게는 다만 눈요기에 지나지 않으니,
> 무슨 소용이 있는가? (전도서 5장 10~11절)

우리의 경제는 전부 부의 축적과 물질적 소유가 삶의 의미를 제공해 줄 수 있다는 환상에 토대를 두고 있다. 어떤 이의 삶 속에 의미가 없으면 없을수록, 그 사람은 열심히 일하고 열심히 놀 때 행복해질 수 있다고 하는 유물론적인 증후군의 유혹에 빠지기가 쉽다.

무의미함과 탐욕으로 빠져 들어가는 정치 경제를 합리화하기 위해서, 경제학자들은 모든 선을 이루기 위해서는 반드시 저마다가 이기적으로 행동해야 한다고 믿게 만드는 강력한 신화를 고안해 냈다. 만일 소비자와 경영인과 노동자와 주주들이 모두 다 자신의 쾌락을 추구한다면 그들의 관심은 결국 한 곳에 집중될 것이고, 사회는 사회적으로 가장 적합한 평형 상태를 향하여 진화하게 될 것이라는 신화가 바로 그것이다.

> ### 소유에 관하여
>
> **소**유하고 있는 사람들이나 획득한 사람들에게 무한한 권리를 부여해 준다는"계약"은 '전혀' 없다. 세상은 개인적인 관심과 사회적 관심이 언제나 일치하는, 위로부터 통치되는 그런 세상이 아니다. 세상은 실제로 개인적인 관심과 사회적 관심이 일치하는, 이승에서 관리되는 그런 세상이 '아니다.' 세상은 진보한 사리 사욕이 언제나 대중적인 관심 속에서 작동을 하는, 경제 원칙으로부터 정확하게 추론되는 그런 세상이 '아니다.' 사리 사욕이 일반적으로 진보한 것이라는 주장도 사실이 아니다 ; 자기 자신의 목적을 달성하기 위하여 개별적으로 행동하기 일쑤인 개인들은 이런 것들을 획득하기에는 너무도 무식하고 연약하다. 경험으로 보아 개인들이 모여 사회적 단위를 구성하게 될 때 그 개인이 늘상 개별적으로 행동할 때보다 덜 명민하다는 것은 결코 사실이 아니다.
>
> 존 메이너드 케인즈[13]

고(故) 조안 로빈슨은 아주 철저하게 허무주의에 토대를 둔 인간 본성론에 기초한 명제의 생존을 위해서는 심리학적인 근거가 있어야 한다고 주장한 바 있다.

평형 상태라는 개념에는 저항할 수 없는 매력이 있다 – 완벽하게 작동되는 기계에서 나는, 거의 들리지도 않는 윙윙 소리 ; 반작용 압력의 정확한 균형에서 오는 명백한 고요함 ; 기회를 방해하는 것으로부터 자동적으로 순조롭게 회복됨. 어쩌면 그 개념에 뭔가 프로이트 학설적인 것이 있을까? 그 개념은 자궁으로 돌아가려는 갈망과 연결되어 있을까? 우리는 지적으로 불충분한 이 개념의 강력한 영향력을 설명하기 위하여 심리학적인 설명을 찾아내야만 한다.[14]

행복이라는 환상

감정은 인간성의 필수 조건이다. 감정은 동물이나 인조 인간으로부터 우리를 구별해 주며, 종종 그 진가를 인정받지 못하는 삶에 의미를 가져다 준다. 하지만 사람들은 감정의 가치를 제대로 알지 못한다. 불편하다거나 고통스럽다는 감정을 경험하게 될 때, 사람들은 그 감정을 억누르거나 깨끗이 잊어 버리려고 노력한다. 만족스러운 평정 상태를 다시 되찾게 되길 바라면서 말이다. 이러한 감정의 거부는 인간의 경험을 축소시킨다. 감정이란 모름지기 느끼는 것이지, 극복하는 것이 결코 아니다. 감정을 극복하려 들 때 우리는 자연의 힘을 거스르게 된다. 우리는 삶을 사는 것이 아니라 견뎌 내게 된다. 삶을 견딘다는 것은 부정적인 방식이다. 그것은 모든 행동이 수고스럽고 모든 감정이 짐이 된다는 것을 의미한다.

즐겁든지 고통스럽든지, 어쨌든지 감정은 무한한 목적을 달성해 낸다. 감정은 우리에게 어떻게 반응할 것인지를 가르쳐 주고 또 우리의 잘못을 암시해 줌으로써, 우리가 해야 할 일들을 끊임없이 알려 준다. 그러나 만일 우리가 적극적으로 그 감정을 경험하지 않는다면, 이러한 감정의 목적들을 깨닫지 못하게 될 것이다. 우리는 긍정적인 감정을 맹목적으로 즐기고, 부정적인 감정은 견뎌 내며, 상처를 입지 않고서 위기에서 벗어나기 위해 몸부림을 친다. 하지만 결국 우리의 괴로움엔

별 차도가 없다. 이것은 잘못된 행동이다. 적극적인 자세가 없이 감정을 경험한다면, 결국 우리는 그 감정을 분석하고 해석하는 데 실패하고 말 것이다. 감정의 목적은 결코 드러나지 않을 것이고, 그렇게 되면 우리는 그 경험으로부터 아무것도 얻어 낼 수 없을 것이다. 행동과 마찬가지로 감정 역시 의미 있는 것이 되기 위해서는 적극적인 마음자세로 받아들여야 한다.

적극적인 마음 자세의 도움이 없다면, 우리는 어떤 감정을 다른 감정보다 높이 평가하는 악마의 먹이가 되고 말 것이다. 우리는 행복이 가장 의미 있는 것이며 자신은 항상 행복해질 권리가 있다고 하는 어리석은 논리를 껴안고 있다. 이러한 개념은 사실 나를 괴롭히는 것이며, 이제 나는 행복을 경멸하는 단계에 거의 이르렀다. 나는 행복에 반대하는 사람도 아니고, 피학대 음란증 환자도 아니다. 그저 나는 진정한 행복이란 가장 진기한 감정이라고 믿으며, 사람들은 자신이 기대하는 감정의 표준을 너무 높이 설정해 두었기 때문에 계속적으로 그 표준을 성취할 수가 없는 것이라고 믿고 있을 따름이다. 특히 젊은 사람들은 행복을 추구할 때, 온갖 형태의 쾌락주의를 추구한다. 애처롭게도 술에 취해서 자신을 만족의 상태로 굴러 떨어 뜨리려고 무진장 애를 쓰면서 말이다. 그렇게 함으로써 그들은 자신이 성취하려고 노력하는 모든 감정을 모방하게 된다. 그들이 획득하게 되는 상태는 결코 행복의 상태가 아니다. 그것은 무의미함이며, 적극적인 마음 자세의 완벽한 거부인 동시에, 무의식의 영적 성장에 대한 완벽한 거부이다.

대부분의 사람들이 경험하는 행복은 돼지목의 진주이며, 나는 이것을 저주한다. 이 사실을 인정함으로써, 나는 내 인생이 좀더 의미 있는 방향으로 흘러가게 되었다고 본다. 다른 사람들과 달리, 나는 하나의 환상을 추구하지 않는다. 나는 행복이 최고의 감정이라고 여기지 않으며, 그렇게 함으로써 다른 모든 감정을 무의미한 것으로 치부하는 행위를 거부한다. 대신에 나는 모든 감정이 의미 있는 것이라고 보고, 모든 감정이 내 자신에 대해 배우고 느끼고 성장할 수 있는 기회라고 본다. 그렇게 되면 현실의 모든 순간 순간이 다 의미 있는 것이 된다. 나는 견뎌 내는 일을 그만두고 살아가는 일을 시작한다.

켄드라 허드슨

듀크 대학교 1학년생

그러나, 우세한 이데올로기를 지지해 줄 만한 경제적 토대를 제공하고 있는 경제학자들에게서 새로운 것이라고는 전혀 찾아볼 수 없다. 애덤 스미스 시대부터 계속해서 경제학자들은 부자와 권력가들에게 그들이 듣고 싶어하는 대답만을 들려 주었다. 케인즈의 주장에 따르면,

자신이 어떤 지적 영향력으로부터 상당히 면제되어 있다고 믿는 실제적인 사람은 누구든지 몇몇 죽은 경제학자들의 노예일 뿐이라고 한다. 떠도는 소리들에 귀를 기울이는, 권위에 미친 사람들은 몇 년 전에 이론을 갈겨 쓴 몇몇 사람들에게서 자신의 격분을 추출해 내고 있는 것이다.[15]

경제학자들이 쾌락주의를 정당화하는 일에 아무런 불편도 못 느낀다고 하는 사실이 오늘에는 그리 놀라운 일도 아니다. 경제 연구를 위한 기금의 대부분이 대기업과 연방 정부로부터 비롯된 것이며, 대기업과 연방 정

부는 둘 다 탐욕을 조장하는 일에 엄청난 관심을 지니고 있다. 경제가 이 탐욕을 무너뜨릴 수는 없다. 너무도 많은 경제학자들이 짐짓 객관적인 사회과학자인 체하면서, 자신의 영혼을 최고 입찰자에게 기꺼이 팔아 넘기고 있다.

세상의 모든 사람들이 다 채택해야 한다고 믿으면서 우리가 극구 선전하고 있는 생활 방식은 궁극적으로 무의미함과 죽음 거부의 영합에 깊이 뿌리내린 것이다. 마치 우리가 충분한 돈만 가지고 있다면, 우리 자신의 불멸성까지도 살 수 있다고 정말로 믿고 있는 것처럼 말이다.

1957년 이래로 계속해서 반복되어 온 대중적인 견해에 대한 여론 조사를 보면, 소비주의도 평판만큼은 못 되는 것 같다. 소비율은 두 배로 증가하였는데도 불구하고, "매우 행복하다"고 주장하는 미국인의 숫자는 이 기간 내내 33퍼센트에서 변치 않고 그대로 머물러 있었다.

우리의 유일한 소유물

우리가 많은 돈과 부동산과 재정상의 잇점과 물질적인 소유물들을 가지고 있다 하더라도, 이것들은 모두 전쟁이나 사회 불안이나 도난이나 자연 재해나 국가 경제의 대이변이나 금치산이나 사실의 죽음 때문에 언제든지 도로 없어질 수 있는 것들이다. 소유란 늘 일시적인 것이다. 죽음은 커다란 평형 장치이다. 우리가 죽으면 우리의 소유물은 모두 우리의 상속인과 법정의 것이 되고 만다. 우리의 물질적인 소유물 가운데 그 어느 것도 영속적인 것은 없다.

그러면 무엇이 남게 될까? 호메로스의 <일리아드>에서, 이타카의 왕인 오디세우스는 아내와 아들을 남겨 두고, 자기 군대와 함께 군사적 모험을 위하여 항해를 떠난다 – 트로이의 헬렌을 구출하기 위하여 말이다. 그 후로 10년 동안이나 전쟁이 계속된다. 10년이 지나 드디어 전쟁이 끝났지만, 그래도 오디세우스와 그의 친구들은 여전히 집으로 돌아오지 않았다. 섬에서 섬으로 항해를 하느니 차라리 거인들과 싸우고 괴물들, 남신들, 여신들과 싸우면서 환상적인 모험을 즐기는 것이 낫다고 여겼기 때문이다. 바다의 신 포세이돈은 오디세우스에게 원한을 품고 있으므로, 오딧세우스가 가는 곳마다 싸움을 건다. 오디세우스는 선한 그리스 영웅의 전형답게 모든 난관을 극복해 낸다. 이 모험에 관한 이야기가 바로 <오디세이>이다. 이 책은 <일리아드>와 더불어, 세계문학 가운데 가장 위대한 이야기 가운데 하나이다.

그 동안 오디세우스의 아내와 아들은 신실하게 집에서 기다린다. 남편과 아버지인 오디세우스에 관해서는 단 한 마디도 하지 않고 말이다. 그렇다면 왜 오디세우스가 바다 건너에서 자기를 기다리는 그 많은 모험을 버려 두고 집으로 돌아가야만 했을까?

그 대답은 그 책 제11권에 나온다. 오디세우스는 세상의 맨 끝까지 항해를 하여 하데스의 어두컴컴한 지역으로 들어가게 된다. 그 곳에서 그는 그림자와 같은 망령들을 만난다. 그리스 인들은 사람이 죽으면 어둡고 정체를 알 수 없는 저승 세계로 들어간다고 믿고 있었다. 오디세우스는 과거의 위대한 그리스 영웅들을 모두 만난다. 이제 그들은 죽었으므로 아무것도 아니다. 죽은 사람들은 오로지 다른 세계의 소식, 친구와 가족의 소식만 알고 싶어할 뿐이다. 오디세우스의 경우, 하데스로의 여행은 곧 자기 자신의 미래와의 대결이며, 자신의 온 생애를 올바르게 바라볼 수 있는 기회이다. 오디세우스는 이 과거의 영들이 처해 있는 상황의 공허함을 직시하고서, 삶에서 진정으로 중요한 것과 중요하지 않은 것이 무엇인가를 깨닫는다. 이제 상징적인 죽음과 부활을 통하여 오디세우스는 완전히 다른 사람이 되어 하데스로부터 나온다. 그는 곧바로 집을 향해 출발할 준비를 한다.

아내와 아들을 다시 만나기 위하여 말이다. 그는 이제 이 관계야말로 그의 삶에서 그가 지속시켜야 할 유일한 관계라는 사실을 깨달은 것이다. 그야말로 하데스의 그늘진 땅으로 들어간 것은 그의 전환점이었다.

우리는 무엇을 지속시켜야 하는가? 우리가 우리 삶에 종지부를 찍게 되는 그 날, 우리가 누구이며 그 동안 무엇을 해 왔는지, 우리가 일생 동안 택한 길과 택하지 않은 길은 무엇인지를 최종적으로 밝히게 되는 그 날, 과연 무엇이 남게 될까?

오디세우스의 경우, 그것은 아내와 아들이라는 유산이었다 ; 그가 세운 영웅적인 위업과 바다 건너에서 겪은 모험들이 아니라 그가 영향을 미쳤던 사람들, 그가 집에 남겨 두고 떠났던 사람들의 삶이었던 것이다. 그러면 우리의 유산은 무엇인가? 오늘 우리는 심각한 사고를 당하고서 수술을 받는 동안 오딧세우스와 유사한 경험을 한 사람들을 많이 알고 있다. 그들은 말하자면 "하데스로 갔다." 그 곳에서 그들은 자신의 과거를 직시하게 되었으며, 미래의 불확실성으로 가는 문은 열려 있었다. 그들은 변화되어 그 경험으로부터 떠나왔다.

만일 우리가 자신의 삶을 뒤돌아 본다면, 우리 가운데 거의 대부분은 염려로 가득 찬 일련의 축적물, 곧 올해 "새롭게 개선된" 자동차로부터 내년에 선보일 최신형 차로의 이동, 획득이라는 끝없는 사다리의 발판들밖에 보지 못할 것이다. 얄궂게도 우리가 아무리 축적하고, 소유하고, 얻어냈다 할지라도, 사실 우리는 아무것도 가진 게 없다. 죽음은 엄청난 도둑인 것이다!

지금 우리는 저마다의 삶을 누리고 있다. 우리는 미래에 어떤 일이 벌어질지 알 수 없으며, 굳이 알 필요도 없다. 우리가 아는 것은 바로 우리가 저마다 선물을 받았다고 하는 사실이다. 우리의 삶과, 친구와 가족, 우리의 재능과 기회를 말이다. 영혼을 돌보는 일이야말로 삶의 중심이며, 존재의 이유이다. 결국 우리에게 남는 것은 영혼을 돌보는 일이다.

제5장

존재

인간은 스스로를 만드는 존재이다. 자기 자신으로 존재하려는 용기는 곧
자기 자신을 자기가 원하는 존재로 만들려는 용기이다.

폴 틸리히 <존재에의 용기>

　지금까지 우리는 삶의 의미를 추구하기 위한 순례의 여정에서 비교적
호소력이 없는 대안 세 가지를 만나 보았다―무의미함, 분리, 그리고 소
유를 말이다. 첫째, 삶에는 아무런 의미도 없을 수 있다. 삶은 그야말로
부조리한 것일 수 있다. 둘째, 삶은 의미를 가질 수도 있다. 그러나, 우리
가 다른 사람들, 우리 자신, 우리 존재의 토대로부터 분리되어 있으므로,
의미는 우리를 교묘하게 회피해 버렸다. 셋째, 무의미나 분리와 결합된
고통과 고난을 피하기 위하여 우리는 소유―돈과 권력과 물질을 조종하
고 소유하고 통제하는 것―를 통해 의미를 추구하려고 든다. 그러나, 앞
에서 본 것처럼 소유는 종종 의미의 거짓 출처에 불과한 것으로 밝혀지게
된다.

따라서, 이제 우리는 만일 삶에 어떤 진정한 의미가 존재한다면 그것을 우리에게 찾아 줄 수 있는 사람은 바로 우리 자신뿐이라고 하는 불안한 결론에 다다르게 되었다. 의미는 높은 곳에서부터 우리에게 건네지는 것이 결코 아니다. 우리는 '존재(being)'를 통하여―우리의 창작품과, 우리의 인간 관계와, 고통과 고난과 심지어는 죽음에 관한 우리의 경험을 통하여―의미를 추구해야 한다. 우리 가운데 온 생애를 물질적 소유와 부에 사로잡혀서 허비해 버리거나, 타인들을 조종하고 통제하는 일에 사로잡혀서 탕진해 버린 사람들의 입장에서 보면, 오직 우리 자신만이 우리 자신의 의미 창출에 대한 책임을 지고 있다는 사실을 깨닫는다는 것은 아주 정신이 번쩍 들게 하는 경험이다. "그대 자신을 신뢰하라 : 그러면 온 마음이 그 쇠줄에 울리게 된다"[1] 는 말처럼, 스스로를 믿으라는 랄프 왈도 에머슨의 충고는 외롭게 고립되어 있는 탐구자에게 별로 위로가 되지 않을 것 같다.

우리는 의미 탐구가 주로 우리 영혼을 돌봄―죽음도 우리에게서 떼어 놓을 수 없는 유일한 소유물― 과 연관되어 있다고 믿고 있다. 물론 살아 있는 동안에도 역시 우리의 영혼은 '있는 그대로의' 우리이다. 우리의 영혼은 곧 우리의 '존재'이다―우리의 본질 그 자체인 것이다. 비록 죽음이라는 저 산 너머에는 삶이 없다 할지라도, 우리의 영혼은 우리의 유산이 되어 이 땅에 남아 있게 된다. 우리가 죽는 순간, 우리의 영혼은 우리 존재의 전체를 총괄하게 된다. 우리가 살아 있는 동안에도, 물론 우리의 영혼은 우리가 소유하거나 조종했던 것의 표명이 아니라, 바로 우리 존재의 표명이다.

성서와 영혼

비록 "영혼"이라는 말이 성서에서 아주 다양한 의미로 사용되기는 하지만, 그래도 그 말은 보통 한 인간의 전체성을 가리킨다. 하나님께서 아담에게 "생명의 기운을 불어 넣으시니" 아담이 "생명체"가 되었다(창세기 2장 7절). 영혼은 인간의 통일성을 가리킨다 – 이것은 영혼으로부터 육체를 종종 분리해 버린 그리스 인들의 영혼이 의미하는 것과는 전혀 다른 것이다. 영혼은 한 사람의 생명을 가리킨다 : 헤롯은 예수의 목숨을 노렸다(마태복음 2장 20절) ; 사람은 영혼을 구할 수도 있고 취할 수도 있다(마가복음 3장 4절). 죽음은 "하나님께서 당신의 영혼을 필요로 하실 때" 일어난다.(누가복음 12장 20절)

목사

예수 그리스도, 불가지론자인 알베르 카뮈, 심리학자인 에리히 프롬, 무신론자인 칼 마르크스, 로마 가톨릭 교도인 소설가 워커 퍼시, 신학자 폴 틸리히, 그리고 정신의학자인 어빈 얄롬에게서 우리는 다음과 같은 메시지를 듣는다 : 삶은 곧 존재이다. 산다는 것은 존재한다는 것이며, 소유한다는 것은 죽는다는 것이다.

출판업자인 로버트 맥스웰과 소매 상인인 샘 월튼은 살아 생전에 수십

억 장자였다. 하지만, 그들이 죽어 버린 지금, 이 세상에 있는 그들의 소유물은 전부 골고루 분배되었다. 오직 그들의 영혼만이 한때 로버트 맥스웰과 샘 월튼이라는 사람이 산 적이 있다는 증거로 남아 있을 뿐이다.

우리가 부자이든지 가난뱅이든지, 궁극적으로 통제할 수 있는 유일한 대상은 바로 우리의 영혼이다―어떤 신비주의적, 형이상학적 의미에서의 영혼이 아니라 그야말로 실질적인 의미에서의 영혼이다. 만일 죽음이라는 저 산 너머에 삶이 존재한다 하더라도, 우리는 그 삶에 어떻게 영향을 미칠 수 있는지 알지 못한다. 그렇지만 우리 영혼의 조건에 영향을 미칠 수 있는 방법은 알고 있다. 우리의 영혼은 우리가 죽고 난 다음에도 우리의 생명을 앗아가 버린 산의 이편에 그대로 남아 있다. 우리의 영혼은 결코 양도할 수 없는 자산이다. 다른 사람의 영혼을 소유할 수는 없으며, 그 누구도 우리의 영혼을 통제할 수는 없다.

만일 우리의 영혼이 소유할 수 있는 전부라면, 어떻게 우리가 우리의 삶을 살아갈 수 있는 것일까? 물질적인 재산과 부의 축적에 그렇게도 많은 시간과 정력을 쏟는 것이 다 무슨 소용이 있을까? 결코 우리의 소유가 될 수 없는 것들을 더욱더 많이 소유하는 것보다는, 우리의 유일한 소유물을 보살피고 양육하는 것이 훨씬 더 중요하지 않을까? 다른 사람들―가난한 사람들, 빈궁한 사람들, 배고픈 사람들, 집 없는 사람들―의 어려운 처지를 완전히 무시해 버리고 우리의 영혼만을 돌보는 일이 가능할까?

죽음은 이 세상에서 가장 커다란 평형 장치이다. 우리 모두는 반드시 죽는다. 어떻게 죽을까? 행복하게 죽을까? 행복하게 죽기 위해서는 우선 살아야 한다. 그리고 살기 위해서는 존재가 되어야 한다. 우리는 창조와 사랑과 돌봄과 나눔과 고난을 통하여 우리의 존재를 표출하게 된다. 라인홀드 니버의 말에 의하면,

> 행할 만한 가치가 있는 것은 인생에서 결코 얻을 수가 없다 ; 따라서, 우리는 희망으로써 구원을 받아야만 한다. 진실하거나 아름답거나 선한 것도 모두 역사의 직접적인 맥락에서 완전한 의미를 지닐 수가 없다 ; 따라서, 우리는 믿음으로써 구원을 받아야만 한다. 우리가 하는 일이 아무리 고결하다 할지라도, 그것만으로는 아무것도 성취할 수 없다 ; 따라서, 우리는 사랑으로써 구원을 받아야만 한다.[2]

우리의 창작품

우리 세미나에 참석한 사람 가운데 여러 사람이 무인도 이야기를 듣고서 다음과 같이 말했다. 미쳐 버리지 않기 위해서는 집을 짓거나, 정원을 가꾸거나, 동굴 벽에 그림을 그리거나, 바위에 조각품을 새기거나, 시를 쓰거나, 음악을 작곡하거나 할 것이라고들 말이다. 그들은 뭔가 새로운 것을 존재하게 만듦으로써—무언가 자기 자신의 것을 '창작'함으로써—그 섬의 고립감, 외로움, 비존재감과 맞서겠다고 했다.

그러나, 그 섬에서 도대체 누가 그런 창작품들로 득을 볼 것인가? 그

섬에 사는 단 한 사람 말고는 아무도 그 창작품들을 즐길 수 없는데, 그것에서 도대체 무슨 의미를 찾을 수 있겠는가? <창조의 용기>에서 롤로 메이는 찾을 수 있을지도 모르지만 못 찾을지도 모른다고 말한다. 메이의 말에 따르면, 창조성은 "새로운 사회를 건설할 만한 새로운 양식, 새로운 상징, 새로운 형태"를 발견하는 것을 의미한다고 한다.[3]

누군가의 창작품이 새로운 세계 구조의 형성에 도움이 될 수 있다고 하는 인식은 심오한 기쁨의 원천이 될 수도 있다. 하지만, 그 섬의 경우에는, 새로운 사회가 생겨나리라고 믿을 만한 근거가 전혀 없다. 그 섬의 유일한 생존자가 죽고 나면 사람이라고는 단 한 명도 남아 있지 않을 것이기 때문이다.

그 책의 후반부에서 메이는, 비록 그 섬에 다른 사람이 전혀 살지 않는다 하더라도 그 거주자의 창작품을 통하여 그 섬에서의 삶의 의미를 발견할 수는 있을 것이라고 암시한다. 그는 형성(form)에 대한 열정을 이야기한다 : "형성이란 분열에 맞선 투쟁이며, 조화와 통전성을 가져다 줄 새로운 존재를 낳기 위한 투쟁이다."[4] 계속해서 그는 이렇게 말한다 : 창조적인 사람들은 "비존재에게서 도망치지 않는다. 오히려 그들은 비존재와 맞서 싸움으로써, 비존재가 존재를 만들어 내도록 한다. 그들은 화답의 음악이 나올 때까지 침묵을 두드린다 ; 그들은 무의미가 의미를 낳을 수 있을 때까지 무의미를 추구한다."[5] 알베르 카뮈는 "예술적 창조란 통일성에 대한 요구이며 세상에 대한 거부"[6] 라고 말했다. 창조에는 용기가 필요하다. 냉소적인 비난의 무관심이 약속이나 탐구나 창조의 위험보다 차라리 더 안전한 법이다.

> ### 창조성에 관하여
>
> **나**는 하나님 없이도 매우 잘 해낼 수 있다. 삶이나 그림이나 마찬가지다. 하지만 내 자신보다 더 위대한 어떤 것, 곧 나의 생명 — 창조의 능력 — 이 없이는 아무것도 할 수가 없다. 괴롭기는 하지만 사실이다.
>
> 빈센트 반 고흐[7]

월트는 장인(匠人)이다. 그는 수년 간의 경험, 노력과 실수, 시험과 학습을 통하여 나뭇조각을 가지고 일하는 방법을 터득한 사람이다. 그는 산더미처럼 쌓아 올린 재목들을 보면서, 그것이 전부 얼마나 될까 조심스럽게 어림짐작해 보았다. 그런 다음 그는 그 재목 더미에 손을 찔러 넣어, 그 가운데 하나를 움켜 쥐고서 잡아 당겼다. 그는 여러 차례 그 재목을 뒤집어 보고, 손으로 모서리를 문질러 본 다음에 버리고, 다른 재목을 뽑아 내었다. 이런 행동이 최소한 열두 개의 재목에 이르기까지 거듭되었다. 그는 나뭇조각들을 만져 보고, 뒤집어 보고, 어림짐작으로 치수를 재어 보고, 던져도 보았다. 심지어 그는 나뭇 조각들의 냄새를 맡아 보기까지 했다. 그리고 마침내 그는 나뭇조각 한 개를 골라 내었다.

"이것이면 식탁을 만들 수 있겠다." 그는 권위 있는 확신을 가지고 단언하였다. "이것이면 아주 좋겠어." 모든 것이 인공적인 틀로 찍혀 나오는 대량 생산의 시대에, 시간과 인내력을 요하는 기술과, 돈 주고도 살 수 없는 전문가적 판단 기준을 갖추고 있는 사람을 만나는 것은 여간 기쁜 일이 아니다. 월트는 자신의 기술 덕택에 분명히 더 나은 삶, 더 부유한 삶, 더 흥미로운 삶을 살고 있다. 그리고 다른 사람들의 삶도 역시 월트의 장인 정신 때문에 풍성해졌다.

우리는 영혼을 돌보는 일이 삶의 중심이며, 시간의 파괴와 죽음 이후에 남는 것은 오직 영혼을 돌보는 일 뿐이라고 말했다. 인간은 먹고, 재생산하고, 생활하고, 죽는 동물이다. 그러나, 다른 동물들과 달리, 우리는 창조에 대한 강한 욕구와 창조할 수 있는 놀라운 능력을 지닌 존재이기도 하다. 우리는 '호모 *패브리케이터(Homo fabricator)*', 곧 무엇을 만드는 인간이다. 우리는 세상을 발견한 이상, 그것을 그대로 내버려 두는 것으로는 결코 만족하지 못한다. 우리는 일생의 대부분을 기본적인 생활 필수품들—음식, 집, 원수에게서 보호—을 획득하는 일에 쏟아 붓지만, 그래도 여전히 여가 시간을 갖는다. 우리는 여분의 정력과 시간을 손에 쥐고 있다. 그래서 우리는 창조할 수가 있다. 호루라기를 조각하는 일, 담장을 세우는 일, 나무를 심는 일, 사과 파이를 만드는 일, 시스틴 성당의 천정에 그림을 그리는 일, 1952년형 시보레에 문짝을 새로 다는 일—이런 창조적인 행위에 전념해 있을 때 우리는 종종 가장 생동감이 넘치고 가장 우리다워질 수 있다. 창조성은 우리를 삶의 분리된 관찰자에서 책임감 있는 참여자로 변형시킨다. 그래서, 퀘이커 교도인 교육자 헤롤드 루크스는 다음과 같이 주장했다 : "젊은이들은 설교를 들을 필요가 없다. 그들에게는 임무를 맡기는 것만이 필요할 뿐이다."

성서의 맨 첫권인 창세기는 우리의 유한성, 죽음 때문에 맞게 되는 인생의 마지막에 관해서뿐만 아니라 창조성이라는 은사에 대해서도 이야기하고 있다. 창세기에 쓰여진 바와 같이, 하나님은 우리를 창조하실 때 우리에게 신적인 창조성을 나누어 주셨다.

> 하나님이 말씀하시기를 "우리가 우리의 형상을 따라서, 우리의 모양대로 사람을 만들자. 그리고 그가 바다의 고기와 공중의 새와 땅 위에 사는 온갖 들짐승을 다스리게 하자." 하시고, 하나님이 당신의 형상대로 사람을 창조하셨으니, 곧 하나님의 형상대로 사람을 창조하셨다. 하나님이 그들을 남자와 여자로 창조하셨다. 하나님이 그들에게 복을 베푸셨다. 하나님이 그들에게 말씀하시기를 "생육하고 번성하여 땅에 충만하여라. 땅을 정복하여라." 하나님이 손수 만드신 모든 것을 보시니, 보시기에 참 좋았다. 저녁이 되고 아침이 되니, 엿샛날이 지났다.(창세기 1장 26, 27~28, 31절)

여기에서 하나님은 여자와 남자를 창조하시면서 그들에게 뭔가를 창조하거나 정교하게 만들 수 있는 신적인 창조성을 나누어 주시는 거장으로 묘사된다. 이제 여자와 남자는 그들 자신의 창작품에 신적인 창조성을 넘치도록 반영시킬 수 있게 된다. 성서적인 맥락에서 "하나님의 형상대로"가 무엇을 의미하는지 확실하게 알 수 있는 사람은 아무도 없지만, 이것은 아무래도 우리가 하나님과 공동 창조자라는 것과 어느 정도 관계가 있는 것으로 보인다.

창조성은 그저 단순히 우리의 세계에 물건들(또 다른 소유의 양식)을 덧붙이는 것이 결코 아니다. 이제까지 살펴 본 바에 따르면, 창조의 행위는 창조된 물건보다도 훨씬 더 많은 결과를 우리의 의미 탐구에 가져 온다. 창조성은 그저 캔버스 위에 그림 물감의 얼룩을 묻히는 것이나, 또는 자진해서 그림 그리기나 시 짓기나 나무 깎기에 에너지를 발산하는 것이 아니다. 창조란 참여와 훈련과 기술 연마와 숙련된 기교를 필요로 한다. 이를테면, 맛있는 케이전(아카디아 출신 프랑스 인의 자손인 루이지애나 주 주민 - 역자주) 요리를 만들려면 많은 기술과 훈련이 필요하다. 신선한 해산물과 야채를 고르는 능력, 풍로를 다룰 수 있는 능력, 언제 요리 재료들을 첨가할 것인지와 얼마나 오랫동안 요리를 할 것인지를 알 수 있는 능력은 결코 천부적인 재능이 아니다. 사실, 우리 학생 가운데 한 명이 케이전 요리가 자기 삶의 의미에 어떻게 공헌하였는가를 이야기해 주면서, 케이전 역사와 언어를 알지 못하면 결코 케이전 요리도 만들 수 없다고 말한 적이 있다. 최소한 몇 가지 채용 방식을 통해서라도 반드시 케이전이 '되어야' 한다는 것이었다.

우리는 끊임 없는 욕구 충족의 시대에 살고 있다. 사람들은 상자로 파는 케이전 요리를 사다가 전자렌지로 즉석에서 요리할 수 있다고 잘못 생각하고 있다. 그러나, 우리는 좀더 좋은 기회에, 우리 인생에서 좋은 것들은 시간이 걸린다는 사실－노력이 없이는, 장인의 기술과 미덕에 대한 단련된 복종이 없이는 결코 가치 있는 것들을 얻을 수 없다는 사실－을 깨닫게 된다. 물론 이것은 미식가를 위한 요리나 미술 공예, 바느질, 또는 그 밖의 수공업에 대한 지대한 관심은, 창조를 하는 순간에－우리가 의식적으로 우리 주변의 세계에 참여하게 될 때－최선의 상태가 된다고 하는 사실을 많은 사람들이 깨닫게 된 결과이다.

앞에서 살펴 본 바와 같이, 현대의 많은 직업들은 지루하고 반복적이며 비창조적이다. 우리의 학교는 계속해서, 시험지에 사실과 숫자들을 토해 내는 데는 환하고, 맛있는 음식을 요리한다거나 식탁을 만든다거나 바이올린을 연주하는 일에는 서투른 학생들을 기계적으로 생산해 내고 있다. 어린 시절, 우리가 겪게 되는 미술이나 음악, 기술이나 작문에 관한 경험들은, 우리가 창조적이지 못하며, 우리는 결코 세상에 아름다움이나 즐거움을 가져다 주는 데 필요한 기술들을 연마할 수 없을 것이라고 하는 사실을 더더욱 확고히 다지는 역할만 하게 된다. 대부분의 경우, 이것은 성인기가 기술 습득과 훈련의 시기, 창조에 필요한 자유와 신뢰를 획득하는 시기가 되어야 한다는 사실을 암시해 주는 것과 같다.

우리의 창작품들은 너무 지나치게 지적으로 의미를 탐구해서는 안 된다는 점을 상기시켜 준다. 대다수의 경우, 오로지 책 속에서만 의미를 찾을 수는 없다. 고상한 생각만으로 살아갈 수 있는 사람은 거의 없다. 오히려 우리는 우리의 창작품과 바로 그 창작 행위를 통하여 의미를 발견하게 된다. 우리 학생 가운데 한 명은 바이올린을 연주하는 것이 왜 자신에게 삶의 의미를 가져다 주는지에 대해서 수업 시간에 이야기하였다. 그 학생은 자신이 여러 모로 얼마나 자주 피곤해 하였는지, 여러 가지 근심 걱정과 해야 할 일들에 얼마나 많은 시간을 허비하였는지에 대해서 이야기하였다. 그러나, 그녀는 습관적으로 자신의 바이올린을 쥐었고, 자기 방문을 닫은 다음 몇 분 동안을 명상에 잠겨 있다가 이내 바이올린을 연주하기 시작했다고 했다. 그녀는 자기 삶에 의미를 부여하는 것에 대해서는 전혀 생각해 보지 않았다고 한다. 사실, 그녀는 자기 손가락의 위치나 활을 현 위에 올려 놓는 순간보다도 더 중요한 것은 전혀 생각하지 않는 것이 바로 훌륭한 연주라고 말했다. 그녀는 한 장 한 장에 씌어 있는 음악적 주해에 매료되어, 또 바이올린으로 음악을 연주하는 데 필요한 모든 육체적 임무를 완수하는 데 완전히 심취하여, 평화를 누렸다고 한다. 이렇게 해서 그녀의 삶은 의미와 깊이를 가지게 되었다. 그녀는 음악 덕택에 계속 나아갈 수 있었던 것이다.

창조 행위를 통하여 우리의 삶은 명확해지고, 에너지가 생성되며, 일관성과 질서를 갖는다. 우리의 창작품이 다른 사람들에게 기쁨을 안겨 줄 때, 우리는 자부심에 찬 목소리로 "내가 그걸 만들었다"라고 말하게 된다. 다시 말해서, 하나님께서 우리와 세계를 내려다 보시면서 "보라, 아주 좋구나"라고 소리내어 말씀하실 때 느끼셨을 법한 기분을 우리 자신도 느끼는 것이다.

사랑의 관계

창세기는 놀랍도록 신비적이고 시적인 용어들로 인간의 창조를 이야기한다. 하나님께서는 "하나님의 형상대로(창세기 1장 27절)" 남자와 여자를 창조하신 후에 그들의 창조성을 자극하신다. 그들은 "생육하고 번성하여 땅에 충만하라(창세기 1장 28절)"는 명령과, 둘이 한 몸을 이루어 자녀를 낳으라는 명령을 받는다. 일부 사람들이 주장하듯이, 확실히 이것은 하나님의 명령 가운데 가장 즐거운 명령이다! 성(性)은 하나님께서 "남자가 혼자 지내는 것은 옳지 못하다(창세기 2장 18절)"라고 말씀하시면서 남자와 여자가 신의 창조성에 참여할 수 있도록 창조하신 것이다. 따라서, 성서는 우리가 서로 연합하고 단결하도록, 사랑을 나누도록 창조된 존재라고 주장하고 있는 것이다.

이런 이유 때문에, 무인도에서 홀로 사는 삶에 대한 대다수의 반응은 순전한 공포가 되는 것이다. 많은 사람들의 경우, 타인이 전혀 없는 섬에서 의미란 결코 있을 수 없다. 사랑이 없는 삶은 아무것도 아닐 수 있다. 그 곳에는 인간적인 관계를 맺을 만한 타인이 전혀 없으므로, 하나님께로나 자연에게로 돌아서야만 한다. 그렇지만, 그런 일방적인 관계가 과연 얼마나 지속될 수 있을까? 과연 어떤 반응이 있을 수 있을까? 두 사람 사이의 상호 작용 없이도 사랑을 한다는 게 가능한 일일까?

바울이 고린도 교인들에게 보낸 편지보다 더 생생하게 사랑을 표현해 놓은 곳은 없다 :

이제 내가 가장 좋은 길을 여러분에게 보여 드리겠다. 내가 사람의 방언과 천사의 방언으로 말을 할지라도, 내게 사랑이 없으면, 울리는 징이나 요란한 꽹과리가 될 뿐이다. 내가 예언하는 능력을 가지고 있을지라도, 또 내가 모든 비밀과 모든 지식을 가지고 있을지라도, 또 산을 옮길 만한 모든 믿음을 가지고 있을지라도, 내게 사랑이 없으면, 아무것도 아니다. 내가 내 모든 재산을 나누어 줄지라도, 자랑스러운 일을 하려고 내 몸을 넘겨 줄지라도, 내게 사랑이 없으면, 내게는 아무런 이로움이 없다.

사랑은 오래 참고, 친절하다. 사랑은 시기하지 않으며, 뽐내지 않으며, 교만하지 않다. 사랑은 무례하지 않으며, 자기의 이익을 구하지 않으며, 성을 내지 않으며, 원한을 품지 않는다. 사랑은 불의를 기뻐하지 않으며, 진리와 함께 기뻐한다. 사랑은 모든 것을 덮어 주며, 모든 것을 믿으며, 모든 것을 바라며, 모든 것을 견딘다.

사랑은 없어지지 않는다. 그러나 예언도 사라지고, 방언도 그치고, 지식도 사라진다. 우리는 부분적으로 알고, 부분적으로 예언한다. 온전한 것이 올 때에는, 부분적인 것은 사라진다. 내가 어릴 때에는, 말하는 것이 어린 아이와 같고, 깨닫는 것이 어린 아이와 같고, 생각하는 것이 어린 아이와 같았다. 그러나 내가 어른이 되어서는, 어린 아이의 일을 버렸다. 지금은 우리가 거울 속에서 영상을 보듯이 희미하게 보지만, 그 때에는 우리가 얼굴과 얼굴을 마주 볼 것이다. 지금은 내가 부분밖에 알지 못하지만, 그 때에는 하나님께서 나를 아신 것과 같이, 내가 온전히 알게 될 것이다. 그러므로 믿음, 소망, 사랑, 이 세 가지는 늘 있을 것인데, 그 가운데서 으뜸은 사랑이다.   (고린도전서 13장)

정신의학자 M. 스콧 펙은 <덜 지나간 길>에서 사랑을 "자기 자신의 영적 성장과 타인의 영적 성장을 위하여 자기의 자아를 확장시키려는 의지"[9] 라고 정의내렸다. 신학자 폴 틸리히는 우리가 분리를 극복하고서 합일을 향해 나아가도록 우리를 몰아가는 일종의 내면적인 에너지가 바로 사랑이라고 말했다. 이렇게 통합을 향해 우리를 몰아가는 에너지는 성욕이나 우정으로 표출될 수도 있고, 또 우리가 자신을 타인에게 내어 주는 여러 가지 방법을 통하여 표출될 수도 있다. 아우구스티누스는 사랑이 우리를 하나님께로 몰아간다고 말했다 : "우리의 마음이 당신 안에서 안식처를 찾기까지 쉴 수가 없습니다."(<참회록>, 제7권)

그러나, 사랑은 결코 대립이 없는 인간의 기질이 아니다. 우리가 할 수 있는 놀라운 일 가운데 대부분을 우리는 사랑을 위하여 행한다. 그렇지만 역설적이게도 우리가 타인에게 행하는 가장 끔찍한 일 가운데 대부분도 역시 사랑에 속한 행동들이다. 우리들 가운데서 다른 사람을 살해하는 것에 대해서 생각하는 이는 거의 드물겠지만, 그래도 우리는 대개가 미국을 사랑한다는 이유 하나만으로 다른 나라 사람들을 기꺼이 죽이게 된다. 가정 폭력, 배우자 폭행, 노인과 아동 학대, 이것들은 모두 우리가 사랑하는 사람들에게 끔찍한 고통을 가할 수 있는 우리의 능력에 대한 증거이다.

우리들 저마다는 개인적인 경험을 통하여 "사랑이야말로 네가 필요로 하는 모든 것"이라는 말이 그저 피상적인 것임을 깨닫는다. 사랑은 갈등 없이 존재하는 경우가 극히 드물며, 자기를 버리고 타인에게 자기를 전부 내어주는 일은 더더욱 어렵다. 소유와 획득을 향한 인간의 욕동은 사랑 안에서 미묘하게, 그러나 강력하게 표출될 수 있다. 프로이트는 인간의 모든 행동이 그저 자기를 위해 즐거움을 누리려는 여러 가지 행동 방식에 불과한 것일 뿐이라고 믿었다. 심지어는 완벽하게 자기를 내어주고 사랑하는 것처럼 보이는 사람들의 경우에도 마찬가지라고 말이다. 프로이트의 주장에 따르면, 순전한 사랑은 오로지 환상일 뿐이라고 한다. 자고로 사랑이란 모두 자기애의 또 다른 형태일 뿐이라는 것이다.

심리치료사인 에리히 프롬은 <사랑의 기술> 같은 책들 속에서, 우리가 사랑을 하게 되는 동기에 대한 프로이트의 의심에 도전을 걸었다.[10] 네이웃을 네 몸 '처럼' 사랑하라는 예수님의 명령에 의거하여, 프롬은 자기에 관한 관심이 반드시 이기적인 것은 아니라는 주장을 피력하였다. 프롬은 우리가 "소유의 양식"이라고 부르는 것 속에서 이기적인 사람들을 발견하였다. 자기를 사랑하는 사람과 달리, 이기적인 사람은 자기애를 거의 지니고 있지 않기 때문에 마음을 졸이며 재물을 축적함으로써 부족한 자존감을 보상받아야만 한다. 진정으로 자기를 존중하는 사람, 진정으로 자기를 사랑하는 사람만이 진정으로 다른 사람들을 사랑하고 존중할 수 있는 넉넉한 사람이 될 수 있다.

"난 너를 사랑해!"라는 말은 사실 "나는 나를 사랑하고, 또한 나를 사랑하는 일에 너를 한층 더 이용하고 싶어!"라는 의미를 담고 있다. 그러므로 사랑은 위험스러울 수가 있으며, 자기 기만의 기회로 가득 찬 것일 수도 있다. 대부분의 종교와 사회가 부부들에게 공식적인 약속—결혼—을 통하여 그들의 사랑을 시험해 보도록 권하는 것도 바로 이런 이유에서이다. 그러나, 우리는 연합—성적, 정서적, 지성적, 영적—을 향하여 질주하고 있기 때문에, 계속해서 서로들 사랑에 빠지고 인연을 맺는다. 사랑 안에서 우리는 우리 자신을 초월하고, 우리 자신을 뛰어 넘으며, 우리 존재가 갑자기 사랑하는 다른 어떤 사람에게 매이는 것을 깨닫게 된다. 오로지 자기만을 사랑의 대상으로 지니는 것, 삶에서 자기 자신보다 더 큰 계획을 갖지 못하는 것, 이것은 바로 무의미함의 단계에 속한다. 이와 반대로, 다른 사람과 사랑에 빠지는 것은 '나(I)'로부터 '우리(We)'로 상당히, 그리고 즐겁게 확대된 우리 자신을 발견하는 것이다. 이렇게 될 때, 우리의 세상은 훨씬 더 넓어진다. 그리고 이것은 우리가 다른 사람과 깊은 사랑에 빠질 때, 온 세상이 훨씬 더 사랑스럽게 보이고 또 사랑할 수 있는 대상으로 보이는 이유일 수 있다.

외로움과 사랑

전적으로 다른 사람과 관계를 맺기 위해서는, 우선 자기 자신과 관계를 맺어야만 한다. 만일 우리가 우리 자신의 외로움을 껴안을 수 없다면, 다른 사람도 고립을 막기 위한 방편으로 사용하는 데 그치고 말 것이다. 독수리처럼 ─ 아무런 청중도 없이 ─ 살아갈 수 있을 때에야 비로소 우리는 다른 사람에게 사랑을 가지고 다가설 수 있다 ; 그 때에야 비로소 우리는 다른 사람의 존재의 성장에 대해서도 관심을 가질 수 있게 된다.[11]

어빈 D. 얄롬

<니체가 울었을 때>

사랑에 관하여, 셰익스피어

진심을 가진 동지의 결혼을 나는 방해하지 않겠소. 변할 구실만 있
으면 변하는 사랑은 사랑이 아니며,
누가 손을 대면 움직이는 사랑도 사랑이 아니오.
아 그렇소, 폭풍우를 만나도 끄떡 않는
요지부동의 목표가 사랑인 것이오.
사랑은 헤매고 있는 배를 안내해 주는 별이오.
그 높이는 재어 낼 수 있어도 그 가치는 알아 낼 수 없소.
사랑은 시간의 광대가 아니오.
장미빛 입술과 볼은 시간의 꼬부랑한 낫으로 베어질 수 있어도,
사랑은 시간의 짧은 날이나 주(週)에 따라 변하는 일이 없고,
그리고 최후 심판의 막바지까지 존속하는 것이오.
이 말이 틀렸다고 증명될 수 있는 거라면,
나는 애당초 시를 쓰지 않았을 것이고,
아무도 사랑하지 않았을 것이오.

<소네트 116>

비록 아주 여러 가지 이유에서 우리가 순전히 이기적인 행동 방식을 취
한다 할지라도, 우리는 다른 사람들을 위하여 놀라우리만치 사심이 없는
이타적이고 헌신적인 행동을 취할 수도 있다. 비록 우리는 자신이야말로
타인을 위한 순수한 사랑의 가장 좋은 본보기라고 주장하기를 꺼려하지
만, 그래도 우리들은 대개가 지금껏 그러한 사랑의 수혜자였다. 다음 장

에서 우리는 여러분의 개인적인 삶의 목표들을 열거해 보라고 요청할 것이다. 그 때 여러분은 분명히 여러 형태의 애정 관계를 나열하게 될 것이다. 친구이거나 애인이거나 남편이거나 아내이거나 사랑을 주고받음으로써 우리의 삶은 대체로 살 만한 가치가 있는 삶이 된다. 우리의 마음은 다른 사람들과 사랑을 주고받는 가운데 안식을 누릴 수 있을 때까지 쉴 수 없으며, 또 쉬지도 않는 것처럼 보인다. 이러한 관점을 레아 드 룰레트는 상당히 날카롭게 표현하였다 :

> 만일 우리들 저마다에게 진정한 목적이 있다면, 그것은 서로의 인간성을 어떻게든지 향상시키는 것─다른 사람들의 삶을 사랑하는 것, 다른 사람들의 삶에 접촉하는 것, 다른 사람들의 기본적인 인간 감정에 접촉하는 것, 당신의 살아 숨쉼 때문에 다른 사람들의 삶이 훨씬 쉬워졌음을 아는 것이다.[12]

인간적 유대와 공동체를 향한 갈망에 대해서는 제7장에서 좀더 자세히 언급하게 될 것이다.

고통과 고난

얼핏 생각해 보면, 고통과 고난은 의미의 출처라기보다도 차라리 무의미함과 분리에 관한 논의에 좀더 적당했을 법한 주제로 보인다. 성서의 욥기를 보면, 욥은 고난과 상실로부터 아무런 의미도 찾지 못한 것으로

나와 있다. 욥은 가족과 재물과 건강을 모두 잃은 후에 다음과 같이 말했다 :

> 내가 태어나던 날이 차라리 사라져 버렸더라면, '남자 아이를 배었다'고 좋아하던 그 밤도 망해 버렸더라면, 좋았을 것을! … 어찌하여 내가 모태에서 죽지 않았던가? 어찌하여 어머니 배에서 나오는 그 순간에 숨이 끊어지지 않았던가? … 낙태된 핏덩이처럼, 살아 있지도 않을 텐데. 햇빛도 못 본 핏덩이처럼 되었을 텐데! … 어찌하여 하나님은, 고난당하는 자를 태어나게 하셔서 빛을 보게 하시고, 이렇게 쓰디쓴 인생을 살아가는 이들에게 생명을 주시는가? … 이런 사람들은 죽기를 기다려도, 죽음이 찾아와 주지 않는다.　　　　(욥기 3장 3, 11, 16, 20~21절)

고통과 고난은 죽음의 전조로 보일 수 있으며, 아무것도 아닌 것이 되는 전조로 보일 수도 있다.

육체적 고통은 우리가 동물이라는 사실, 우리가 고난을 당하고, 나이를 먹고, 죽는다는 사실을 상기시켜 주는 불쾌한 존재이다. 종종, 고난 속에서, 우리는 끔찍한 고립감을 느낀다. 세상이 우리를 못 본 체하며, 우리가 느끼고 있는 것 만큼이나 나쁜 느낌은 더 이상 없을 것처럼 여겨진다. 현대의 삶은 대체로 고난이란 어떤 희생을 치르더라도 반드시 회피해야 하거나 마비시켜야만 하는 영락 없는 죄악이라는 주장에 완전히 말려든 것처럼 보인다. 고통은 어쨌든 우리의 마취약이나 사회 지지 체계가 실패하고 말았음을 보여 주는 증거이다. 일부 근본주의적 설교자들은 에이즈를 동성애자들의 난잡한 성행위 탓으로 돌리며, 동성애 권리파들은 에이즈를 정부의 자금 조달 부족 탓으로 돌린다. 이 두 집단은 모두—우리가 인간의 삶에 관하여 아는 모든 것들을 고려해 볼 때—삶의 명백한 진리, 곧 '인생살이는 고난이며 고통'이라는 사실을 접하게 되는 순간 충격을 입을 것이다.

그러나 다른 한 편, 여기에서 우리가 그런 우울한 사실에 의미 탐구의 초점을 맞추어야 하는 이유는 무엇인가? 다소 놀라운 사실이지만, 고통과 고난은 삶에서 피할 수 없는 유일한 측면일 뿐만 아니라, 삶의 의미의 잠정적인 원천이기도 하다.

우리가 듀크 대학교의 세미나에서 무인도에서의 생존에 관한 질문을 던졌을 때, 한 젊은 여학생은 그 섬의 고립과 외로움에 맞서 싸움으로써—운명이 자신에게 부여한 고통과 고난을 극복하기 위해 노력함으로써—그 섬에서 의미를 추구하게 될 것이라고 응답하였다. 그녀는 말하자면 그 섬에서 홀로 생존한다고 하는 이상한 상황을 극복하기 위해 노력하는 것이 바로 의미를 발견하는 길이라고 여겼던 것이다.

우리의 문화는 의미 때문에 겪는 괴로움을 없애는 일에 혈안이 되어 있다. 대체로 우리는 삶의 정황 때문에 우리가 고통이나 고난을 겪게 될 때 느끼는 것은 바로 분노라고 알고 있다. 그러나, 고난과 고통이 없는 세상을 한 번 생각해 보라. 물론 환상적인 세상일 것이다. 우리가 전혀 알지 못했던 세상 말이다. 우리는 그것이 멋진 세상일 것이라고 가정하게 된다. 굶주림이나 목마름이나 더위나 추위나 질병에 따른 고통이 전혀 없는 세상을 한 번 상상해 보라.

그렇지만 그런 세상은 인간의 창조성이나 목적마저 없는 세상이 되고 말 것이다. 그런 세상에서는 인간의 가장 위대한 업적 가운데 상당 부분이 전혀 중요하지 않게 될 것이다. 그런 세상에서 농업이나 건축술이 무슨 소용이 있겠으며, 다른 사람들에 대한 관심이 무슨 소용이 있겠는가? 쾌락주의적 낙원에서는 인간의 창조성이나 천재성이 전혀 필요 없다. 그곳에는 극복해야 할 어려움이나 해결해야 할 문제가 전혀 없으며, 인간의 협력도 전혀 요구되지 않기 때문이다. 다시 말해서, 그런 세상은 완벽하게 즐거운 세상, 그러나 전혀 비인간적인 세상이 되고 말 것이다.

우리는 기계가 아니다. 따라서, 우리는 아무것도 느끼지 못하는 마취 상태의 창조물이 결코 아니다. 당신을 향한 나의 행동은 중요한 것이다. 나는 엄청난 고통을 느낄 수 있을 뿐만 아니라 엄청난 고통을 가할 수도 있다 ; 따라서, 나의 도덕성 문제가 사실은 중요한 문제가 되는 것이다. 그러나, 고통에 관하여 너무 긍정적으로 이야기해서는 안 된다. 고통이라고 해서 모두 적합한 의미를 갖고 있는 것은 아니다. 방글라데시나 이디오피아, 모잠비크, 소말리아 같은 가난한 나라에서는 해마다 1,450만 명이나 되는 5세 미만의 아동들이 비참한 건강 조건 때문에 죽어 가고 있다. 수억 명이나 되는 사람들이 가혹한 생존의 고통과 고난에 입각하여 의미를 규정짓는다. 이 세상의 모든 고통을 다 더하고, 우리를 발명과 성취, 공동체와 책임으로 몰고 간 고통까지 다 참작하더라도, 여전히 너무도 많은 고통이 남아 있기에 우리는 고통의 잠정적 무의미함에 대해서 긍정적인 견해를 갖기가 어렵다.

그렇지만 우리는 고통 때문에 파괴되기보다는 오히려 형성된 사람을 많이 알고 있다. 우리가 고통이나 고난처럼 매우 잠재적으로 사람의 몸을 쇠약하게 만드는 것들 속에서까지 의미를 발견할 수 있는 능력을 지니고 있다는 것은 아마도 인간 정신의 가장 고귀한 측면 가운데 하나일 것이다. "나를 파괴하지 않는 것이 나를 강하게 만든다"는 니체의 위대한 격언은, 우리가 '장애'라고 부르는 것이 하나의 선물로 변형되는 그런 의미에서 자신의 삶을 살아온—자신의 삶을 연마한—많은 사람들의 삶 속에 그대로 구현되고 있다. 어떻게 그럴 수 있는 것일까?

흔히들 출산은 신장 결석만큼이나 고통스러운 것이라고 말한다. 그러나, 대개의 경우, 출산은 훨씬 덜 고통스러운 것으로 경험된다. 어떤 군의관은 전쟁터에서 입은 상처가 같은 값이면 차 사고로 생긴 상처보다 훨씬 덜 고통스럽다고 하는 사실에 주목하였다. 왜 그럴까?

고난이란 육체적인 감각 이상의 것이다. 고통 그 자체는 별로 흥미로운 것이 아니다. 흥미로운 것은 바로 우리가 고통 가운데서 의미를 발견할 수 있는 능력을 지니고 있는 것으로 보인다는 사실이며, 가장 심한 고통 속에서라도 의미를 찾으려 할 때는 고통이 그리 고통스럽지 않다고 하는 사실이다.

라이사 고르바초프는 <나는 희망한다>라는 저서에서, 러시아의 역사 형성 과정과 러시아 국민의 의미감 규정 과정에서 고통과 고난이 맡은 비극적인 역할을 강조하였다. 그녀는 다음과 같이 강하게 말했다 : "우리 부모가 넘겨 준 것 가운데 가장 귀중한 것은 다른 사람들의 결핍을 나누어 갖는 능력, 다른 사람들의 슬픔과 고통에 참여하는 능력 : 공감 능력이다 … 아니다, 이 죄 많은 땅에서 비단 우리 세대만이 공허하게 살고 있는 것은 결코 아니다."[14]

러시아 여성들의 고통과 고난

전쟁이 끝난 지 벌써 20년이나 되었는데, 내가 다시 생생한 전쟁의 고통과 아직도 이 나라를 덮고 있는 슬픈 분위기를 체험하게 된 것은 바로 이 나라의 밑바닥이었다…상상이나 할 수 있겠는가? 모든 것을 잃어 버린 한 여인, 그야말로 자신의 삶을 전쟁이라는 것 때문에 짓밟혀 버린 한 여인 … 사랑에서 오는 행복이나 모정 때문에 느끼는 기쁨 따위는 전혀 모르는 여인들. 다 무너져 가는 낡은 집에서 자신의 마지막 삶을 홀로 보내는 여인들. 생각해 보라. 우리는 지금 천성적으로 생명을 내어주는 경향이 있는 사람들, 천성적으로 삶의 한가운데에 거하

고통처럼 명백하게 무의미한 어떤 것에서 솟아 나오는 의미는 삶의 커다란 모순일 수 있다. 우리 가운데 고통, 특히 다른 사람의 고통을 "하나님의 뜻"이라고 말하는 사람들에게 동조하는 이는 거의 없을 것이다. 대체로 우리는 자신의 고난 때문에 인내와, 삶에 대한 감사와, 다른 수난자들에 대한 공감과, 그 밖의 많은 잇점들을 얻을 수 있다는 사실을 증명할 수 있다.

우리 가운데 극히 소수만이 고통을 견디라는 부탁을 받는다는 점을 잘 알고 있었던 나치 시대의 수감자, 빅터 프랭클은 <인간의 의미 탐구>에서 이렇게 주장하였다 : "고난은 그 의미를 발견하는 순간, 더 이상 고난이 아니다."[15]

프랭클은 자신이 어떻게 끝까지 버텨 낼 수 있었던가를 회상해 보았다. 죽음의 수용소에서 당한 극심한 박탈감과 고생을 자신이 끝끝내 이겨 냈다는 사실에 대하여 그 스스로도 놀랄 뿐이다. 그것은 바로 그가 계속해서 자기 가족을 생각했기 때문이며, 수감되기 전에 쓰고 있던 책을 마음 속에 구상하고 있었기 때문이다.

프랭클이 죽음의 수용소에서 보낸 시간에 관하여 쓴 글을 보면(우리는 여러분에게 이 글을 적극 추천하는 바이다), 마치 자기의 삶이 그에게 중요한 교훈을 가르쳐 줄 특별히 끔찍한 고통의 순간을 기다리고 있기나 했던 것처럼, 자기가 곧바로 죽음의 수용소에서 의미를 발견한 것은 아니라는 점을 알 수 있다. 프랭클의 경험은 자신이 죽음의 수용소에 수용됨으로써 흥미로운 것으로 발전한다. 최악의 순간까지도 삶은 의미를 지닌다고 하는 확신, 나치 간수들이 그의 인간적인 희망과 존엄성을 남김없이 빼앗아 가 버렸다고 생각하는 와중에도 그 자신은 정작 운명을 책임졌다고 하는 확신, 이런 쾌활한 확신 덕택에 그는 죽음의 수용소에서도 잘 지낼 수가 있었다. <인간의 의미 탐구>처럼 고난 가운데서도 의미를 발견할 수 있는 것에 관한 글들에서 우리가 얻을 수 있는 교훈은, 우리의 고통 속에 의미가 있다는 것이 아니라, 우리가 우리의 고통을 어떻게 대하고 받아들이느냐 하는 것이 진정 의미가 있다는 점일 것이다.

삶 속에서, 심지어는 고통과 고난의 한복판에서 의미를 발견하는 것은 인간 영혼의 쾌활성을 증명해 주는 긍정적인 증거일 수 있다. 또한 이것은 지금 이 순간 고통이나 고난을 겪지 않고 있는 사람들은 자신의 삶을 연마하여, 정작 우리가 고난을 당하거나 정신적·육체적으로 괴로워할 때, 그 때에도 의미를 발견할 수 있게 만들라는 하나의 도전일 수 있다.

다른 삶 길이 없는가?

의미의 다른 세 단계—무의미함, 분리, 그리고 소유—와 비교해서, 존재를 자신의 생활 방식으로 선택하는 사람이 턱없이 부족한 것은 왜일까? 첫째, 존재란 고도로 위험스럽긴 하지만, 잠재적으로는 고도로 반환적인 생활 양식이기 때문이다. 어떤 사람들은 그리 창조적이지 못하다. 창조성은 의지 하나만으로 생겨나는 것이 아니다. 둘째, 사랑과 인간 관계는 실패할 확률이 크기 때문이다. 거절에 대한 두려움 때문에 우리들은 대개가 다른 사람에게 다가서지 못한다. 비록 우리 모두 타인과의 공동체 의식을 갈망하기는 하지만, 정작 진정한 공동체를 경험하는 사람은 극히 드물다—이것은 제7장의 주제이다. 마지막으로, 고통과 고난을 참아 낼 수 있는 우리의 인내력이 너무 약해서, 고통이나 고난이 의미의 출처가 되지 못하기 때문이다.

에덴을 그리워하다 — 죄, 악, 그리고 그리스도교 신앙

문제는 단순한 고통이나, 우리가 고통을 느낀다는 것이나, 어떤 고통은 너무 극심하다는 것이 아니라—고통 속에서 우리가 거의 의미를 발견하지 못한다는 데 있다.

괴로움은 무의미한 고통의 부수물이다. 괴로움은 암으로 인한 통증

으로부터 출산의 고통을 구분해 낸다. 괴로움은 종종 육체적 고통이 없는 사람들도 괴롭힌다. 왜 부유하고 번창한 국가에서는 그렇게도 많은 사람들이 마약 중독과 부부 간의 스트레스와 자살에 빠져 들게 되는 것일까? 목사인 나는 가족 중에 말기 암 환자가 있을 때 겪게 되는 괴로움보다도, 가족 중에 알코올 중독 환자가 있을 때 겪게 되는 괴로움이 훨씬 더 나와 그 가족의 신앙에 큰 도전이 된다는 사실을 깨달은 바 있다. 가장 극심하고 복잡한 고난은 대체로 비육체적인 것이며, 무의미함으로 인한 괴로움의 결과인 것으로 보인다 ….

내가 보기에는, 고난과 고통이 세상에 존재하며 우리가 그것들을 느끼게 된다고 하는 것이 문제는 아닌 것 같다. 정말로 문제가 되는 것은 고난이 너무나 비생산적이고 무의미해서, 사람들을 고상하게 만드는가 하면 그만큼이나 자주 사람들을 박살내 버리기도 하고, 또 가치가 있는가 하면 가치가 없는 것으로 추락할 수도 있다는 것이다.

우리는 "당신이 이제껏 악을 저질렀기 때문에 고난을 당하게 된 것이며, 이만한 고난은 당연히 겪어 보아야 한다"라든가, "이 고난은 하나님의 뜻이다"라는 식으로 다른 사람의 비참함을 합리화해서는 안 된다. 그것은 사악한 선을 부를 수도 있기 때문이다.

고난과 고통, 특히 부당하고 극심하고 고질적인 형태의 고난과 고통은 끔찍한 비극이다. 고난은 되는 대로 불공평하게 사람들에게 들이닥친다. 종종 고난은 믿을 수 없을 정도로 편파적이며, 세상에서 가장 멋있고 합리적인 설명을 갖다붙이더라도 도저히 설명"할 수가 없는" 것이 있다고 하는 사실을 우리에게 늘 상기시켜 주는 여러 가지 불가사의 가운데 가장 신비로운 불가사의이다.

고통은 부분적으로, 우리에게 매우 위협적이다. 그것은 부분적으로,

고통이 우리의 자기 숭배에 대한 궁극적인 도전이기 때문이다 : 끊임 없이 닥쳐 오는 우리의 죽음에 대한 가차없는, 비난 섞인 경고이기 때 문이다. 고통은 우리가 끝내는 죽게 될 덧없는 육체적 피조물이라는 사실을 구체적으로 상기시켜 주는 피할 수 없는 것이기에, 우리에게 불안을 안겨다 준다. 우리의 유한성을 상기시켜 주는 다른 모든 것들 처럼, 고통 역시 우리에게 환상이나 거짓된 희망이나 절망으로 잘못 들어설 수 있는 기회를 줌과 동시에, 하나님께로 돌아설 수 있는 기회 도 제공해 준다.

목사

유머는 탐구 가운데 있나니

창조적으로 무의미함을 극복해 낼 수 있는 수단인 유머를 어디에 배치하여야 할까? 확실히 유머는 존재에 관한 우리의 논의에 속하는 것이다. 유머는 우리의 창조성과, 우리의 인간 관계와, 고통이나 고난 에 대한 우리의 지적인 반응에 관한 논의에 속한다. 유머를 수양하는 것과 유머에 따른 기쁨을 누리는 것은 최선의 상태인 우리를 경험하는 것이다. 유머를 통해서 우리는 울지 않고 웃을 수 있으며, 우리의 직 접적인 상황을 초월할 수 있다. 유머를 통해서 우리는 건방지게도 침 묵을 깨뜨릴 수 있으며, 삶의 비극을 묵인하지 않고 맞설 수 있다. 미 국에서 가장 인기 있는 코미디언들 가운데 아프리카계 미국 흑인들, 유태인들, 그리고 부정의가 어떤 것인지, 권력 있는 자들이 어떻게 해 서 다른 사람들을 희생시켜 가면서까지 그들의 권력을 행사하게 되는

지를 몸소 체험함으로써 실제로 깨닫게 된 가난한 사람들이 많이 끼어 있다는 사실은 별로 이상할 것도 없다. 유머를 통해서 우리는 폭군과 민중 선동자를 조종할 수 있으며, 눈물 가운데서도 웃을 수 있고, 쾌활하고 창조적이고 건전하고 자기 연민의 방식으로, 또는 허무주의의 방식으로 삶을 붙잡을 수 있다. 유머가 어디에서 오는 것인지 우리는 알지 못한다. 그렇지만 우리는 유머가 의미 탐구와 깊이 관련되어 있다는 점을 알고 있다. 우리는 웃을 때, 보통 삶의 부조화를 보고 웃는다. 우리의 웃음에는 삶에 목적과 방향과 의미가 있다는 내적 확신이 들어 있다. 그렇지 않을 경우, 우리는 운다. 우리는 웃을 때, 초월로 가는 길목에 서서 삶의 현실을 연구하고, 개조하고, 초월하느라 바쁘다. 따라서, 우리 학생들 가운데 한 명이 자신의 목적과 목표에 관하여, 28세가 될 때까지 "적당한 결혼 상대를 찾고 그녀와 결혼하는 것"이라고 말했을 때, 우리는 웃을 수밖에 없었다. 물론 그는 목표를 세운 것이라고 여겼겠지만, 이런 식으로 사랑과 결혼을 말한다는 것이 우스워 보였다. 우리는 그가 파티 석상에서 한 여성에게 다가가, "안녕하세요? 당신은 적당한 결혼 상대인 것 같군요"라고 이야기하는 장면을 그려 보았다.

마크 트웨인은 이렇게 말했다 : "인간적인 것은 모두 애처롭다. 유머의 비밀스런 출처는 기쁨이 아니라 바로 슬픔이다. 천국에는 결코 유머가 없다."

의미 탐구 속에는 유머가 있다. 특별히 그 곳에.

목사

```
┌─────────────────────────────────────────────────┐
│                  존재의 영향                        │
│                                                   │
│        영성적  ──────→  탐  구                      │
│        지성적  ──────→  성  장                      │
│        정서적  ──────→  균  형                      │
│        생리적  ──────→  항상성                      │
└─────────────────────────────────────────────────┘
```

하지만, 존재와 연합된 위험이 무척 큰 반면, 제1장에서 논의했던 삶의 모체 가운데 네번째 항목을 생각해 볼 때, 우리는 존재에게서 얻는 결말이 때로는 위험보다 더 가치 있는 경우가 많다는 것을 알 수 있다. 존재는 영성적 탐구와 지적 성장과 정서적 균형과 생리적 항상성으로 결말이 날 수 있다. 항상성이라 함은 인체의 상호의존적 요소와 기능들이 비교적 안정된 평형의 상태를 이루고 있을 때의 조건을 가리키는 것이다. 그렇다고 해서, 존재가 모든 병에 잘 듣는 만병 통치약이라고 말하는 것이 결코 아니다. 오히려 우리가 말하려는 것은, 소유의 양식보다는 차라리 존재의 양식이 신체와 마음과 영혼이 함께 일할 수 있는 기회를 좀더 자주 누린다는 것이다. 예컨대, 우리가 만약에 청각 장애나 심장병에 걸려 있다면, 우리의 마음과 신체는 마치 문제가 없는 것처럼 무시하기보다는 차라리 힘을 합해서 그 문제를 보상하려고 할 것이다. 신체가 노화됨에 따라서, 우리는 우리 삶의 영성적, 지성적, 정서적 차원을 조정해야 한다. 존재의 양식을 취하는 사람들은 이러한 변천을 위협이라기보다는 좀더 자연스러운 것으로 받아들이는 것 같다.

> ### 심리치료와 존재
>
> **심**리치료의 온전한 목적은 바로 환자에게 어떻게 존재할 것이냐를 가르치는 것이다.
>
> 정신의학자

그리스도교를 하나의 종교로 간주하는 사람들의 시각에도 불구하고, 예수 그리스도에 관한 이야기는 바로 존재―사랑, 돌봄, 나눔, 치유, 고난, 그리고 십자가 죽음―에 열중했던 사람에 관한 이야기이다.

단순한 삶에 관한 <타임> 지의 표지 관련 특집 기사는 이 단순한 삶을 "진행중인 개혁"이라고 이름 짓고, 미국인들은 그런 통찰에 대해 매우 숙련되어 있다고 주장하였다. 그 기사에 따르면, "많은 미국인들이 물질주의 대신에 좀더 단순한 즐거움과 좀더 편안한 가치를 포용하고 있다고 한다. 그런 사람들은 자신의 삶에서 진짜로 중요한 것이 무엇인지를 심각하게 고려해 본 다음, 뭔가 변화를 일으키기로 작정한 사람들이다. 중요한 것은 가족과 친구를 위하여 시간을 내는 것이며, 휴식과 재창조, 선행과 영성을 위하여 시간을 내는 것이다 … 좀더 심오한 의미를 지닌 좀더 단순한 삶을 추구하는 것은 미국의 개인적인 의식에 일고 있는 커다란 변화이다."[16]

프랭크 레버링과 완다 우르반스카는 로스앤젤레스의 시나리오와 신문 잡지 업계의 빠른 승진으로부터 비교적 상처 없이 살아남은 작가들이다. 프랭크와 완다는 <단순한 삶>이라는 책에서, 자신들이 어떻게 모든 것을 소유하는 데 싫증나게 되었으며, 또 어떻게 버지니아 블루 릿쥐 마운틴스의 가족 과수원을 운영하면서 좀더 단순한 삶을 살기 위하여 남부 캘리포니아의 난장판을 떠날 작정을 하게 되었는지를 설명하고 있다. 새 차를 구입하는 대신 낡은 국산차를 계속 타기로 한 것 등, 여러 가지 예를 들어 가면서 그들은 우리에게 존재의 방식을 가르쳐 준다. 그 예 가운데 대부분이 블루 릿쥐 과수원에서 살기에 충분한 행운을 만나지 못한 우리들 대다수에게도 정확히 맞아 떨어지는 것들이다.[17]

제2장에서 언급한 적이 있는 영화 <성촉절>에서 기상 캐스터인 빌 머레이는 이기적이고 자기 중심적인 방식을 버리고, 거지에게 백 달러짜리 지폐를 주고, 고속도로에서 할머니 몇 명을 도와 주고, 피아노를 배우고, 여자 친구와 사랑과 돌봄의 방식으로 관계를 맺은 다음에야 비로소 2월 2일을 뛰어 넘을 수 있게 된다. 머레이의 삶은 그가 존재로 조금씩 변천해 가는 사이에 점점 더 의미 있는 것이 되어 가고 있다.

소유에서 존재로 변천하는 것은 우리들에게 결코 쉬운 일이 아니다. 우리가 예전 방식에 너무 익숙해 있던 터라, 소유라는 게 거의 천부적인 것처럼 보인다. 중년의 한 회계사는 심장 절개 수술에서 무사히 살아남자, 자신의 소유 양식을 비난하고 존재에 전념하겠노라고 선언하였다. "그러나 그 일은 너무도 힘들었다." 그는 이렇게 말했다. "내 친구들은 내가 조금 이상하다고 여기고 있으며, 왜 내가 가족들과 더 많은 시간을 보내고, 일하고 획득하는 데에는 시간을 덜 할애하는지 이해하지 못하는 것 같다."

사회 현상에 순응하는 사람들은 사회 현상에서 도망치려고 하는 사람들에게서 위협을 느낀다. 템포가 빠르고 소비자가 조종하는 우리 사회에서는 존재하기 위하여 비싼 대가를 치러야만 한다. 하지만, 그것은 그만한 가치가 있다!

탐구자의 기도

사랑하는 하나님, 제가 어떻게 존재해야 하는지를 가르쳐 주옵소서!

개인적인 탐구

나를 기다리고 있는 피할 수 없는 죽음 때문에 파괴되지 않고 남아 있을
만한 의미가 내 삶에 있을까?

레오 톨스토이

<나의 고백, 나의 종교, 복음서 개괄>

 우리의 경고에도 불구하고, 세미나와 워크숍에 참석하는 사람 가운데 여러 명이 그 강좌가 끝나면 삶의 진정한 의미를 보여 줄 의미 상자를 받게 되리라는 기대 속에 우리에게 다가온다. 그들은 자신의 고통을 한 번에 낫게 해 줄 즉효약을 찾고 있다. 그리고 "의미 탐구"라는 강좌가 그 즉효약을 나누어 줄 것이라고 여긴다. 1980년대에 여러 명의 정신과 의사와 영성 상담가들이 출판한 심리학 서적들은, 삶에는 세 가지의 손쉬운 단계에서 재빨리 치료되지 않는 고통이나 혼란은 결코 없다고 하는 확신을 우리에게 심어 주었다. 여러 명의 근본주의적 텔레비전 전도사들도 역시 똑같은 것을 우리에게 약속해 주었다.

 그러나, 의미 탐구에는 결코 손쉬운 단계가 없다. 삶이 고통과 곤경으로 가득 차 있는 것처럼, 탐구도 역시 삶에 충만하다. 우리의 강좌를 따라 오기만 하면 모든 것이 드러나는 터널 끝에서 갑자기 의미의 빛이 비치게 될 것이라는 약속을 우리는 해 줄 수 없다. 의미 탐구에는 훈련과 영혼의 탐구와 아주 힘든 작업이 필요하다. 이런 이유 때문에, 제1장에서 대략 설명했던 7단계의 탐구 과정 가운데 세 가지가 매우 특별한 글쓰기 훈련에 연루되어 있는 것이다. 그 세 가지 글쓰기 훈련은 다음과 같다 :

1. 개인적인 역사
2. 개인적인 철학
3. 개인적인 전략 계획

이런 글쓰기 훈련들이 효과적으로 우리익 탐구에 기여할 수 있으려면 집요한 자기 반성과, 우리가 기록하는 것들이 우리 삶의 나머지 부분에 심오한 영향을 미칠 수 있다는 자각이 있어야 한다. 우리는 딱 한 번 살 뿐이다. 우리 삶에서 일어나고 있는 일들과 우리가 미래에 일어나기를 원하고 있는 일들에 깊은 관심을 기울이는 것이 사리에 맞지 않는가? 과거에 일어난 일들은 협상할 수도 없고, 결코 변화시킬 수도 없다. 시계는 계속 돌아가고 있다. 하지만, 우리도 우리 자신의 미래 형성에 도움을 줄 수는 있다.

우리의 탐구를 위한 문제 열 가지

1. 나는 누구인가?
2. 나는 어디로 가고 있는가?
3. 어떻게 내 삶을 일련의 사고들로부터 예방할 수 있는가?
4. 나는 자라서 무엇이 되고자 하는가?
5. 어떻게 내가 타인들, 나 자신, 내 존재의 토대에서 분리되는 것을
   극복할 수 있는가?
6. 소유의 유혹에 저항하기 위해서 나는 무엇을 해야 하는가?
7. 어떻게 존재의 방식을 배우는가?
8. 나는 의미 있는 직업을 찾을 수 있을 것인가?
9. 진정한 공동체를 경험하는 것이 가능한가?
10. 어떻게 나는 행복하게 죽을 수 있는가?

살아온 역사

첫째로, 탐구에 전념하기 전에 먼저 우리는 지금까지의 우리 자신을 주목해야 한다. 이것은 우리가 자신의 삶에서 가장 의미 있는 사건이라고 여기고 있는 것들에 관한 짤막한 역사를 기록하는 일을 의미한다. 그런 역사는 다섯 페이지를 넘기지 말아야 하지만, 우리 삶에서 우리에게 의미를 부여해 준 것으로 여겨지는 사건들을 모두 다 포함해야 한다 : 개인적인 만남, 사랑하는 사람의 죽음, 극심한 실망, 중요한 목적 달성, 자녀의

출생, 신랄한 대화, 예술 작품 감상 또는 자연의 신비로운 감상.

'*개인적인 역사*'를 기록하는 것은 결코 쉬운 일이 아니다—특히 우리의 과거가 차라리 기억 속에서 지워 버리는 것이 더 나을 것 같은 불쾌한 사건들로 가득 차 있을 경우에는 더욱더 어렵다. 육체적으로나 성적으로, 또는 정신적으로 심하게 학대를 받아 온 사람들은 전문가의 도움 없이 개인적인 역사를 기록하는 것이 사실 불가능한 일로 판명될 수 있다. 사실, 심리치료의 주요 목적 가운데 하나가 바로 내담자가 자신의 과거를 이야기할 수 있도록 도와 주는 것이다. 만일 여러분의 역사가 생각해 내기 어려운 일이라면, 여러분 자신이나 여러분의 부모에게 과거를 서술한 편지를 한 통 써 보라. 휴대용 녹음기를 손에 쥐고 숲 속을 거닐면서 여러분의 과거를 자유롭게 연상해 보라.

우리의 개인적인 역사를 기록할 때, 사건을 연대 순으로 열거하는 것은 별로 중요하지 않다. 중요한 것은 우리가 이 사건들의 의미를 해석할 때 정직해야 한다는 것이다. 신중하게 기록한 개인적인 역사는 우리의 개인적인 철학과 전략을 기록하기 위한 토대와 준거 기준을 제공해 줄 수 있다. 신중하게 기록한 개인적인 역사는 우리 삶에서 의미 있었던 모든 일들에 관한 목록을 제시해 준다.

우리의 개인적인 역사를 기록하는 일에는 위험이 따를 수 있다. 과거에 대한 회상은 우리 삶의 여러 측면이 무의미함에 뿌리를 내리고 있다는 사실을 우리에게 상기시켜 준다. 사실, 그런 수필을 쓰는 것은 삶이 부조리하다는 견해를 확신하는 것일 수도 있다. 우리 학생 가운데 한 명은 자신의 개인적인 역사를 기록하는 과정에서, 이제까지 살아 오면서 거의 모든 여가 시간을 소파에 앉아 텔레비전을 보는 데 써버렸다는 사실을 깨닫게 되었다. 그것은 굉장한 자각이었다. 의미 탐구는 종종 우리를 무(無)의 바다로 빠뜨리기도 한다. 하지만, 먼저 우리 자신의 무의미함과 죽음에 맞설 만한 용기를 발견할 수 없다면, 결코 의미를 발견할 수 없을 것이다.

개인적인 철학

우리의 개인적인 역사가 조심스럽게 준비되면, 이제 그 다음의 두 가지 훈련에 착수할 수가 있다 : 우리의 *'개인적인 철학'*과 *'개인적인 전략'*. 개인적인 철학은 우리가 삶을 살아가는 데 최우선으로 삼는 원칙들을 선언하는 것이다. 그런 철학은 우리 존재의 핵심에서 우리 존재의 본질을 이야기하려고 한다. 조심스럽게 시도하기만 한다면, 그런 철학은 우리 존재의 토대를 명확히 하고 우리 영혼의 스냅 사진을 찍어 줄 수 있다.

사람들은 모두 자신의 개인적인 철학을 가지고 있다. 그렇지만 우리 가운데 자신의 철학을 종이 한 장에 적을 만한 시간을 지닌 사람은 거의 없다. 우리의 철학을 기록하는 것은 고통스럽고 힘겨운 일이지만, 탐구 과정에 어느 정도의 도움이 될 수 있다. 우리가 자신의 생각을 종이 위에 기록하지 않으려고 하는 것은, 우리가 누구이며 무엇에 전념하고 있는지를 발견하는 데 대한 우리의 두려움을 반영하는 것일 수 있다.

개인적인 철학은 4가지의 상호의존적인 요소들을 지니고 있다 :

1. 의미감
2. 가치 선언
3. 윤리
4. 사회적 책임 선언

물론, 우리에게 '의미감(Sense of meaning)'이 없다면 개인적인 철학 형성도 불가능할 수밖에 없다. 하지만, 그런 것을 써 보려고 노력하는 행위 그 자체만으로도, 우리의 실존적 불안과 무의미함을 극복하는 데 큰 도움이 될 수 있다. 아마 틀림없이 탐구 그 자체에 의미가 있으며, 기록은 탐구 과정의 결정적인 부분일 것이다.

유익한 출발점은 우리의 개인적인 역사에 포함된 우리 삶의 사건들로부터 출발하여 유력한 의미의 출처들을 깊이 생각하지 않고 모두 다 열거해 놓는 것이다. 또한 우리는 제1장에서 설정했던 삶의 모체들에 관한 네 가지 항목—무의미함, 분리, 소유 그리고 존재—에 대해서 심각하게 고려해 볼 수도 있다. 의미의 선택적 요소들을 총망라했던 최초의 목록으로부터 조금씩 줄여 나감으로써, 우리는 우리에게 가장 의미가 있는 활동과 사건들만 나열된 목록을 만들 수 있다. 이 목록을 들여다 보면서, 가장 많은 의미를 부여해 주는 항목에 관하여 서술해 보라. 의미감의 발달이 끊임 없는 발전임은 말할 필요도 없다. 탐구의 초기 단계에서 우리가 기록하는 것은 모두 시험적인 것으로 간주하여야 하며, 우리의 삶은 변하기 쉬우므로 고치지 않으면 안 되는 것이다. 개인적인 철학에 대한 우리의 선언은 우리의 탐구를 체계화할 만한 효과적인 준거 기준을 마련해 줄 수 있다.

어쨌든 일단 우리의 의미감에 대한 선언을 공식화하기 위한 최초의 노력을 기울인 다음에는, 일련의 개인적인 '*가치*'를 공식화하는 데로 우리의 관심을 돌릴 수 있다. 가치라 함은 우리가 스스로를 판단하게 되는 사회적 원칙 또는 표준을 말한다. 우리의 가치는 우리의 의미감에 깊이 영향을 미치며, 우리의 의미감도 우리의 가치에 깊은 영향을 미친다.

우리의 가치는 삶의 모체에서 논의한 바와 같이, 우리 삶의 영성적, 지성적, 정서적, 생리적 차원의 중요성을 반영해 주어야 한다. 가치 선언에 자주 등장하는 가치로는 정의, 평등, 자유, 사랑, 능률, 성실, 충성, 감사, 선행 그리고 자기 개선 등이 있다. 만일 우리의 가치가 의미감과 일치한다면, 우리는 의미를 탐구할 때 자신을 자세히 조사하기 위한 수단으로 그 가치를 이용할 수 있을 것이다. 다시 말해서, 만일 우리의 행동이 우리의 가치와 정확하게 일치한다면, 우리의 행동을 변화시키려고 할 수도 있으며, 우리의 의미감을 재공식화하고 우리의 가치도 그에 따라 조정할 수 있는 가능성에 대해서 고려해 볼 수도 있다. 나중에, 우리의 개인적인 전략을 기록할 때, 우리가 선언한 가치와 우리가 세운 전략 사이의 불일치점을 찾아 보는 것도 많은 도움이 될 것이다.

우리의 의미감과 마찬가지로, 가치 선언을 집계한 것 역시 발전을 거치게 된다. 말하자면, 우리는 15 내지 20가지 정도의 유력한 가치들에 관한 긴 목록을 작성하는 일에서 출발할 수 있다. 이 가치들 가운데 일부는 서로 중복되거나 모순되는 것일 수 있으며, 우리의 의미감과 맞지 않을 수도 있다. 따라서, 이런 가치들은 우리의 목록에서 삭제할 수 있다. 최종적인 가치 목록은 어쩌면 우리가 진심으로 전념하고 있는 대여섯 가지의 가치만 함유하고 있어야 할지도 모른다. 우리는 모든 사람에게 모든 것인 양 자처하면서도 정작 우리 자신에게는 성실하지 않은 긴 목록을 작성하는 것보다는, 우리가 진정으로 신뢰하는 몇 가지 가치들만 나열한 짧은 목록을 작성하는 것이 훨씬 더 신중한 처사라고 확신한다.

우리의 가치와 의미감은 문제의 핵심에 빛을 비추어 준다. 가치와 의미감은 우리가 어떻게 우리 영혼을 양육할 작정인지에 관한 선언이며, 우리가 살면서 지향하려는 인격에 관한 선언이다. 우리의 개인적인 철학은 우리의 영혼을 갈고 닦기 위한 청사진이다.

'*윤리*'는 인간의 도덕적인 행위와 부도덕한 행위를 만들어 내는 심상(心像)이다. 윤리적인 행위나 비윤리적인 행위를 만들어 내는 것은 우리의 의미감, 우리의 성격, 우리의 습관, 우리의 미덕, 그리고 우리의 개인적인 가치에 달려 있다. 빈센트 배리는 〈사업의 도덕적 쟁점〉이라는 그의 저서에, 몇 가지 윤리적인 원칙들을 요약해 두었다. 그 가운데 몇 가지의 윤곽을 그리면 : 확실히 우리의 윤리적 원칙 선정은 개인적 경험, 종교적 신념, 교육에 따라 이루어진다.

불행히도, 윤리적 원칙들은 종종 완고하고 엄격해서 적용시키기가 어렵다. 예를 들어, 생명이 위급한 상황에서 단 한 사람만을 구할 수 있다고 할 때, 우리의 배우자나 자녀 또는 전혀 우리와 상관이 없는 사람 중에서 과연 누구를 구할 것인지 결정해야 한다면, 어떻게 우리가 황금률(마태복음 7장 12절, 누가복음 6장 31절의 교훈 – 역자주)을 따를 수 있겠는가? 우리는 대개 우리의 행동 원칙을 구성하는 데 관심이 있는 것처럼, 우리 행동의 궁극적 결과에도 관심을 갖게 마련이다.

윤리적 원칙	*행동 규칙*
1. *이기주의*	저마다 가장 오랫동안 관심을 기울일 수 있는 것을 장려하여라.
2. *공리주의*	모든 사람을 위하여 선과 악의 대결에서 선의 비율을 가장 높이 올려라.

3. *상황윤리*　　그리스도교 사랑을 최대한으로 표출하여라.

4. *황 금 률*　　다른 사람들이 너에게 한 대로 너도 그들을 대하라.

5. *지상명령*　　너의 좌우명이 일반 법칙이 되도록 행동하여라.

6. *자유법칙*　　최초에는 사람들이 저마다 모두를 위한 유사 자유와
　　　　　　　　양립할 수 있는 가장 많은 자유를 누릴 수 있는 평등
　　　　　　　　권을 지니도록 실제로 참여하거나 그 영향을 받고자
　　　　　　　　기대했을 것이다.[1]

　　로라 내쉬는 윤리적인 사업 결정서를 제출하는 윤리적 원칙에 대한 흥
미로운 대안을 제시하였다. 이것은 비사업적인 많은 결정서에도 적용시
킬 수 있는 것이다. 그녀는 어려운 윤리적 결정을 해야 하는 경영인들을
돕기 위해 12가지 질문을 던졌다 :

1. 당신은 문제를 정확하게 파악하였는가?

2. 당신이 만약 상대방의 자리에 서 있다면 그 문제를 어떻게 파악했을
　것 같은가?

3. 처음 이 상황이 어떻게 해서 발생하였는가?

4. 한 개인으로서의 충성과 기업의 일원으로서의 충성을 당신은 누구에
　게 그리고 어느 쪽에 바치겠는가?

5. 결정을 내리려는 당신의 의도가 무엇인가?

6. 이 의도와 유력한 결과를 어떻게 비교할 수 있는가?

7. 당신의 결정이나 행동 때문에 누가 상처를 입을 수 있는가?

8. 당신이 결정을 내리기 전에 피해를 입은 당사자들과 그 문제에 대해서 논의해 볼 수 있는가?

9. 당신의 선자리가 오랜 시간이 지난 뒤에도 지금처럼 타당한 것으로 여겨지리라 확신할 수 있는가?

10. 당신의 결정이나 행동을 전혀 주저하지 않고 당신의 상사와 최고 경영자와 중역회의와 가족과 사회 전체에 털어놓을 수 있는가?

11. 만일 이해받게 될 경우, 당신 행동의 상징적 잠재력은 무엇인가? 이해받지 못할 경우는?

12. 어떤 상황에 처했을 때, 당신의 선자리에 이의를 제기하는 걸 허용하겠는가?[2]

내쉬의 12가지 질문을 비사업적인 윤리의 딜레마에 적용시키는 일은 언뜻 보기에 간단해 보일 수 있다. 하지만, 그것이 우리의 결정에 토대가 될 만한 정보를 제공해 주는 정도는 엄청나다. 또한 이 질문들에 대한 해답보다는 차라리 이 질문들에 대답하는 과정 자체가 훨씬 더 중요할 수도 있다. 미국 가톨릭 주교들은 국가의 경제 정책을 평가하기 위하여 세 가지 질문을 제기한 바 있다. 이 질문들은 국가 경제 이외의 분야에도 역시 적용이 가능하다. 그 내용을 살펴 보면 다음과 같다 : 그 정책이 국민을 위해 하는 일은 무엇인가? 그 정책이 국민에게 하는 일은 무엇인가? 국민이 그 정책의 이행에 참여하는 방법은 무엇인가? 기업 경영, 교육 제도, 병원, 교회, 유대교 회당, 정부, 심지어는 가정에까지도 이와 똑같은 질문을 던질 수가 있다. 정치 이데올로기와는 전혀 상관 없이, 이 질문들을 폭넓은 윤리적 문제들에 적용시키는 데 대하여 비난할 사람은 아무도 없다. 물론, 아주 정확한 자신의 윤리적 행동 법칙을 추구하고 있는 사람들의 경우에는, 이 주교들의 세 가지 질문이 매우 부적절한 것일 수 있을 것이다. 하지만, 그 질문들은 우리에게 우리 행동의 원인과 결과를 지적해 주는 진가를 발휘할 수 있다.

이런 식으로 *개인적인 철학*에 접근하는 방법 – 가치들의 목록을 작성하고, 윤리를 일련의 질문들, 부적절한 정보를 수집하는 데 대한 문제로 설명하는 것 – 이 안고 있는 약점은 바로 우리가 분리되어 보이는 추상적인 가치와 원칙과 생활 철학을 세우게 된다는 것이다. 삶이란 그저 분리된 윤리적 난관들로 이루어진 것이 결코 아니다. 우리가 결정을 내리고 행동에 옮길 때, 우리의 영혼은 더욱더 정교해진다. 우리는 내부분 어떤 '가치'에 그저 찬동하고 마는 개인들보다 훨씬 더 복잡한 존재이다. 우리는 저마다 성격을 지니고 있다. 우리는 저마다의 역사를 지닌 개인들이며, 책임과 전망과 습관으로 뒤얽혀 있는 개인들이다. 어쩌면 우리가 지니고 있다고 여겨지는 가치들보다는 차라리 우리가 일구어 가려는 미덕들의 목록을 작성하는 것이 더 나을지도 모른다. 자신이 70세가 될 때까지 누구를 닮았으면 좋겠다고 생각하고 있는가?

그러므로, 여러분의 개인적인 철학을 서술하는 과정에서 최선의 상태에 있는 자신을 (그리고 언젠가 최선의 상태에 있게 되기를 원하는 자신을) 서술하여 보라. 우리의 개인적인 철학은 결코 추상적이거나 존경할 만한 미덕들의 쇼핑 목록이 아니다. 오히려 개인적인 철학이란 여러분을 일관성 있고 총체적인 훌륭한 사람으로 만들어 주는 습관, 책임, 도덕적 전망, 세련된 미덕 등을 서술하는 것이다. 일단 일련의 가치와 윤리적 원칙들, 우리의 성격에 대한 묘사를 끝마치고 난 다음에는 어떤 방식으로 그것들을 우리의 부모와 친척, 배우자, 자녀, 친구, 적, 동료, 정부, 그리고 사회 전체에 적용할 수 있을까? 우리가 *사회적 책임*을 선언하는 것은 바로 이런 이유에서이다. 그런 선언은 우리가 직접적으로나 간접적으로 부딪치는 다양한 사람들에게 부여하는 상대적 우선권을 가려 내려는 시도이다. 우리는 그저 우리의 육친이나 지역 공동체의 구성원들하고만 연결되어 있는 것일까? 우리는 아프리카나 아시아나 라틴 아메리카에 사는 우리보다 불행한 사람들에 대해서 어떤 책임감을 느끼고 있나? 만일 우리가 오직 우리 자신에게만 책임을 지는 무인도에 살고 있다고 가정할 경우, 과연 우리가 의미를 발견할 수 있을까?

많은 미국인들이 진정으로 소수민들과 가난한 이들과 불우한 이들의 복지 문제에 관심을 쏟았던 1960년대와는 대조적으로, 1980년대에 들어서서 우리의 관심은 우리 자신과 우리의 육친에게로 줄어들고 말았다. 로버트 벨라가 <마음의 습관>에서 지적한 바와 같이, 우리의 관심은 사회

적 가치와 공동체적 가치에서 벗어나 개인주의와 이른바 가족 가치라고
불리우는 것에게로 옮겨 갔다. 공동체적 가치와 사회적 가치에 대한 관심
은 이제 사회주의와 동일한 것이 되어 버렸으며, 어떤 희생을 치르더라도
반드시 회피해야 하는 것이 되고 말았다.

우리는 개인적인 철학의 구성 요소들을 향해 나아가는 길목에서, 제1
장의 삶의 모체에서 그 윤곽을 그렸고, 제2장부터 제5장까지 좀더 상세
하게 설명했던 의미의 상태에 관하여 자주 언급해야 한다. 우리의 삶은
어느 정도로 무의미와 분리를 포함하고 있는가? 우리는 태만 때문에 소
유의 삶에 빠지지 않았는가? 우리는 자신의 의미와 가치와 윤리와 사회
적 책임을 표명할 만한 용기를 지니고 있는가? 우리의 철학은 바로 우리
자신의 것인가, 아니면 거짓 자기나 부모나 자녀나 배우자나 친구나 성직
자나 신을 감동시키고 즐겁게 해 주려는 시도인가?

개인적인 전략

우리의 개인적 역사 수필은 우리의 탐구가 어디까지 와 있는가를 보여
주었다. 우리의 개인적인 철학은 우리가 누구인가를 똑똑히 가르쳐 주었
다. 이제 다음 문제는, 우리가 자라서 무엇이 되고자 하느냐이다. 이 문제
는 우리를 탐구 과정에서 세번째로 기록된 연습 – '*개인적인 전략 계획*'
의 공식화 – 으로 이끌어 준다.

```
┌─────────────────────────────────────────────────────┐
│                      계 획                            │
│                                                       │
│  계획은 절대로 정밀 과학이 될 수 없다.                 │
│  하지만 계획은 미지의 것들에 대한 조그마한 모험일 수 있다. │
│  미래는 움직이는 표적이다.                             │
│  계획은 우리의 목표를 수정할 수 있다.                  │
│                                         아이비엠       │
└─────────────────────────────────────────────────────┘
```

전략적 계획은 우리의 삶을 담은 커다란 계획의 청사진이다. 우리는 삶의 의미를 탐구해 나가는 과정에서 이 청사진을 따라 가면 된다. 대다수의 기업 경영인들이 장기간의 전략적 사업 계획을 작성하는 것이 유용하다고 판단한 것과 같이, 우리 역시 우리 자신의 삶에 그와 유사한 계획을 적용함으로써 이익을 얻을 수 있다. 이것은 바로 M. 스코트 펙이 추천한 '지도'와도 일맥 상통하는 것이다. 개인적 전략 계획의 목적은 미래에 우리 삶의 영성적, 지성적, 정서적, 생리적 차원에 영향을 미치게 될 현재의 결정들을 우리가 내릴 수 있도록 도와 줄 만한 하나의 과정을 우리에게 제공해 주는 것, 그리고 엄청나게 많은 위험과 불확실함 때문에 우리의 환경이 특징지어질 경우에도 우리가 결정을 내릴 수 있도록 도와 줄 만한 하나의 과정을 제공해 주는 것이다. 개인적인 전략 계획은 우리의 개인적인 강함과 약함에 비추어 우리의 장기적인 목표와 목적들을 성취하는 것을 목적으로 하는 일련의 개인적인 전략들, 그리고 우리의 외부적 환경에 관한 일련의 가정들을 공식화하고 분석하고 이행하는 것이다.

사람들은 대체로 자기 삶에 대한 통제력을 상실하게 될까 봐 두려워서, 그 어떤 형태의 계획에 대해서도 반감을 표시하는 경향이 있다. 하지만, 이것은 그릇된 인식이다. 실제로 계획은 불확실한 개인적, 경제적, 정치적 사건들을 예상하고 그 사건들이 우리의 삶에 미치는 영향력을 여전히 우리가 좌지우지할 수 있도록 만듦으로써 우리 삶에 대한 통제력의 강도를 높여 준다. 또 어떤 사람들은 계획을 종이 위에 적는 순간 자신의 목적의 얄팍함이 고통스럽게도 여실히 드러나기 때문에 당황하게 될까 봐 계획을 회피하기도 한다.

개인적인 전략 계획 과정은 다음의 다섯 가지 요소를 포함하고 있다.

1. 외부 환경
2. 상황 평가
3. 목적
4. 목표
5. 전략

우리는 앞으로 10년 동안 우리의 삶에 영향을 미칠 것으로 보이는 주요한 '*외부 세력들*'에 대한 예측—되도록이면 다각적인 예측—으로 우리의 전략적 계획 과정을 시작하게 된다. 이 외부 세력들에는 개인적, 가정적, 경제적, 정치적, 사회적, 문화적, 환경적 요소들이 있을 수 있다. 어떤 사람들은 이러한 외부적 세력들에 대한 낙관적인 시나리오와 비관적인 시나리오와 "가장 그럴싸한" 시나리오를 구성하는 것이 유용하다는 점을 알게 된다. 또 어떤 사람들은 자신의 외부 환경에서 지금 무슨 일이 벌어지고 있든지 간에 예측 가능한 미래는 여전히 계속될 것이라고 추측하는 경향이 있다. 그러나, 이것은 좀처럼 있을 수 없는 일이다. 예를 들면, 1980년대에 듀크 대학교의 푸콰 경영학부에 참가했던 경영 관리학 석사과정 학생들은 자신의 개인적인 전략 계획을 세울 때마다 늘 레이건 시대의 경제적 번영이 영원히 계속되리라고 생각했었다.

외부 환경을 예측함으로써 우리가 성취하려는 것은 바로 앞으로 10년 동안 세상이 나아가게 될 방향으로 분별 있게 한 걸음 내딛는 것이다. 우리는 안정된 가정 생활을 누리게 될까, 우리는 전쟁을 겪게 될까, 아니면 평화와 번영을 누리게 될까, 안정된 경제적 성장이 올까, 아니면 불규칙적인 경제적 파동이 올까, 우리의 삶은 지금보다 더 단순해질까, 아니면 훨씬 더 복잡해질까, 폭력의 양상은 여전히 계속될까?

개인적 계획에 대하여

당신에게 삶의 계획이 없다는 것은 곧 당신의 실존을 상처 입게 내버려 두는 것이다.

어빈 D. 얄롬

<니체가 울었을 때>[3]

우리의 개인적인 역사를 똑바로 들여다 보고, 나아가 우리의 철학을 선언한 다음에는, 우리의 '상황', 우리 자신의 개인적인 강점과 약점을 평가하는 일에 착수한다. 우리에게 유리한 점은 무엇이고, 우리에게 불리한 점은 무엇일까? 다시 말해서, 우리가 제기해야 할 문제는 어떤 것들이 있을까? 자신의 장점들을 열거하는 데 어려움을 겪는 사람은 거의 없다. 하지만, 자신의 결점들에 직면하는 일은 더더욱이나 고통스럽다. 전략적인 계획 과정 가운데 이 단계에서 특별히 중요한 것은 바로 정직함이다.

그러면 잠시 이 곳에서 제3장의 자유와 운명에 관한 논의로 되돌아가 보자. 외부 환경이나 우리의 강점과 약점은 모두 우리 삶에 주어진 것들이다. 그것들은 우리의 숙명이라고 볼 수도 있다. 최소한 단기적인 관점에서 보면, 외부 환경이나 우리의 개인적인 자질을 변화시킬 수 있는 능력은 극히 한정되어 있다. 그렇지만 긴 안목으로 보면, 우리의 성격을 조절할 수도 있고 우리 가족이나 지역적 정치 상황과 같은 우리의 외부 환경에 대항할 수도 있다.

개인적인 '목적'이라 함은 우리의 개인적인 철학, 우리의 강점과 약점, 외부 환경에 관한 우리의 예측에 비추어서 우리의 삶을 긴 안목으로 이끌어 가려는 방향을 일반적으로 일컫는 말이다. 개인적인 목적은 우리가 이루려는 바람직한 존재의 미래상을 가리킨다. 보통 목적은 양적이기보다는 기술적이며, 목표 도달 시기를 따로 정해 놓지 않는다. 개인적인 목적의 예를 들면, 충족된 결혼 생활 누리기, 재정적 독립을 성취하기, 행복한 죽음을 맞이하기 등이 있다. 우리는 저마다의 목적을 품고서, 숙명을 운명으로 바꿀 수 있는 자유를 쟁취하기 위하여 노력하고 있는 중이다.

한편, 개인적인 '목표'는 목적보다 훨씬 더 특정한 것이다. 개인적인 목표란 한정된 기간 안에 실현해야 하는 특정한 성취 대상을 가리키는 말이다. 목표는 종종 수량화되기도 한다. 우리가 특정한 수치의 목표와 그 목표를 이룰 시기를 정할 준비가 되어 있느냐의 여부는 곧 우리가 얼마나 우리의 개인적인 전략 계획에 몰두하고 있느냐를 여실히 보여 주는 증거인 셈이다. 특정 기간 내에 이루어야 하는 특정한 목표들을 전혀 포함하지 않은 개인적인 계획은 가짜이다. 그저 시간과 정력만 낭비할 따름이다. 목표는 목적을 이루기 위해 나아가는 과정의 수준점이나 마찬가지이다. 2년 안에 결혼할 만한 상대를 발견하는 것도 한 가지 목표일 수 있다. 계획된 날짜까지 계획한 만큼의 수입이나 재정적 이득을 얻어 내는 것도 목표일 수 있다. 법대나 의대를 서른 살까지 졸업하는 것 또한 한 가지 목표일 수 있다. 분명한 것은, 재정적인 목표나 전문적인 목표보다도 정신적인 목표나 정서적인 목표를 달성하는 일이 훨씬 더 어렵다는 것이다.

목표는 우리가 목적을 어느 정도나 성취했는지를 평가할 수 있는 척도이다. 예를 들면, 재정적 안정이 우리의 목적일 경우 마흔 살까지 한 해에 8만 달러의 수입을 거두는 것이 우리의 목표일 수 있다. 또한 자녀들과 행복한 가정을 꾸미는 것이 우리의 목적이라면, 이 목적을 이루기 위하여 장기적인 결혼 생활의 목표들을 추구할 수 있다.

우리가 자신의 개인적인 목표와 목적을 달성하느냐 못하느냐는 외부 환경, 우리의 강점과 약점, 우리가 바라는 것을 얻기 위해 취하는 행동에 달려 있다. 이 행동을 가리켜 이른바 '전략'이라고 부른다. 전략은 우리의 목표와 목적 달성을 지표로 하는 활동들을 통틀어 가리키는 말이다. 우리의 시간과 돈과 그 밖의 자원들을 어떤 식으로 사용하느냐 하는 것이 바로 전략이다.

대체로 사람들은 전략과 목표, 목적을 곧잘 혼동한다. 예를 들면, 별장을 사는 것은 하나의 전략이다—하나의 활동이다. 그리고 15만 달러짜리 별장을 살 수 있을 정도의 돈을 모으는 것은 하나의 목표이다. 또한 학교를 졸업해도 된다는 허가를 받는 것이 하나의 전략이라면, 박사 학위를 취득하는 것은 하나의 목표이다. 교회에 나가는 것, 동호회에 참석하는 것, 운동과 독서, 그리고 우리 손에 넣을 수 있는 것들을 구입하는 것 등도 역시 전략에 속한다. 이러한 전략을 목표나 목적과 혼동하는 것은 그저 단순한 의미론상의 문제가 아니다. 오히려 이것은 우리가 원하는 바(목표와 목적)와 그 원하는 바를 얻기 위한 방법(전략) 간의 차이점을 전혀 모르고 있다는 사실을 시사해 주는 것이다. 우리의 삶 속에는 전략이 지향하고 있는 무언의 목표와 목적을 전혀 고려하지 않은 채 일련의 단순한 전략적 행동만 취하는 경우가 너무도 비일비재하다.

　목적과 목표와 전략의 공식화에 대한 접근은 우리의 개인적인 철학을 고안하는 데 사용된 접근 방법과 아주 유사하다. 예를 들면, 우리는 우선 25 내지 30가지의 목적을 목록으로 작성한 다음에, 그것들을 좀더 압축하여 6가지쯤으로 줄여 나갈 수 있다. 보통 목표와 목적을 조화시키는 것은 올바른 일이지만, 전략들을 하나의 목적과 연결시켜 생각하는 것은 뭔가 부자연스러운 일이다. 전략들은 종종 여러 가지의 목적과 목표에 두루 영향을 미친다. 그렇지만 최소한 하나의 전략은 저마다의 목적과 목표에 연결되어야 한다. 우리의 전략적 계획이 다루기 쉬운 것이 되려면, 전략의 숫자가 여섯을 넘어 서지 말아야 한다.

　만일 우리의 궁극적인 목적이 카뮈의 주장대로 행복한 죽음을 맞이하는 것이라고 한다면, 개인적인 전략 계획의 공식화는 두려운 책임이 될 것이다. "나의 목적과 전략은 모두 행복한 죽음과 일치하는가?" 이러한 질문은 우리들 저마다에게는 매우 예리한 질문이다. 나의 전략적인 계획은 나의 영혼을 갈고 닦기 위한 나의 계획이 될 것이다. 나는 스스로가 좋아서 만들어 낸 무인도에서 홀로 행복하게 죽을 수 있을까? 행복한 죽음을 위해서는 공동체가 필수적 조건인가? 만일 내가 오늘 하루만 나 홀로 살게 된다면, 과연 행복한 죽음을 맞이할 수 있을까?

45세 여성을 위한 전략적 계획

목적

1. 내 남편의 정체성과는 독립된 나 자신만의 정체성을 확립하기
2. 자녀들의 대학 학자금 조달을 거들기
3. 집 밖에서 뭔가 의미 있는 형태의 직업을 구하기
4. 남편이나 자녀들과의 관계를 개선하기
5. 내 삶의 의미를 찾아 내기

목표

1. 앞으로 5년 동안 재정상으로나 감정상으로나 내 남편에게 의존감을 덜 느끼기
2. 3년 안에 자기 충족적인 직업을 얻어 매년 25,000달러의 수입을 벌어 들이기
3. 남편이나 자녀들과 벌이는 힘 싸움의 빈도를 한 달에 한 번 쯤으로 줄이기
4. 47세가 될 때까지 자녀에 관한 걱정의 정도를 낮추고, 나 자신의 자존감을 크게 개선하기
5. 폐경기를 잘 넘기기

전략

1. 심리치료사의 충고를 이따금씩 경청하기
2. 재교육 과정을 일부 지내고 교육자의 자리에 지원하기
3. 교제를 맺기에 합당한 신앙 공동체를 찾으려고 노력하기
4. 지역사회에 있는 대학의 미술과 음악 감상 프로그램에 등록하기
5. 철학과 종교와 심리학에 관한 일부 교양 서적을 읽기

22세 남성을 위한 전략적 계획

목적

1. 나의 분석적 기술과 인간 관계 기술을 사회의 이익을 위해 사용할 수 있을 만한 의미 있는 직업을 찾아 내기
2. 가정을 이루기
3. 가족을 부양하기에 충분한 수입을 벌어 들이기
4. 돌봄 공동체 속에서 생활하기
5. 행복한 죽음을 맞이하기

목표

1. 3년 동안 제3 세계 국가에서 가난한 아이들을 돌보면서 의사의 보조원으로 일하기
2. 26세가 될 때까지 공중 위생 기관에서 특수 훈련을 쌓기
3. 27세가 될 때까지 결혼할 수 있으리라는 희망을 안고서 크리스틴과의 관계를 잘 다지기
4. 35세가 되기 전에 두 명의 자녀를 낳기
5. 35세가 되었을 때 통틀어 45,000달러의 연간 가족 수입을 올리기
6. 앞으로 15년 동안 입원하지 않기
7. 최소한 50명 이상과 친밀한 공동체 의식을 나누기

전략

1. 평화 봉사단이나 그에 상응하는 국내 단체에서 일자리를 얻어 가난한 아이들과 함께 일하기

> 2. 공중 위생 기관에서 석사 학위를 취득하기
> 3. 공동체 의식이 강한 작은 도시나 마을에 위치해 있는 지방 보건
>   소에서 일자리를 얻기
> 4. 내 가족과 내 공동체, 그리고 내 영혼의 돌봄과 양육에 유용한 시
>   간을 마련하기

위에서 예를 든 45세 여성과 22세 남성의 전략적 계획은 그들 저마다
가 "중요하게 여기는 상대방"의 계획과 전혀 무관한 것이 아니다. 장기적
인 관계를 맺고 있는 부부라면, 연합적인 전략 계획을 세우고 싶어할 수
도 있다. 그런 관계를 맺고 있는 개개인은 자기 파트너와 무관한 자기 자
신만의 전략적 계획을 준비하는 일에서부터 출발할 수가 있다. 이 과정에
서 가장 곤란한 일은 바로 두 부부를 동시에 만족시킬 수 있을 만한 통합
적인 계획을 세우는 일이다. 모든 부부가 다 그런 연합적인 계획을 합의
하여 결정하는 일에 필요한 의견 교환 작업을 참아 낼 수 있을 정도로 튼
튼한 관계를 맺고 있는 것은 아니다. 어떤 경우에는 두 부부의 목표와 목
적과 전략이 서로 너무도 안 맞아서 전문가의 상담을 받지 않고서는 도저
히 통합적인 계획을 세울 수 없을 때도 있다. 좋든 싫든 간에, 그러한 계
획 수립 과정은 두 부부로 하여금 저마다의 카드를 상대방이 볼 수 있도
록 테이블 위에 펼쳐 놓도록 만든다. 이러한 연합적인 전략 계획 수립으
로 인한 스트레스를 잘 이겨 낸 부부의 관계는 마침내 좀더 참을성 있는

관계로 발전하게 된다.

많은 사람들이 자신의 전략적 계획을 기록하기 위한 준비 단계에서 특별히 유용하다고 느꼈던 책 두 권을 소개하자면 바로 롤로 메이의 <자유와 운명>과 M. 스콧 펙의 <덜 지나간 길>이다. 메이는 우리가 원하는 바(우리의 목적과 목표)와 우리의 삶에 주어진 것들(외부 환경과 상황 평가) 사이의 차이를 어떻게 해결할 수 있는가에 관하여 건전한 충고를 제시하고 있다. 그의 책을 읽고 나면, 우리는 우리의 '운명'(외부 환경과 우리의 강점과 약점)에 맞설 수 있는 우리의 '자유'(목적과 목표와 전략의 선택)를 행사할 수가 있을 것이다. 또한 펙의 베스트셀러 중에서 훈련에 관한 장을 들추어 보면, 자신의 삶을 계획하는 일에서 어떤 선택들을 할 것인가에 관한 다정하고도 겸손한 안내를 받을 수 있을 것이다.

무엇보다도 먼저, 우리의 철학과 전략을 기록하는 일에 가장 필요한 것은 바로 펙이 "진실에 헌신하기"라고 부르는 것 또는 개인적인 정직함이다. 만일 하나의 철학이나 전략이 진실되지 못한 허위 진술이라면, 굳이 철학이나 전략을 기록하기 위해 애쓸 필요가 뭐 있겠는가? 우리는 지금 누구를 속이려고 애쓰고 있는 것인가? 우리 자신인가?

우리의 개인적인 철학이나 마찬가지로, 우리의 전략적인 계획 역시 자주 갱신하지 않으면 안 된다—적어도 해마다 한 번씩은 바꾸어 주어야 한다. 우리의 의미감과 가치가 발전하고 성숙해 감에 따라서, 우리의 전략적인 계획도 조정하고 싶어질 수 있다. 우리의 현재 상태와 우리가 되고 픈 존재 상태에 변화가 생기면 그것을 전략적 계획에도 반영하고 싶어질 것이다. 우리 영혼의 돌봄과 양육은 하나의 연속적인 과정이다. 그러기에 우리의 전략적인 계획 역시 다시는 읽어 보지도 않게 될 그런 순간적인 노력이 아니라 정말 생생하게 살아 숨쉬는 기록이 되어야 할 것이다.

제7장

공동체를 향한 갈망

> 미국이 갈망하는 것은 더욱더 많은 물질이나 권력이 아니라 삶의 양식,
> 우리가 공동체라고 부르는 사람들 사이의 유대감 회복, 개인의 소유물보다
> 는 바로 그 개인을 가치 있게 여기는 철학, 소속감, 그리고 목적과 진취적
> 정신의 공감대 형성이다.
>
> 리처드 N. 굿윈
> <당신은 목련을 먹을 수 없다>에서 "재건의 끝"

사람이 살지 않는 섬에 관한 이야기를 듣고서 학생 한 명이 이렇게 말
했다. "석 달만 지나면 전 완전히 미쳐 버릴 거예요. 인간 관계를 맺을 수
없다면 삶이란 게 아무런 의미도 없는 거잖아요?" 대도시에서 수백 수천
의 군중과 섞여 살면서도 자신이 혼자 분리되어 있다고 느끼는 사람들은
삶이란 게 정말 견딜 수 없는 것이라고 여기는 경우가 많다. 알베르 카뮈
는 "세상을 환히 비추어 주고 또 참을 수 있게 만드는 것은 바로 우리가
세상과 결합되어 있다는―좀더 상세히 말하자면 우리가 인류와 연결되어
있다는―습관적인 느낌"이라고 말한 바 있다.[1]

삶이란 고독한 실존주의적 의미 탐구가 아니다. 삶은 오히려 바깥 세상을 향한 머나먼 여행을 요구한다. 그 누구도 "혼자서 살아갈" 수는 없다. 우리는 공동체에 대한 끊임없는 동경—다른 사람들과 의사 소통을 하고픈 절실한 욕구와, '나'에서 '우리'로 용기 있게 나아가고픈 절실한 욕구—으로 고뇌에 시달리는 존재이다.

비록 우리 모두가 공동체에 대한 목가적인 꿈을 꾸고 있기는 하지만, 그래도 실제적인 공동체를 체험하는 사람은 극히 드물다. 공동체란 과연 무엇일까? 우리는 한 특정한 집단이 공동체인지 아닌지를 어떻게 알 수 있을까? '공동체란 참여 수단을 통하여 서로의 정신과 육체와 마음과 영혼을 돌보고 양육하기로 약속한 자유로운 사람들의 동아리이다.' 우리는 저마다 분리되어 있기 때문에 결코 온전히 다른 사람의 고통이나 기쁨을 같이 할 수는 없다. 하지만, 공동체를 통하여 우리는 우리 자신의 준거 기준을 잠시 중단하고 다른 사람의 영성적, 지성적, 정서적 세계를 마주함으로써 그들의 의미 추구를 마치 나 자신의 것처럼 느낄 수가 있게 된다.

인간 존재의 목적

···**반**사회적이고 파괴적인 본능의 유산으로부터 스스로를 해방시키기 위하여 부단히 내적 투쟁을 수행하고 있는 자유롭고 행복한 사람들로 구성된 공동체를 만든다는 목적···.

알베르트 아인슈타인[2]

공동체 형성의 기회

비록 개개인이 모여 공동체를 형성할 수 있는 기회는 끊임없이 주어지지만, 이러한 결연이 매우 오래 견디는 진정한 공동체의 설립으로 이어지는 경우는 극히 드물다. 수많은 이웃과 교회와 시민들의 모임과 학교와 공제 조합들이 생겨나지만, 결국은 구성원들 사이에 진정한 의사 소통이 이루어지거나 현실적인 연대감이 깃들어 있는 참된 공동체가 되지 못하고 다들 사라져 버리는 것이다. 수많은 조합들과 동호회들이 존재한다는 것은 곧 심리학자인 에이브러험 매슬로우가 말한 인간 욕구의 5대 범주와 정확히 일치하는 것이다 : (1) 생리적 요구(음식, 물, 그리고 은신처), (2) 안전(경제적 보장과 상해나 질병으로부터의 돌봄), (3) 사회적 수용(사랑, 소속감, 그리고 집단 가입), (4) 자존감(특권, 권력, 그리고 인정), (5) 자기 실현(자신감, 능력, 그리고 성취).

흥미롭게도 매슬로우는 "사회적 수용," 곧 공동체에 대한 욕구를 자신이 수립한 욕구 체계의 제3 범주에 넣었으며, "자기 실현"은 5대 범주의 정점에 올려 놓았다. 그렇다면 과연 우리 자신의 자기 실현이 가장 중요한 인간의 도달 목표일까? 꼭 그렇지만은 않을 것이다. 우리는 근본적으로 개별화된 문화 속에서 살고 있다. 그리고 그 문화는 마치 우리의 초연한 자기를 돌보고 양육하는 것보다 더 중요한 인생 목표는 결코 없다는 듯이 행동하려는 경향이 있다. 하지만, 이런 "자기(self)", 다시 말해서 다른 사람들과 동떨어져서 전혀 관계도 맺지 않는 자기란 것이 도대체 있을 수 있는 것일까? 어쩌면 참다운 공동체야말로 우리가 가장 도달하기 어려운 최고 목표가 아닐까?

고대의 부족과 씨족과 군대와 마을들은 원래 적대적인 이웃들의 약탈과 야생 동물들, 자연과 기아로부터 그 구성원들을 보호하기 위해 존재했다. 하지만, 우리는 우리의 영적인 욕구를 충족시키기 위하여 교회와 유대교 회당과 그 밖의 종교적 단체들을 결성한다. 또한 우리의 지적, 교육적 욕구를 충족시키기 위하여 우리는 초중고와 단과, 종합 대학에 다닌다. 엄청나게 많은 집단이 우리의 다양한 욕구를 만족시키기 위해 생겨난다. 그러나, 이 많은 집단 가운데 공동체를 향한 우리의 간절한 갈망을 채워 줄 만한 집단이 과연 몇 개나 있겠는가?

적어도 이론적으로는 어떤 집단이든—가족, 이웃, 마을, 읍, 도시, 교회, 학교, 저마다의 직장, 국가, 심지어는 이 행성 자체까지도—공동체가 될 수 있다. 하지만, 실질적으로는 이런 일이 좀처럼 일어나지 않는다. 왜 이렇게 공동체가 드문 것일까? 한 단체가 공동체로 진화하는 데에는 무엇이 필요할까? 공동체의 기준은 과연 무엇일까?

공동체의 기준

개개인들의 집합적인 모임이 공동체인지 아닌지를 결정짓는 궁극적인 판단 기준은 바로 '*그 모임의 구성원들이 진지하게 서로의 복지에 대해 관심을 갖고 있는가의 여부*'이다.

몇 년 전에 사회학자인 피터 버거는 우리가 이전에 진정한 공동체라고 알고 있었던 것의 대체물로 떠오르고 있는 현대 미국 내 "생활 양식의 요새"에 관하여 언급한 바 있다. 생활 양식의 요새(要塞) 안에서, 구성원들은 공통의 관심사를 근거로 하여 모여 든다. 다른 사람의 의미감을 이해하려는 노력은 거의 기울이지 않는다 ; 오히려 생활 양식의 요새 안에 모여 든 구성원들은 주기적으로 그들을 엮어 주는 여러 가지 경험이나 욕구를 지닌다. "할리−데이빗슨 공동체", "에어스트림 트레일러 공동체", "사업 공동체", "동성 연애자 공동체", 이런 것들은 모두 "공동체"라는 것이 그저 "생활 양식의 요새"를 지칭하는 수단에 불과하다는 사실을 잘 보여 주는 예이다. 이런 생활 양식의 요새가 제공해 주는 내면 세계는 '공동체'라고 부르기에는 부족한 점이 많다. 그런데도 우리는 사실 온갖 사람들의 모임을 다 "공동체"라고 지칭함으로써, 진정한 공동체에 대한 추구를 면하려 든다.

예를 들면, 교회나 유대교 회당에서는 진실로 그 구성원들이 다른 이들의 복지에 관심을 갖고 있나? 회중이 된다는 것은 어쩌면 더욱 나은 사회적 지위와 정치적 인기와 재정적 이득을 차지하기 위한 입장권에 불과한 것이 아닐까? 높은 수익을 올리고 있는 도시 주변의 몇몇 교회들은 그 지역 컨트리 클럽의 영적 부속물에 지나지 않는다. 그런 교회들은 일반적으로 컨트리 클럽이 미처 해 주지 못하는 일들 ─ 결혼 예식, 세례 예식, 장례 예식 같은 일들 ─ 만을 대신 해 줄 수 있을 뿐이다. 그런 교회들이 어린이나 성인의 믿음을 키워 주는 교육 프로그램을 실시하는 일은 거의 없다. 그런 교회의 회중은 교회 이외의 것들과는 일체 접촉을 하지 않는다 ─ 특히 도시의 내면 세계와는 더더욱 접촉하기를 피한다. 그런 교회의 구성원들은 자기 자신 외에는 그 누구에게도 얽매이지 않는다. 교회는 이렇게 해서 스스로를 소모하는 개개인들의 집성체인 자기 중심적 문화 속에서 소유의 양식을 취하는 또 다른 생활 방식에 지나지 않게 되는 것이다.

'*공유된 가치*'와 '*공통의 목적*' 역시 공동체의 중요한 특성이다. 비록 어떤 이들은 시민들의 모임에 주마다 참석함으로써 친교를 누릴 수 있을지도 모르지만, 자기 영혼을 돌보고 양육하는 일을 로터리 클럽에 기꺼이 맡기는 사람은 극히 드물다.

협동, 신뢰, 인간적 공감은 공동체의 형성과 생존에 필수적인 공유된 가치에 속한다. 그러나, 그런 가치를 집단의 생활 양식으로 통합하는 것은 시간이 오래 걸리는 버거운 작업일 수 있다. 이런 가치를 채택한 스위스와 오스트리아의 고산 마을들도 하룻밤 사이에 갑자기 공동체가 된 것이 결코 아니다. 오히려 그 마을들은 수백 년에 걸쳐서 발전을 거듭해 왔다. 우리는 M. 스코트 펙이 공동체에 관한 두 권의 저서, <다른 드럼>과 <태어나기를 기다리는 세계>에서 펼친 주장에 대해 회의적이다. 그의 주장에 따르면, 주말의 공동체 형성 워크숍을 통하여 30 내지 60명 정도의 집단을 공동체로 이끄는 것이 가능하다고 한다. 우리는 즉석 공동체를 건설하는 것과 같은 그런 시도의 결과는 영속적인 공동체보다는 차라리 거짓 공동체─공동체인 척하는 ─가 될 가능성이 더 크다고 본다. 공동체를 이루는 데 지름길이란 결코 없다. 우리는 모두 공동체를 원한다고들 말하지만, 과연 공동체가 필요로 하는 시간과 정력을 쏟으면서까지 위험을 감수할 만한 용기 있는 사람이 몇 명이나 될까?

진정한 공동체는 존재에 관심을 갖는다─결코 소유가 아니다. 진정한 공동체의 구성원들은 소유와 조종과 통제와 점유보다는 나눔과 돌봄과 사랑에 더 관심을 쏟는다. 구성원들이 저마다 공유된 가치와 공통된 목표에 대하여 원활하게 '의사 소통'을 하고 '책임적 결단'을 하는 것이야말로, 한 공동체의 안정도에 결정적인 역할을 한다. 공동체의 생존은 저마다의 구성원들이 자기 자신을 상대방에게로 확장시켜 나갈 수 있는 능력에 따라 크게 좌우되는 법이다.

신비스런 이야기

머나먼 나라에 사는 한 왕자가 백성이 완벽한 공동체 – 서로 돕고 사는 공명정대한 사랑의 공동체 – 에서 살 수 있는 나라를 꿈꾸었다. 그 왕자는 계약을 맺음으로써 다함께 그런 공동체를 만들어 보자고 사람들을 불러 모았다.

계약의 표시로 왕자는 모두에게 가장 좋은 포도주 한 병 씩을 가져오라고 명령했다. 계약이 맺어질 장소에 도착하면, 사람들은 저마다 자신의 값비싼 포도주 병을 가져다가, 공동체를 구성하기 위해 가장 훌륭한 선물을 가져왔다는 상징으로 큰 그릇에 포도주를 쏟아 붓게 되어 있었다.

한 남자가 이렇게 생각했다. "만일 내가 가장 좋은 포도주를 가져가서 다른 사람들의 포도주들이 섞여 있는 그릇에 따라 버리면 도대체 어찌 되겠어? 내 포도주만의 독특한 향기와 맛과 특성이 모두 날아가 버리고, 이차피 다른 사람들의 포도주와 섞여 버릴 거 아냐?"

그는 이렇게 중얼거렸다. "내 값비싼 포도주를 한 병 가져와서 그 내용물을 따로 부어 놓고, 대신 물을 가득 채워 두어야지. 누가 이 사실을 눈치채겠어? 내 귀중한 포도주를 낭비하지 않을 방법은 이 수밖에 없어."

드디어 공동체를 결성하기로 한 날이 오자, 저마다 와서 큰 그릇에 자기가 가져온 병의 내용물을 쏟아 부었다. 그리고 나서 왕자는 모두에게 컵을 가져다가 그 그릇 속의 포도주를 떠 마시라고 하였다. 그런데 망연자실하게도 그 그릇의 포도주는 완전히 맹물이었다!

거기에 모인 사람들이 다 그 남자처럼 행동했던 것이다. 그들은 모두 포도주 병에 포도주 대신 물을 담아서 가져왔던 것이다.

이로써 왕자는 공동체에 관한 자신의 꿈이 결코 이루어질 수 없는 것이라는 사실을 깨달았다. 진정한 공동체를 이루기 위해 기꺼이 그 대가를 지불하려는 사람은 아무도 없었으니까.

'*배타성*'이 과연 공동체를 얻기 위한 필요 조건인가의 여부에 관해서 사회학자들이나 그 밖의 학자들은 저마다 여러 가지 이론을 제시하고 있다. 원하는 사람은 누구나 다 공동체의 회원으로 받아들여야 할까, 아니면 심하게 통제되어야 할까? 들어오는 사람을 막지 않는 마을은 곧 하나의 도시가 된다. 강압적인 부동산 지대 설정 법규가 없는 도시는 더욱더 큰 도시로 마구 뻗어 나간다. 텍사스의 휴스턴─미국에서 유일하게 지대 설정 법규가 없는 대도시─이 바로 그 예이다. 휴스턴은─대부분의 도시들처럼─우리가 진정한 공동체와 연관지어 생각하는 것들과 완전히 정반대되는 것들만 모두 다 가지고 있는 대표적인 도시이다. 주거 지역 주변에 이미 유독성 제품을 생산하는 공장들, 시끄러운 고속도로, 고층 아파트 단지와 쓰레기 처리 시설물들이 여기저기 뒤범벅되어 있어 미칠 것 같은데도, 휴스턴의 개발업자들은 여전히 거의 모든 지역에 그 어떤 건물이라도 지을 수 있는 권리를 손에 쥐고 있다. 그러니, 1992년 휴스턴에서 열린 공화당 전국 대회의 공식 포스터가 휴스턴의 지평선을 배경으로 하여 거대한 황소의 등에 올라 탄 로데오 카우보이를 크게 다룬 것이었다 해도 전혀 이상할 게 없다.

혹독한 겨울 날씨와 바위 투성이의 산간 지대는 확실히 고산 마을의 크기를 한정짓는다. 오스트리아와 스위스의 강압적인 이주 금지 조치들은 마을의 크기를 더욱더 제한한다. 대개의 고산 마을에서는 외국인들이 토지를 취득하기가 쉽지 않다. 오스트리아 변방의 한 마을은 거주민이 거의 다 오스트리아 인이다. 그런가 하면, 25,000달러의 입회비를 청구함과 동시에 유대 인과 아프리카계 미국 흑인들에게는 회원의 자격을 철저히 금하는 배타적인 컨트리 클럽들은 공동체의 자질을 조금도 갖추고 있지 못하다.

물론 공동체 발달의 초기 단계에서는, 공유된 가치와 목적에 대한 책임을 확실히 보장하기 위하여 어느 정도의 배타성이 필요할 수도 있다. 그런 상태에서는 급속한 조직적 성장이 안정적이고 영속적인 공동체와 모순되는 것일 수 있다. 하지만, 일단 공동체가 견고히 설립되고 나면, 다른 사람들도 이와 비슷한 공동체를 조직해 나가도록 그 공동체의 구성원들이 나서서 도와 줄 수가 있다.

진정한 공동체는 또한 '평등'과 '정의'에 기초를 둔 것이어야 한다. 하지만, 그렇다고 해서 한 공동체의 구성원들이 모두 다 정확하게 똑같이 생각하고 행동해야 한다는 말은 결코 아니다. 구성원들이 반드시 같은 수준의 수입이나 부를 가질 필요는 없다. 그러나, 그 공동체가 기초를 두고 있는 근본적인 기준에 관해서 구성원들 사이에 심한 견해차가 있어서는 절대로 안 된다. 이웃 동네나 마을 같은 주거 지역 사회의 경우, 다른 구성원들보다 현저히 더 나은 수입과 부를 가진 한두 사람에 따라 좌우되는

초기 그리스도교 공동체 내의 부(副) 문제

이를테면, 여러분의 회당에 화려한 옷을 입은 사람이 금가락지를 끼고 들어오고, 또 남루한 옷을 입은 가난한 사람도 들어온다고 하자. 여러분이 화려한 옷차림을 한 사람에게는 특별한 호의를 보이면서 "여기 좋은 자리에 앉으십시오" 하고, 가난한 사람에게는 "당신은 거기에서 있든지, 나의 발치에 앉든지 하시오" 하고 말하면, 바로 여러분은 서로 차별을 하고, 나쁜 생각으로 남을 판단하는 사람이 된 것이 아니고 무엇이겠는가? 나의 사랑하는 형제자매 여러분, 하나님께서는 세상의 가난한 사람을 택하셔서, 믿음이 좋은 사람이 되게 하시고, 하나님을 사랑하는 이들에게 약속하신 그 나라의 상속자가 되게 하지 않으셨는가? 그런데 여러분은 가난한 사람을 업신여겼다. 여러분을 압박하는 사람은 부자들이 아닌가? 또 여러분을 법정으로 끌고 가는 사람도, 바로 그들이 아닌가? 하나님께서 여러분에게 주신 그 존귀한 이름을 모독하는 사람도, 바로 그들이 아닌가? 여러분이 성경을 따라 "네 이웃을 네 몸같이 사랑하여라" 한 으뜸가는 법을 지키면, 그것은 잘 하는 일이다.

야고보서 2장 2~8절

공동체는 결코 번영할 수가 없다. 몇몇 구성원들로 하여금 다른 구성원들에 비해 영적으로나 도덕적으로 더 열등하다고 느끼게 만드는 교회나 유대교 회당 역시 번영할 수 없기는 마찬가지이다.

'권한 부여' 역시 공동체의 중요한 속성이다. 공동체가 나아갈 방향을 제시하고 구체화할 수 있는 권한은 모든 구성원들에게 평등하게 분배되어야 한다. 모든 구성원들이 다 공동체의 주역이다. 바로 이러한 공동체의 특징이야말로 최초의 설립자들에게 매우 큰 위협이 될 수 있다. 한 단체가 진정한 공동체로 발전할 만한 가능성을 갖기 위해서는, 그 단체를 조직한 사람들이 단체에 대한 통제력을 완전히 상실할 수도 있는 위험을 무릅쓸 각오를 해야 한다. 그런데 이러한 위험성은 대부분의 공동체 설립자들이 치를 준비가 되어 있는 대가보다 훨씬 더 값비싼 것이다. 바로 이것이 그다지도 공동체가 드물게 존재하는 핵심적인 이유인 것이다. '권력 분배는 위험하기 짝이 없는 거래이다.' 구소련 지도자인 미하일 S. 고르바초프는 6년 동안 정치적 권력 분배 전략을 실시한 데 대한 결정적인 대가—구소련의 완벽한 붕괴와 분열—를 지불하게 됨으로써, 이것이 어려운 길임을 뼈저리게 실감해야 했다. 1989년에 체코슬로바키아를 자유로 이끌었던 바클라프 하벨 역시 고르바초프와 아주 유사한 전략을 펼쳤는데, 결국 그 전략은 나라를 두 개의 독립된 국가로 분리시키는 결과를 낳고 말았다.

M. 스콧 펙은 <태어나기를 기다리는 세계>에서 개인이 소유한 회사−크든 작든 간에−의 최고경영자라 할지라도 조직체를 위해서라면 공동체에게 권한을 위양하는 것이 가능하다는 견해를 표명하였다. 공동체는 위로부터 명령을 받을 수 없다. 구소련식 공산주의가 실패한 근본적인 이유는 바로 구소련 국민들에게 그들의 뜻과는 상반되는 공동체를 강요하려고 했다는 데 있다.

미국 회사들의 모든 관심이 조직적 발전과 노사 관계에 집중되고 있음에도 불구하고, 노동자들의 소유가 아닌 개인 사업들은 공동체가 될 수 있는 기회를 거의 누려 보지 못했다. 거의 모든 회사에서 찾아 볼 수 있는 소유주와 노동자 간의 경제적, 정치적 권력차는 공동체 의식에 전혀 도움이 되지 않는다. 통제가 잘 되어 있는 사회를 세우려는 기업심은 노동자들이 보기에는 자기들을 조종하려는 경영자측의 믿지 못할 시도로 비칠 것이다. 미국 회사들의 노사 관계는 대단히 대치적인 양상을 띠고 있어서, 공동체를 형성할 수 있는 가능성마저 가로막는 경우가 허다하다.

마지막으로, 공동체의 현저한 특징 두 가지를 더 들자면, 그것은 바로 '적응성'과 '갈등 해소'이다. 지속적인 공동체는 살아남기 위하여 변화하는 외부 환경에 적응할 수 있어야 한다. 미국에 있는 공립학교의 경우를 한 번 생각해 보자. 지금껏 지역 공동체의 후원은 미국 공립학교의 요체가 되어 왔다. 그러나, 요즈음에는 대부분의 수도권 지역에서 공동체

의식이 완전히 붕괴된 상태이므로, 시내 학교들이 생사가 달려 있는 투쟁을 치르고 있다고 한다 해도 전혀 놀라운 사실이 못된다. 도시 근처에 사는 사람들도, 그들의 학교도, 대부분의 도시의 사회경제적 여건이 급속하게 저하되는 것과 보조를 맞출 수가 없었던 것이다.

공동체는 환경적인 변화에 적응할 수 있어야 할 뿐만 아니라, 자체 내부의 갈등 역시 원만하게 해결할 수 있어야 한다. 저마다의 공동체는 개개의 구성원들 사이에 논쟁이 일어날 경우를 대비하여 긴장을 완화시킬 수 있는 몇 가지 갈등 해소 장치를 필요로 한다. 개개인들 사이의 의사 소통이 개방되어 있으면 있을수록 공동체의 다원주의 때문에 생기는 갈등을 해결하기가 더 쉽다는 점은 말할 필요도 없을 것이다.

공동체의 붕괴

오늘의 풍진 세상 속에서 공동체의 본보기를 찾으려 할 때, 우리는 1960년대에 유행했던 민요의 가사처럼 "꽃들은 모두 어디로 사라져 버렸는가?"라고 묻게 된다. 공동체 추구 때문에 얻어진 긍정적인 예는 극히 드물다. 반면에 공동체가 완전히 붕괴되어 버린 곳은 압도적으로 많다―일부만 언급하면 북아일랜드, 중동, 아프리카, 유고슬라비아, 동유럽, 구소련, 미국 등이 있다. 북아일랜드의 공동체 붕괴는 개신교와 가톨릭교 사이의 반목과 연루되어 있다. 중동에는 반체제 유대인과 수많은 아라비아 내분이 존재한다 ; 아프리카에서는 부족의 지도자들과 정부 고관들 사이에, 식민지 정책에 따라 제멋대로 그어진 국가 경계선에 관한 갈등이 자리잡고 있다 ; 그리고 유고슬라비아에서는 서로 공존할 수 없는 6개의 공화국이 잘못 결합함으로써 붕괴를 맞이하고 있다. 그 밖의 동유럽 국가들과 구소련에 관해서는, 그들을 엮어 줄 만한 영적인 접착제가 전혀 없다는 사실을 이미 살펴본 바 있다.

교회의 갈등 해소에 관하여, 예수

신도가 너에게 죄를 짓거든, 가서, 단 둘이 있는 자리에서 그에게 충고하여라. 그가 네 말을 들으면, 네가 그 신도를 얻은 것이다. 그러나 듣지 않거든, 한두 사람을 더 데리고 가거라. '그가 하는 모든 말을, 두세 증인의 입을 빌려서 확정지어야' 하기 때문이다. 그러나, 그 신도가 그들의 말도 듣지 않거든, 교회에 말하여라. 교회의 말조차 듣지 않거든, 그를 이방 사람이나 세리처럼 여겨라.

마태복음 18장 15~17절

비록 1860년대 이후로는 미국 땅에서 어떤 전쟁도 일어난 적이 없지만, 공동체의 본보기를 찾기란 그리 쉬운 일이 아니다. 미국의 공동체 상실을 한탄하면서 리처드 굿윈은 이렇게 주장하고 있다.

현대인은 자신이 살고 있는 세계 속에 갇혀 지내는가 하면, 종종 절름발이가 되어 버리기까지 한다. 도시의 한 거주자로서, 현대인은 자연과의 접촉을 유지할 수 없도록 차단 당한다. 공동체 내에서의 고립과 입지를 한꺼번에 빼앗아가 버리는 광대하고 격앙된 군중으로 이루어진 이방인에게서 개인이 도피하는 것은 거의 불가능하다. 가족과 이웃과 공동체의 붕괴는 현대인에게서 세계 속의 세계를 박탈해 버린다. 이 세계 속의 세계에서 이제껏 그는 의미 있는 해방감을 맛보았고, 친구들하고 안전감과 모험심까지 공유했는데 말이다.[3]

텔레비전과 자동차보다 더 미국 사회의 붕괴에 기여한 것은 없다. 한쪽은 우리를 거실의 은둔 생활에 고착시키려 하고, 다른 한쪽은 우리를 거리로 끌어내려고만 한다. 그 어느 쪽도 공동체를 건설하는 데 도움을 주지 못한다. 빵집이나 은행이나 식품점이나 아이의 학교에 가고자 할 때, 우리는 차에 올라 타서 운전을 한다. 어느 마을이나 읍이나 시골에서도 이웃 사람들이 만나서 그저 이야기를 나누고 커피를 마시며 시간을 보낼 수 있는 장소는 거의 없다. 과장되고 인공적인 화려함으로 번쩍번쩍 빛나는 도시 주변의 쇼핑 센터와 그 기능이 마비된 주차장은 우리의 몰인정과 공동체 상실을 그대로 드러내 주는 증거이다.

의심할 것도 없이, 거의 2,000개에 달하는 월-마트 상점들은 도시 주변뿐만 아니라 전국에 흩어진 마을까지 소매 물가를 하락시켰다. 하지만, 얼마나 많은 가게와 상점들이 이 월-마트 때문에 사업 전선에서 쫓겨났는가? K 마트나 월-마트 같은 대형 할인점들은 결코 공동체의 친구가 될 수 없다. 비록 유럽에서는 자동차가 전혀 부족하진 않지만, 그래도 아직까지는 사람들이 실제로 지역 목로 주점, 교회, 학교 또는 가게까지 걸어 다니는 수백 개의 작은 마을과 도시를 발견할 수가 있다. 유럽의 여러 마을이 여전히 철도 여객 열차로 연결되어 있다. 50여 년 전에는 미국의 마을과 도시들도 대부분 여객 열차로 이어져 있었다. 하지만, 오늘에 와서는, 북동부 지방 말고는 조금이라도 여객 수송이 이루어지는 마을은 거의 없는 실정이다.

새로운 마을 광장

쇼핑 센터는 이제 우리의 공공 생활을 위한 마을 광장이 되었으며, 쇼핑 센터가 취급하는 유명 상품과 체인점들은 우리 대중 문화의 초상이 되었다.

워싱턴 포스트[4]

우리 가운데 한 명이 미시시피의 작은 마을에 살고 있는 할아버지를 곧잘 방문하는 어린이였던 1940년대에, 그 마을에서 가장 중요한 매일의 행사는 바로 '*더 레벨*'이라고 알려진 모빌 발 세인트루이스 행 여객 열차의 도착이었다. '*더 레벨*'은 우편물과 그랜드대디 만물상에 진열할 상품과 적은 인원의 승객을 실어왔다. 때로는 먼 곳에서 오는 손님도 있었다. 백인 농부들이나 흑인 농부들이나 다같이 그랜드대디 만물상 앞에 놓여 있는 벤치에 앉아서, 코 담배도 피우고 소다수(청량 음료)도 마시고 '*더 레벨*'을 타고 다니는 사람들에 관해 잡담도 나누고 했다.

빌 클린턴과 앨 고어는 1992년 대통령 선거 운동 기간 동안 제각기 남부에 있는 자기들의 작은 시골 마을—아칸소의 희망과 테네시의 짐차 운송—이미지를 십분 이용함으로써, 선거민의 공동체를 향한 동경심에 호소하였다. 이 대통령 후보들은 공동체로의 회귀를 약속했지만, 이 약속을 성취할 수 있는 방법에 대해서는 거의 아무런 실마리도 제공해 주지 못했다.

왜 공동체는 우리를 교묘히 회피해 버리는 것일까? 무척 소중하게 여기라고 우리가 주장하는 이것이 현실 세계에서는 좀처럼 발견되지 않는 이유가 도대체 무엇일까? 모든 사람이 공동체에 관하여 이야기하지만, 공동체가 필요로 하는 만큼 기꺼이 과거의 자기애와 개인주의의 대가를 지불하려는 사람은 거의 없다.

초기 그리스도교 공동체

많은 신도가 다 한 마음과 한 뜻이 되어서, 누구 하나도 자기 소유를 자기 것이라고 하지 않고, 모든 것을 공동으로 사용하였다 … 그들 가운데는 가난한 사람이 하나도 없었다. 땅이나 집을 가진 사람들은, 그것을 팔아서, 그 판 돈을 가져다가 사도들의 발 앞에 놓았고, 사도들은 각 사람의 필요에 따라 나누어 주었다.

사도행전 4장 32, 34~35절

자유로운 진취적 자본주의 체제의 본질 그 자체는 개인주의—종종 공

동체의 이익을 개인의 이익에 종속시키곤 하는-의 미덕을 장려하는 것과 관련이 있다. 반면, 일본은 개인과 공동체의 관계에 대해서 매우 다른 견해를 보이고 있다. 예를 들면, 일본의 회사에서는 최고 경영자의 이익을 노동자와 소비자의 이익보다 하위에 둔다. 단체와 공동체의 복지가 늘 개인의 사익보다 중요시된다. 그리고 수익은 권리의 부여라기보다는 오히려-좋은 일을 한 데 대한 대가로 공동체가 회사에 주는-상으로 여겨진다. 1990년대에 들어서서 보잉, 지엠, 아이비엠, 시어스, 그리고 그 밖의 대기업들을 강제로 구조조정시킬 때, 이 회사들은 고위 간부들의 봉급을 현저히 삭감시키기보다는 차라리 수만 명의 노동자들을 일시에 해고해 버리는 쪽을 택했다. 자기의 이해를 따지는 일에 익숙해져 있는 대부

외로운 방랑자

미국과 영국은 다시 없는 개인주의적 가치관의 옹호자이다 : 영리한 기업가, 노벨상 수상자, 커다란 임금 격차, 금방 불타 올랐다가 금방 시들어 버리는 열정, 기술에 대한 개개인의 책임감, 이익의 극대화, 적대적 합병과 인수. 미국과 영국의 영웅은 바로 외로운 방랑자들인 것이다.

레스터 더로우[5]

분의 미국인들은 진정한 공동체가 수반하는 통제력의 상실이 매우 위협적일 수 있다는 사실을 잘 알고 있다. 냉전 시대에는, 공동체가 공산주의

나 사회주의와 동일시되었다. 위원회에 따른 지배는 비효율적이고 비효과적이라고 하여 난색을 표시하였다.

개인주의에 대한 우리의 망상과 권위주의적인 경영진에 대한 우리의 맹신은 관련이 전혀 없지 않다. 미국의 회사들은 온 세계에서 가장 비민주적인 제도에 속한다. 대학이나 비영리적인 단체들, 정부의 경우도 모두 마찬가지이다. 대부분의 서유럽 회사들은 미국의 회사들보다 훨씬 더 많이 경영에 참여한다.

미국의 교회와 유대교 회당이 그 정신적 기원에도 불구하고, 극히 일부만 진정한 공동체로 발전할 수 있었던 것은 결코 우연이 아니다. 하나님의 권위에 호소함으로써 랍비와 사제와 목사들은 나머지 회중들에게서 자신을 따로 떼어 놓으려 하고 있다. 어떤 종파의 경우에는 지역의 회중들이 사제나 목사를 선정하는 일에 거의 발언권을 행사하지 못하거나 아예 그들에게는 발언권이 주어지지 않는 경우도 있다. 성직자들은 그저 그 종파의 성직자 계급 제도에 따라서 지역의 회중들에게 할당될 뿐이다. 일요일 아침 예배는 종종 목사의 권위주의를 강화시키는 역할을 한다. "나는 하나님의 말씀을 전달하는 사람이다 ; 그러므로 여러분은 내가 말하는 것을 그대로 행해야 한다." 이런 메시지는 그리 듣기 어려운 것도 아니다. 군사적인 권위를 존중하지 않는 여러 교인들은—자나나 사샤처럼—독재적인 성직자의 압제적인 방식에 분개한다. 하지만, 나머지 회중들은 기꺼이 성직자에게 공동체에 대한 자신의 책임을 전가해 버린다. 미국의 많은 젊은이들이 조직화된 종교에 싫증을 내고 있는 게 뭐 이상한 일인가? 대부분의 종교 모임에서는 교회와 성직자 사이의 차이가 너무 크기 때문에 공동체란 한낱 환영에 불과한 것일 때가 많다.

미국의 성공회 교회 가운데 유일하게 교인의 참여가 이루어지고 있는 교회는 바로 수도 워싱턴의 국회 의사당 소재지에 자리잡고 있는 성 마가 교회이다. 평신도들로만 구성된 설교 위원회는 사 분기마다 한 번씩 제임스 애덤스라는 교구 목사에게 다가오는 사 분기에 하게 될 설교 주제 목록을 제공한다. 교구 목사는 설교를 하기 2주일 전에 위원회에게서 그가 설교 시간에 다루기를 바라는 일련의 특정 문제들을 넘겨 받는다. 그는 일요일 아침 정각 9시 예배에서 설교를 한 후에 교인들과 커피를 마시면서 토론을 하고, 교인들의 반응에 따라 자신의 설교문을 다듬은 다음 11시 예배에서 최종적인 형태를 전달한다. 이것은 성 마가 교회에서 교인들이 내리는 수많은 결정 가운데 하나의 예에 불과한 것이다. 다른 교회에서는 그런 결정을 내리는 쪽은 언제나 성직자인데 말이다. 성 마가 교회의 교인들은 또한 그들만의 엄격한 종교교육 커리큘럼을 작성하였다. 그 커리큘럼은 삶의 의미를 찾는 방면에서 교회가 수행하는 역할을 강조한 것이다. 성 마가 교회에서는 결코 아무나 주일학교 학생들을 가르칠 수가 없다. 주일학교 수업을 맡으려면 많은 훈련을 받아야 한다. 두말 할 것없

이, 성직자와 교인들 사이의−25년에 걸쳐 발전시켜 온−신뢰도는 매우
높다.[6]

> ### 가족 공동체
>
> **나**는 헌신과 많은 노력을 통해서 가족이 공동체로 발전할 수 있다
> 고 믿는다. 몇몇 잘 훈련된 가족들은 신뢰감을 조성하는 주말 마을 모
> 임 같은 것들을 이용하기도 하고, 가족을 더 친밀하게 끌어 모으는가
> 하면, 공동체를 건설하기도 한다.
>
> 정신의학자

1980년대에 들어서서 가족과 이른바 '가족 가치'라 불리우는 것이 산
송장을 깨우기 위한 출구를 찾으려고 노력하는 정치인들 사이에서 많은
관심을 받게 되었다. 가족은 종종 공동체의 본보기로 일컬어지곤 한다.
그러나, 만일 가족 구성원들 사이에 현격한 권력 차가 존재한다면, 어떻
게 가정이 안정된 공동체로 발전할 수 있겠는가? 이상적인 결혼 생활에
서는 남편과 아내가 동등한 반려자일 수 있다. 하지만, 아이가 태어나는
그 순간부터, 때로는 아이가 성인이 될 때까지 계속해서, 아이는 부모에
비해 열등한 위치에 서게 마련이다. 아이가 아직 어릴 때에는 가족을 동
요시킬 수도 있는 잠재력이 상대적으로 약하다. 그러나, 어린이가 청소년
기에 접어 들면서 부모의 권위에 도전하기 시작하면, 가정 불안정성의 위
험은 사실 증가한다. 가정은 어린이가 이원적인 명령 체계−엄마와 아빠

-아래에서 역할을 수행하는 방법을 배우는 좋은 실험장이 될 수 있다. 그러나, 그것이 공동체일 수는 없는 노릇이다.

중동과 아프리카, 동유럽의 적대적인 파벌 싸움을 들여다 보면, 확실히 소외와 불신이 평화-공동체는 말할 것도 없이-를 이룩하는 데 큰 걸림돌이 된다. 45년 이상이나 미국과 구소련 사이에 존재했던 편집증 같은 것이 아직도 투쟁으로 고통받고 있는 중동과 아프리카와 동유럽에 건재해 있다. 냉전은 미하일 S. 고르바초프가 미국과 구소련 사이의 불신과 편집증의 순환 고리를 깰 만한 용기를 가졌기에 비로소 종식될 수 있었다. 소외와 불신은 가정, 도시, 교회, 직장, 국가 그 어느 곳에서든지 공동체와 정반대되는 것이다.

구성원들 사이에 벌어지는 이익 다툼 또한 공동체의 붕괴를 초래할 수 있다. 만일 구성원들의 실질적인 안건이 공동체의 복지가 아닌 개인의 권력과 재산 증대에 있다면, 그 단체는 공동체를 오래 유지하지 못할 것이다. 정치인들과 대중 매체, 동료들 따위로 인한 외부 자극이 구성원들을 계속 질타할 경우, 구성원들의 관심과 헌신을 유지한다는 것은 어떤 공동체에서나 그리 만만찮은 도전이 될 것이다. 그 집단을 이끌어 가는 사람이나 정신적으로 영도해 나가는 사람에 대한 지나친 심리적 의존은 때이른 공동체의 소멸을 촉진시킬 수 있다. 새 공동체를 이끌어 나가기 위해서는 종종 카리스마적인 지도자가 필요하다. 그러나, 구성원들이 지도자에게 너무 고착된 나머지 앞으로 나아갈 수 없을 때-그 공동체는 그만 개인 숭배로 전락하고 만다. 최근에 있었던 개인 숭배의 가장 극단적인 예를 하나 들면, 1978년 가이아나(남아메리카에 있는 영연방 내의 공화국-역자주)에서 캘리포니아 사이비 종파의 지도자 짐 존스를 따르는 980명의 추종자들이 대량으로 자살했던 사건이 바로 그것이다. 존스는 미국 출신인 그의 추종자들 모두에게 자살하라고 명령했고, 그들은 그렇게 했다. 1993년 4월에 텍사스의 와코에서 데이빗 코레시의 브랜치 데이비디안 집단 소속인 70여 명의 사람들이 비극적인 죽음을 맞이했던 사건은 몇몇 이단 종파들과 관련된 위험성을 생생하게 보여 주었다. 히틀러, 무솔리니, 스탈린, 마오쩌둥은 짐 존스나 데이빗 코레시보다도 훨씬 더 광범위한 영향을 미쳤던 파괴적인 이단 지도자였다.

컬크패트릭 세일은 <인간의 규모>라는 저서에서, 알맞은 규모가 인간 사회의 장기적인 생존 능력에 얼마나 중요한 결정 인자인가를 암시해 주는 의미심장한 증거들을 수집하였다. 세일은 한 공동체가 생존하기 위해서는 결코 넘지 말아야 할 규모의 한계선이 있다고 확신한다. 심지어 그는 자신이 '이웃'과 표준 '공동체'라고 부르는 것에 대해서도 적정 규모 한계를 제안하기까지 한다. 그는 이웃을 400 내지 1,000명으로 이루어진 집단-오스트리아의 고산 지대 마을이나 대도시의 한 부분처럼 서로 얼굴을 맞대고 사는 사람들의 공동체-이라고 규정짓는다. 또한 그는

500명 정도의 인구가 이웃을 형성하기에 가장 알맞은 규모라고 제안한다. 한편, 공동체는 5,000명 내지 10,000명으로 이루어진 광범위한 단체로서 종종 여러 이웃들이 모여 이루어지기도 한다. 마을이나 대학은 표준 공동체에 관한 세일의 규정에 적합한 단체라고 볼 수 있다.[7]

만일 우리가 공동체의 규모에 관한 세일의 관심을 바로 그 위에서 설명했던 몇몇의 만만찮은 공동체의 걸림돌과 결부시킨다면, 사실 현대 사회나 국가조차도 공동체가 될 수 없다고 하는 피할 수 없는 결론에 이르게 될 것이다. 몇 가지 예외가 있다면, 그것은−오스트리아나 핀란드나 스웨덴이나 스위스 같은−몇몇 작은 유럽 국가들일 것이다. 그 국가들은 세계에서 가장 높은 생활 수준을 누리고 있을 뿐만 아니라 진정한 공동체의 몇 가지 속성 또한 지니고 있다.

지구의 목소리

우리가 만들어 낸 상업 체계의 엄청난 무게로부터 구조해 줄 것을 요청하는 지구의 울부짖음은, 우리 저마다가 태어난 모습 그대로 완벽한 인간이 될 수 있게 우리를 해방시켜 줄 삶의 규모와 질에 대한 우리 자신의 울부짖음이다.

시어도어 로작[8]

공동체의 많은 장점들에도 불구하고, 조그마한 공동체 속에서의 삶이라 해서 전혀 흠이 없는 것은 아니다. 비록 마을과 작은 도시들이 순일적

이고 밀접하게 조직되어 있을지는 모르지만, 동시에 그 곳들은 편협하고 보수적이며 변화에 반대하고 이방인들을 의심하는 경향도 있다. 또한 부조화나 공동체 규범에 맞지 않는 견해에 대해서는 관대하게 그냥 넘어가 주는 법이 없다. 사생활 침해와 소음은 이웃, 마을, 종교 집회에서 흔히 찾아볼 수 있는 것들이다. 질투, 탐욕, 경쟁심은 거의 모든 소규모 공동체에 존재한다. 비록 우리는 공동체 속에서 생활하고 있을지 모르지만, 그래도 여전히 공동체 구성원들에게서 떨어져 고립되어 있는 자신을 발견할 수가 있다. 그런 경험은 우리에게 다음과 같은 생각을 불러일으킬 수도 있다. "공동체 생활이란 게 그렇게도 대단하다면, 왜 나는 이것이 그리 탐탁하게 여겨지지 않는 것일까?"

진정한 공동체

공동체를 유지시키는 데 방해가 되는 수많은 현실적 장애물에 관하여 이제껏 비관주의적인 견해를 표명하였음에도 불구하고, 위에서 우리가 살펴 보았던 공동체의 기준들을 대체로 만족시키는 진정한 공동체의 본보기가 몇 가지 있다.

이스라엘의 키부츠들

이스라엘의 '키부츠(Kibbutz)' 운동은 20세기에 들어서면서 유대인 국가를 설립하고 싶어 팔레스타인으로 이주한 동유럽 유대인들에 따라 처음 시작된 운동이다. 이 운동은 1948년에 이스라엘이 독립 국가가 됨으로써 증진된 추진력을 얻었다.

키부츠는 몇백 명의 구성원들로 이루어진 전면적인 농업 공동체로서, 공동 생활체가 모든 재산과 생산적인 자산을 소유하는 형태를 취하고 있다. 구성원 자격은 누구에게나 있고, 입회비는 전혀 필요없다. 구성원들은 언제든지 자유롭게 떠날 수 있으며, 토지는 장기제로 이스라엘 정부에게서 임대받는다. 임금과 수익은 구성원들에게 모두 평등하게 분배되고, 공동체 외부로부터 일꾼을 고용하는 일은 없다. 키부츠는 구성원들에게 집을 지어 제공하며, 의료 시설을 제공하고, 음식과 옷, 세탁실까지 마련해 준다. 물론 나이가 많은 노인들을 돌보는 일도 하고 있다.

키부츠들은 성서의 예언자들이 사회 정의와 공동체를 강조했다는 사실로부터 강하게 영향을 받아 왔다. 어쨌든 처음에는 분명히 '저마다 자신의 능력에 맞게' 로부터 '저마다 자기의 필요에 따라' 로 라는 사회주의적 이념을 잘 이행했다. 저마다의 키부츠는 총회에 따라 관리되는데, 그 집회는 주말에 모이며 모든 구성원들에게 개방되어 있다. 총회가 관리자들과 그 직원들을 뽑고, 그 사람들이 경제를 조정한다. 생산할 물품, 생산 시기, 생산 방법, 수익을 가지고 해야 할 일들을 포함하여 자원 분배 결정까지도 모두 공동체에 따라 이루어진다.

공동체의 12가지 원칙

1. 만약 당신이 지금 어디로 가고 있는지 모른다면, 어떤 길로 가더라도 목적지에 도착할 수가 없을 것이다.
2. 만일 이별, 무의미함, 죽음이 두렵다면 다른 이들과 연합하여라.
3. 공동체를 얻기 위해 당신이 치러야 할 대가는 바로 당신 자신의 개인주의이다.
4. 엄마 아빠가 없는 실정이지만, 만약에 엄마 아빠가 있다고 한다면 그것은 바로 당신일 것이다.(마틴 슈비크)
5. 권력을 나누어 가져라 – 저마다 투표권을 가져야 한다.
6. 힘이 곧 정의를 이루는 것은 아니다.
7. 헌신과 많은 노력을 기울이는 것보다 더 좋은 방법은 없다.
8. 작은 것이 아름답다.
9. 성실함과 정직함을 유지해라 – 항상 허풍떨지 말아라.
10. 살아남고 싶다면 협동하고 의사소통을 하여라.
11. 긴장을 줄여 나가라 ; 갈등을 확대시키지 말아라.
12. 영적으로, 지적으로, 정서적으로 계속 성장해 나가라. 그렇지 않으면 소멸하고 말 것이다.

경제학자

대체로, 열의가 넘치는 키부츠들은 다른 이스라엘 농가들보다 더 효율적이고 생산적이다. 오늘 대부분의 키부츠들은 농업뿐만 아니라 제조업까지도 포함하여 경제를 다각화하였다. 이스라엘 노동당의 30년 통치 기

간 동안, 키부츠들은 무시할 수 없는 정치적 영향력을 이스라엘에 행사해 왔다. 그 통치 기간 동안 정부 지도자들의 대다수가 바로 이 키부츠들 출신이었다. 게다가 이집트, 요르단, 레바논, 시리아의 국경 근처에 있는 이른바 점령지라고 일컬어지는 정착지들의 일부도 키부츠들이다. 평등과 민주주의에 대한 키부츠들의 헌신에도 불구하고, 여성들은 때때로 2급 시민 대우를 받는다. 비교적 극히 소수의 여성들만이 키부츠들의 선도적 위치에 오르는 것을 볼 수 있다. 그리고 그 가운데 대부분은 좀더 흥미진진하고 도전적인 일이 아니라 그저 가정과 관련된 업무만 받게 된다. 컬크 패트릭 세일은 키부츠들을 "자본주의 바다 위에 떠 있는 집산주의의 섬들"이라고 설명하였다.[9]

비록 키부츠들이 미국에서 발견되고 있는 사회 문제들을 가까스로 피하기는 했지만, 그래도 아랍과 이스라엘 사이의 기나긴 갈등 때문에 병든 이스라엘 경제의 부정적 결과들까지 미처 피할 수는 없었다. 1980년대의 보수파 리쿠드 정부는 결코 노동당이 그랬던 것만큼 키부츠들을 지지하지는 않았다. 불안정한 이스라엘 정계와 하향세를 타고 있는 경제의 결합 때문에 키부츠들은 사회주의적 이상으로부터 어느 정도 물러서게 되었다. 최근 몇 년 간 키부츠들은 좀더 독단적이고 비민주적이고 수익지향적인 공동체가 되어 버렸다. 키부츠들은 이제 외국 회사와 연합해서 모험적인 사업을 구상할 수 있으며, 부서 감독자의 자리에 외부인을 앉힐 수도 있고, 외부 일꾼들을 고용하거나 일꾼들에게 초과 근무를 시킬 수도 있게 되었다. 이러한 최근의 몇 가지 변화들에도 불구하고, 여전히 키부츠들은 역사상 가장 순수한 형태의 지속적 민주 사회주의 가운데 하나로 남아 있다.

바닥 공동체

제2회 바티칸 평의회(1961~1965년)와 로마 교황 바오로(Paul) 6세가 1967년에 모든 성직자에게 보낸 회칙 <인간의 진보에 관하여>(Populorum Progressio)에서 영감을 받아, 1960년대에는 '*해방 신학*'이라 불리우는 급진적 형태의 그리스도교 신학이 등장하였다. 동시에 이 해방 신학은 라틴 아메리카에 만연되어 있는 가난과 폭력에 기초를 두고 있는 것이기도 하다. 이 새로운 신학의 주요 취지는 "가난한 이들을 위한 우선권"이었다. 생겨난 지 몇 년도 채 안 되어서 이 해방 신학은 라틴 아메리카 전역에 평신도에 따라 운영되는 소규모의 그리스도인 공동체를 수천 개씩이나 낳았다. 이른바 **바닥 공동체**(*comunidades de base*)라고 불리우는 이 공동체들의 대부분은 글자 그대로 가톨릭의 교리가 아니라 매우 현실적인 사회적, 경제적 문제 해결을 목표로 한 공동체 활동을 강조했던 소규모 마을의 성서 연구 집단에 그 기원을 두고 있다. 물론 일부 바닥 공동체들은 우물을 파고, 길을 닦고, 부유한 지주와 협상하고, 게릴라의 공격으로부터 마을을 보호하는 것과 같은 매우 특별한 목적을 위하여 연합하기도 했지만.

키부츠들과는 달리, 생산 수단의 집단적 소유가 바닥 공동체를 형성하기 위한 필수 조건은 아니다. 공동체의 몇몇 가족들은 그들 소유의 적은 땅을 가지고 있다 ; 하지만, 대부분은 그렇지가 못하다. 많은 마을들이 집단적 상점들, 약국, 보건소, 학교뿐만 아니라 집단 농장도 소유하고 있다. 키부츠들과 마찬가지로, 바닥 공동체들은 강한 공동체 의식뿐만 아니라 서로 협조하고 공유하는 분위기까지 조장하고 있다.

그 한 예로, 과테말라 시 근처에 위치한 패춘이라는 마을을 한 번 생각해 보자. 이 패춘 공동체는 공무원들과 정부 관리들을 자기 손으로 선출하는 400개의 가정으로 구성되어 있다. 이 공동체가 지니고 있는 자산 가운데에는 식품점, 약국, 학교, 작은 병원, 어린이 영양 프로그램, 농업 진흥청 등이 있다. 농업 진흥청을 통하여 패춘의 농부들은 유기 농업에 매우 열중하게 되었다. 그들은 또한 자연 비료, 제초제, 살충제를 생산해 내는데, 이것은 공동체의 농산물 공급소에서 판매된다. 비록 마을에 사는 대다수의 가정이 채소를 키우고 있기는 하지만, 40가구는 우유를 짤 수 있는 젖소를 길러서 자활하고 있으며, 이 우유는 시장에서 판매된다.

하지만 불행히도, 라틴 아메리카의 바닥 공동체들은 자기 손으로 일군 성공의 희생양이 되어 버렸다. 부유한 지주들, 보수적인 로마 가톨릭 교인들, 그리고 보수파 군 정부는 바닥 공동체의 공동체 활동과 직접적인 민주주의가 자기들에게 위협적인 것일 수 있다는 사실을 깨달았다. 교황 요한 바오로 2세와 레이건 행정부의 라틴 아메리카 외교 정책이 주는 압박 속에서, 가톨릭 교회는 1980년대에 바닥 공동체에 대한 지원을 그만 철회하고 말았다. 그리고 해방 신학과도 결별하였다. 하지만, 바닥 공동체는 가톨릭 교회의 지지가 있든 없든 간에 계속 유지되었다. 패춘과 같은 몇몇 공동체에서는 그리스도교 아동 기금 같은 비정부 기관들에 따라 적정 규모의 재정적 지원이 이루어지고 있다.

그러나, 이 외부 자원이 쓰여지는 방법은 전적으로 공동체 통치 위원회에서 결정한다. 패춘 공동체는 너무도 성공적인 결과를 가져와서, 몇 년 후에는 그리스도교 아동 기금의 지원도 중단되었다. 비록 바닥 공동체가 만병 통치약은 될 수 없겠지만, 그래도 그것이 가난한 사람들이 자력으로 일을 처리할 수 있는, 다시 말해서 기초 민주주의의 단체 행동과 직접 행동을 사용할 수 있는 기제를 제공해 주는 것만은 틀림 없는 사실이다. 절망적인 대도시 중심의 저소득층이 사는 지역은 바닥 공동체로부터 배울 것이 상당히 많을 것이다. 변두리 슬럼가이든 라틴 아메리카의 작은 마을이든 간에, 공동체란 오로지 내부로부터만 형성될 수 있다. 그 단체에 속하지 않는 국가나 주 정부나 지방 자치체가 공동체를 대신 조직해 줄 수는 없는 노릇이다. 공동체는 정부의 명령에 권한을 위양할 수 없다. 정부가 할 수 있는 일이라고는 그저 공동체의 형성을 조장할 만한 자극을 유발시키는 것, 또는 공동체의 소멸을 재촉할 만한 장애물을 만들어 내는 것뿐이다.

구세주의 교회

적어도 외면상으로는 워싱턴 시에 있는 '구세주의 교회' 역시 공동체의 기준에 대체로 들어 맞는 것 같다.[10] 제2차 세계대전이 끝난 직후에 고든 코시에 따라서 시작된 이 '구세주의 교회'는 12개의 자유로운 연합이나 매우 독립적인 신앙 공동체로 이루어져 있으며, 저마다의 공동체는 몇 개의 선교 집단으로 구성되어 있다. 각 공동체는 독립적인 지도력, 통치 위원회, 예산안, 기구, 예배, 그리고 구성원 자격을 가지고 별개의 모임으로서 그 기능을 수행한다. 하지만, 신앙 공동체들은 공통된 혈통과 역사, 깊은 영적 교감, 지속적인 우정, 맞물린 선교 활동으로 서로 이어져 있다.

각 공동체의 공통점은 내면 세계의 영적인 여행뿐만 아니라 가난한 이와 억압받는 이들을 섬기고 돕는 외면 세계의 여행까지도 불사하는 뿌리 깊은 열정이다. 교육, 예배, 기도, 훈련, 봉사, 재정적 책임 같은 엄격한 회원 자격 조건과, 회원의 숫자보다는 회원의 자질이 훨씬 더 중요하다는 믿음 덕택에, 이 신앙 공동체에 속한 구성원들은 25명을 넘는 일이 거의 없다.

신앙 공동체의 일원이 되기 위해서는 2년 동안 다섯 분야에 걸친 엄격한 교육 과정을 이수해야 한다 : 구약학, 신약학, 교의학, 윤리학, 그리스도교 성장학. 선교 단체 가운데 하나를 택하여 수련을 쌓는 것 역시 회원이 될 수 있는 자격 조건이다. 공동체 훈련에는 십일조 봉헌하기, 개인 일지 기록하기, 그 단체의 영적 지도자에게 매주 보고서를 제출하기, 금식하기, 해마다 언약을 갱신하기 등이 포함되어 있다.

신앙 공동체의 회원이 되려면 또한 적어도 한 가지 이상의 소규모 선교단에 적극적으로 참여해야 한다. 선교단의 구성원들은 억압받는 사람들과 지속적인 관계를 유지하는 일에 전념해야 한다. 저마다의 선교단에는 영적 지도자와 중보자가 있다. 선교단은 주택, 음식, 보건, 교육, 직장 알선과 같이 대도시 중심의 저소득층이 사는 지역의 문제점들을 주로 개선해 왔다. 에이즈에 감염된 부랑자들을 위한 요셉의 집은 비교적 새로운 선교 활동에 속한다.

신앙 공동체 가운데 3개는 - '희년 교회'를 포함해서 - 워싱턴의 애덤스 모간 지역에 위치한 커피숍 겸 서점인 포터스 하우스에서 주마다 예배 의식을 갖는다. 희년 교회는 가난한 이들이 감당해 낼 수 있는 안전한 주택의 필요성에 부응하여 생겨났다. 희년 교회는 "흑인과 백인, 부유한 이와 가난한 이, 어린 아이와 노인, 유대인과 이방인, 깊이 책임을 가지고 살아가는 이와 오로지 얻어 먹으려고만 이곳 저곳을 떠도는 이 - 이 모든

사람들의 광범위한 복합체"로 묘사되어 왔다.[11]

신앙 공동체의 지도자들과 소규모 선교단의 지도자들을 훈련시키기 위하여 '구세주의 교회'는 섬기는 이로서의 지도력 학교를 운영하고 있다. 이 학교의 핵심적인 이수 과정은 다섯 가지 범주로 구성되어 있다 : (1) 섬기는 이로서의 지도력, (2) 공동체 건설, (3) 영적 토대, (4) 소명, (5) 억압받는 이들과 함께 지내는 데 대한 개인적인 반응. '구세주의 교회' 신앙 공동체들은 산상 수훈("마음이 가난한 이는 복이 있나니…온유한 이는 복이 있나니…의에 주리고 목마른 이는 복이 있나니…")과, 소집단을 통하여 개인과 사회를 공동체로 변화시키려는 고든 코시의 꿈 위에 굳건히 서 있다. 빈곤의 악순환이 우리의 도시 지역에서 멈추려면, 소집단들이 바로 이웃을 공략해야 한다 ; 수도 워싱턴이나 시청의 상명하달식 법령으로는 결코 안 된다. 소규모 집단들은 특권을 얻은 자들과 혜택을 얻지 못한 이들에게 서로 나란히 일할 수 있는 기회를 제공해 줌으로써, 부유한 이와 가난한 이를 따로 나누는 벽을 허물어뜨리려 애쓰고 있다. 소집단들의 목표는 바로 가난한 이들의 "재능과 지도력을 신장하고 진정한 우정을 조장함으로써" 그들에게 도움을 주는 것이다.[12]

'구세주의 교회' 신앙 공동체 지도자들은 잘 훈련된 소규모의 자기 비판적 단체들의 지구망을 구상하고, 미국의 궁핍한 이들이 세계 전역의 가난한 공동체들에서 일고 있는 해방 운동과 연결될 수 있도록 해 주기 위하여 노력한다. 비록 워싱턴의 애덤스 모간 지역에 사는 많은 사람들이 '구세주의 교회' 신앙 공동체를 통하여 삶에 대한 새로운 희망을 발견했다고는 하지만, 점점 더 많은 사람들이 이웃 동네뿐만 아니라 전체 도시까지도 사로잡고 있는 가난과 약물 남용, 공포, 폭력과 같은 절망에 빠져들고 있는 실정이다. 그렇게도 강력하고 충분히 검토한 바 있는 공동체 건설을 위한 접근 방법이 왜 비교적 좁은 지리적 영역에만 먹혀들어 갔는지, 그 이유를 이해할 수가 없다.

비꼬기 좋아하는 사람들은 '구세주의 교회'의 제한된 범위가 그 구성원들의 위선적이고도 독선적인 엘리트주의에서 비롯된 것이라고들 주장한다. 또 어떤 이들은 '구세주의 교회'가 요구한 공동체의 대가가 대다수의 북미 그리스도인들이 기꺼이 지불할 수 있을 만한 선을 훨씬 웃도는 것이었기 때문이라고 주장하기도 한다.

고산 지대의 마을들

스위스, 북이탈리아, 오스트리아, 바바리안 알프스 전역에는 수백 개나 되는 작은 마을들이 여기저기에 흩어져 있다. 그리고 이 마을들은 거의 모두 몇백 년이나 되는 긴 역사를 지니고 있다. 이런 마을에서 사는 삶은 우리가 추구하는 이상적인 공동체에 아주 가깝다.

인스부루크 근처의 레크 강 계곡에 위치한 쉬탄짜흐라고 하는 전원적인 오스트리아 마을을 한 번 생각해 보자. 이 마을 사람들은 아침에 일어나서 차를 타고 마을을 가로질러 비인격적인 쇼핑 센터에 가는 것이 아니라, 아침 식사용으로 갓 구운 빵과 과자를 사기 위해 마을 빵집으로 걸어간다. 오후가 되면 사람들은 식품점, 은행, 우체국, 농장으로 걸어갈 수도 있다─농장은 우유나 버터, 치즈를 사기 위해 가는 경우가 많다. 이 마을 식품점에서는─맛없는 인공적인 토마토가 아니라─즙이 많은 이탈리아 토마토와 신선하고 약물을 전혀 투여하지 않은 병아리를 판다. 아이스크림은 너무도 맛이 좋아서 이루다 말할 수 없을 지경이다. 비록 산성비가 오스트리아 알프스 지역에 피해를 입히기는 하지만, 수질 오염은 이 레크 계곡에서 아주 생소한 것이다. 농업, 임업, 관광 산업은 쉬탄짜흐에서 고용의 근본적인 원천이 되고 있다. 몇몇 사람들은 로이테까지 30마일 이상을 차로 가야 하는 작은 공장에서 일하기도 한다. 대부분의 고산 마을이 그렇듯이, 쉬탄짜흐에서도 땅에 대한 굽힐 수 없는 열정이 살아 숨쉬고 있다. 부모에게서 물려받은 이 땅이라는 선물은 지속적으로 일을 해야 한다는 도덕적 의무를 수반하는 것이다. 땅을 팔고 마을을 떠날 생각을 하는 이는 극히 드물다.

　교회는 마을의 영성 생활의 중심지일 뿐만 아니라 사회 생활의 중심지이기도 하다. 친구들은 마을 소식을 얻기 위하여 매일 식품점, 목로주점, 여관, 우체국, 교회에서 만난다. 대부분의 고산지대 마을 사정이 그러하

듯이, 슈탄차흐의 겨울은 매섭고 혹독하다. 하지만, 이 겨울의 가혹함이 오히려 협동과 나눔과 신뢰를 고무하는 환경을 이루어 주었다. 빼어난 경관과 겨울의 혹독함이 어우러져 이 공동체를 엮어 줄 만한 접착제를 제공해 준다. 많은 고산 마을들은 승객 열차라고 하는 인상적인 교통망을 통하여 연결되어 있다. 효율적인 양질의 철로를 통하여 마을 주민들은 이웃 마을뿐만 아니라 인스부루크, 무니히, 취리히, 비엔나 같은 대도시에까지도 쉽게 접할 수가 있다. 철도는 경우에 따라서 그 나라의 다른 부분들과 유럽에 대해서도 연대감을 제공해 준다.

이런 고산 지대 마을에서는, 미국에서의 삶을 특징 지우는 불안정한 유동성과는 아주 대조적으로, 여러 세대들이 태어나서 성장하고 살아가다가 마침내는 죽게 되는 연속성을 맛볼 수가 있다. 이런 유형의 마을 정신은 스위스－흔히들 세계에서 가장 민주적이고 가장 시장 지향적인 나라라고 생각하는 나라－전역에 널리 퍼져 있다. 스위스와 나머지 서부 유럽에서는 보호 무역 농업 정책 때문에 미국보다도 훨씬 더 많은 농가가 그대로 시골에 남아 있는 것이 재정적으로 가능해졌다. 오히려 미국의 시골 남부 전역에서 볼 수 있는 황폐, 노후화, 그리고 쇠퇴가 전혀 안 보이는 것이 이상할 지경이다. 지난 700여 년 동안 스위스는 연방주의와 직접 민주주의를 무척 강조하는 특이한 사회적, 정치적 체계를 고안해 냈다. 그 제도는 26개의 작은 주 안에 4가지의 언어와 문화를 한 데 모아 놓는 것이다—독일어(인구의 65퍼센트), 프랑스어(18퍼센트), 이탈리아어(10퍼센트), 레토로만어(1퍼센트). 26개의 주들과 3,020개의 공동 생활체는 상당한 자치권을 행사할 수 있다. 몇 개의 주들은 여전히 *란스게마인데* (*Landsqemeinde*)나 봄철 야외 국회와 같이 몇백 년 동안이나 전해 내려오는 전통을 따르고 있다. 비록 스위스 여성들이 1971년 이후 연방 선거에 투표하도록 허락되긴 했지만, 몇몇 공동 생활체들은 여전히 지역 선거에서 여성들이 투표하는 것을 승인하지 않고 있다.

스위스는 대통령이 딱 일 년씩만 임기를 맡고서 대통령직을 교대하는 연립 정부를 갖고 있다. 따라서, 많은 스위스 인들이 그들 자신의 대통령 이름을 모르는 것도 무리가 아니다.

10만 유권자들이 서명한 청원서는 제기된 헌법 개정에 대한 전국적인 투표를 감행할 수가 있다. 5만 명의 유권자만 서명해도 국회가 통과시킨 모든 연방 헌법에 대한 전국적인 투표를 감행한다.

스위스에서는 사회 복지에 대한 근본적 책임이 주와 지방 자치단체에 달려 있다. 3,700만 미국인이 전혀 아무런 건강 보험에도 가입하지 않고 또 다른 5천만은 일부 보험만 든 미국과는 달리, 스위스 국민 전체의 95퍼센트가 400개의 *사적인* 건강 보험 기금 가운데 하나쯤 질병에 관한 보험에 들고 있다.

어린 나이에 스위스 어린이들은 자급 자족, 고된 작업, 협동, 가족과 사역 자금으로 유지되기 때문에, 지역 공동체는 가능한 한 빨리 자급 자족할 수 있도록 하기 위하여 정부 의존을 억제하고 사회 복지 혜택을 받는 사람들과 함께 일할 필요가 있다. 공공 복지는 일시적인 것으로 여겨진다 — 수혜자가 가난할 때에만 지속되는 것이다.

원조 계획은 엄격한 시간 제한이 주어지는 개별적 토대에 따라서 특별히 설계된다. 사회 복지 혜택을 받는 자가 독립하여 돌아오도록 돕는 것을 목표로 하여 양측 모두에게 유리하게 이루어진다. 또한 5프랑만 있으면 이유를 서술하지 않고도 개인의 소득세 신고서를 손에 넣을 수 있다. 이러한 제도는 복지 혜택을 받는 사람뿐만 아니라 다른 사람들까지도 정직함을 유지하도록 도움을 주고 있다. 스위스 국민들은 정책적으로 보수적인 대다수의 미국인들이 입으로 떠들어 대기만 하지 거의 행하지 않는 것들 — 사회 복지의 의무를 완벽하게 분산화시키는 일 — 을 실제로 실행에 옮기고 있다. 따라서, 가난과 무주택, 약물 남용, 폭력, 범죄 발생율 또한 미국보다 스위스의 경우가 훨씬 낮게 나타난다. 불행히도, 유럽에서 약물 남용과 에이즈 문제가 가장 심각한 취리히는 스위스 법률에서 불명예스러운 예외 조항이 되었다. 그 도시가 경찰들에게 봉쇄되기 전에는 일찍이 기품 있었던 플라츠피츠 공원이 이제는 약물과 약물과 관련된 장비들을 사고 파는 개방 시장이 되어 버렸다. 많은 장점이 있기는 하지만, 스위스라고 해서 혹독한 비평거리들이 전혀 없는 것은 결코 아니다. 어떤 사람들은 스위스를 오만하고 인종차별적이며 성차별적인 국가, 외국인을 싫어하는 국가, 그리고 국민들은 오로지 자기만을 걱정하는 국가라고 생각하고 있다.

하지만, 지독한 독립심에도 불구하고, 스위스 마을과 동네, 작은 주들은 철도, 고가도로, 터널, 전기 에너지, 물 공급, 오염 감소를 포함하여 공통된 관심사와 관련이 있는 중요한 프로젝트에 관해서는 서로 협동하기를 꺼리지 않는다. 스위스를 방문해서 얻는 피할 수 없는 결론은 스위스가 단지 일을 하고 있는 것이 아니라 매우 잘 해내고 있다는 것이다. 스위스는 강한 공동체 의식을 지닌 나라로서, 작지만 성실하고 매우 민주적인 나라이기 때문에 그럴 수가 있는 것이다. 미국과 같이 전 세계적인 절대권력 국가가 단지 660만 명의 국민으로 구성된 이 작은 나라에서 무엇을 배울 수 있을까? 정말로 많다.

의미의 정치학

의미의 정치학이라 함은, 물질주의와 이기주의의 담화로부터 돌봄과 공동체의 담화로 패러다임의 전환을 일으키는 것을 의미하는 말이다. 심리적, 윤리적, 정신적 욕구들은 비록 양을 표시할 수 있거나 쉽사리 과학적으로 관찰할 수 있는 것이 아니지만, 그래도 물질적 욕구나 양을 표시할 수 있는 자료만큼이나 중요한 것으로 확인되고 있다.

> 의미의 정치학은 이러한 공동체의 우선권을 변경하고 경제, 정치 기
> 구들을 재구성할 만한 집단 활동을 독려하는 데 목적을 두고 있다. 윤
> 리적, 심리적, 영적 필요가 더 이상 "수치가 불확실하거나" 부적절한
> 것이 아니라 오히려 인간 존재에게 근본적인 것으로 여겨지도록, 지배
> 적인 담화의 변경을 조장하려고 노력한다.
>
> 마이클 러너
>
> 티쿤, 1993년 7~8월

몇 가지 희망적인 지표들

공동체를 가로막는 많은 장애물과 현실 세계에서 공동체를 발견할 수
있는 희박한 가능성에도 불구하고, 미국과 그 밖의 지역에서 그런 사상에
대한 수용력이 증가하고 있음을 보여 주는 격려적인 지표들이 몇 가지 있
다. 예를 들면 폭넓게 읽혀지고 있는 두 권의 책, 로버트 N. 벨라와 그의
동료들이 쓴 <마음의 습관>과 <좋은 사회>는 공동체를 향해 낭랑하
게 울려 퍼지는 부름의 소리이다. 비록 이 책 가운데 어느 것도 충분한 해
결책을 담지하고 있지는 못하지만, 이 책들은 미국의 지나친 개인주의와
공동체 결핍에 관한 문제점들을 매우 신랄하게 파헤치고 있다.

공동체를 향한 여덟 단계

1. **공유된 가치** – 공유된 가치와 공동체의 목적을 확인한다.
2. **울타리** – 공동체의 울타리를 규정짓는다.
3. **권한 부여** – 모든 공동체 구성원들에게 권한을 부여하는 통치 체제와 공동체 의사 결정 과정을 창출한다.
4. **책임 분담** – 공동체 전체의 책임 배분 제도를 시행한다.
5. **성장과 발전** – 생리적 복지와 아울러 영적, 지적, 정서적 성장과 발전을 위한 전략을 공식화하고 이행한다.
6. **긴장 감소** – 공동체 구성원들 사이의 긴장과, 공동체와 그 공동체의 영역 밖에 살고 있는 사람들 사이의 긴장을 줄이는 갈등 해소 기제를 보완한다.
7. **교육** – 구성원들에게 공동체의 가치와 의사 결정, 통치, 책임, 성장과 발전, 그리고 긴장 감소에 관한 교육과 훈련을 실시한다.
8. **피드백** – 공동체의 목표 달성 정도를 검토하고, 그 결과에 따라서 공동체의 전략을 조절하는 적합한 피드백 조절 체계를 세운다.

경제학자

아미타이 에치오니가 이끄는 경제학자들의 소모임은 자기애, 쾌락주의 그리고 탐욕의 옹호자인 자신들의 직업적 역할에 대해 점점 환멸을 느꼈다. 그래서 그들은 나눔과 돌봄과 협동 같은 공동체의 가치가 이기주의, 개인주의, 물질주의보다 더 우위에 설 수 있는 신고전주의 형태의 경제학으로의 패러다임 전환을 제안하였다. '공동체 중심의 운동'으로 잘 알려

진 이 새로운 경제학으로의 접근은 환경적, 사회적, 인간적 희생에 따른 시장 경제의 효율성과 생산성 이익의 균형을 옹호하고 있다. 이 경제학자들은 자원을 분배하는 데 시장을 이용하는 것을 반대하는 것이 아니다. 오히려 이들은 제한 없는 자본주의 때문에 공동체의 가치가 짧은 주기의 변화를 자주 겪어야 한다고 보고 있다. 이른바 제3 세계의 바닥 공동체들은 이미 위에서 공산주의 경제학의 좋은 본보기라고 설명한 바 있다. 자원이 경제에 따라 어떻게 분배되느냐도 중요하지만, 국민이 어떻게 이 과정에 참여하느냐도 똑같이 중요하다. 에치오니의 저서, <공동체의 정신>은 사회가 절실하게 필요로 하는 것에 대한 시기적절한 응답이라고 볼 수 있다.

우리는 대도시 중심의 저소득층이 살고 있는 지역에서 소수 민족들, 가난한 사람들, 집없는 사람들이 겪고 있는 소외와 절망과 공동체 결핍에 관해서 많은 것들을 언급했다. 하지만, 도시에 나타나는 문제들로부터 도망쳐서 교외에 피난해 있는 많은 사람들 역시, 교외에서 사는 삶이 평판과는 조금 다르다는 사실을 깨닫게 되었다. 범죄와 약물이 교외까지 그들을 따라 왔을 뿐 아니라, 그들은 자기들이 냉난방 장치가 있고, 도난 방지 장치가 있으며, 같은 층의 일부 방들이 딴 방보다 높게 되어 있는, 보호막을 쳐놓은 집 속에 갇힌 채, 이웃들에게서 고립되고 분리되어 있다는 사실을 곧 깨닫게 된다.

어느 고소득층의 교외에 있는 교회 목사가 우리 가운데 한 사람에게 자신의 교회 근처 지역에서 공동체의 결핍에 관하여 무슨 일을 할 수 있겠느냐고 물어 왔을 때, 이런 식의 냉소적인 말을 쏘아 주고만 싶었다. "이 사람들은 자기가 좋아서 여기 사는 거예요. 한때 공동체 의식을 지니고 있었던 도시의 오랜 이웃들을 내팽개치고 여기 온 거라구요." 하지만, 가만히 생각해 보니, 이 목사는 자기 회중에 대한 진정한 고뇌와 번민을 표출하고 있었던 것임을 알 수 있었다. 문제가 있다는 사실조차 모른다면, 결코 그 문제를 풀 수 없는 법이다. 교외에 사는 사람들은 자기들 역시 무의미라고 하는 문제에 봉착했음을 점점 더 실감하고 있다. 그리고 그들은 온갖 쇼핑 센터와 컴퓨터 작동 도난 경보 장치, 민간 경찰력들을 다 동원한다 하더라도 결코 의미를 제공받거나 덜 외롭다고 느끼지 못하리라는 사실을 잘 알고 있다. 그들에게는 공동체가 필요하다. 그리고 그들 역시 이 사실을 잘 알고 있다.

비록 미국의 농장 숫자가 지난 30년 동안 50퍼센트나 감소하여 단지 200만 개밖에 되진 않았지만, 이 적은 숫자의 농장이 1990년대에 들어서서 다시 한 번 증가하기 시작했다. 농사가 가져다 주는 즐거움과 양질의 삶을 누리기 위하여 농사를 짓는, 고등 교육을 받은 시간제 농부들은 미국 전역에서 도시 가장 자리에 곡식을 싹틔우기 시작했다. 이 지적인 주말 농부들은 유기 목초, 양배추, 흰 완두콩, 그리고 작은 야채들을 재배한다. 이러한 발전 형태에 "시골로 되돌아가기" 운동이라는 명칭을 붙이는 것은 아직 때이른 감이 있지만, 그래도 이것은 매우 격려적인 지표가 된다.

계획 공동체 조합(FIC)에 따르면, 오늘에는 1960년대 후반 이후로 그 어느 때보다도 많은 사람들이 공동체를 찾고 있으며, 그 어느 때보다도 많은 단체들이 새로운 공동체를 설립하고 있다고 한다. 현재 미국에는 3,000개 이상의 계획 공동체들이 있는데, 그 가운데 350개는 계획 공동체 조합에서 출간한 *국제 공동체 전화번호부*에 실려 있다. 계획 공동체 조합의 규정에 따르면,

> 계획 공동체란 서로 협동하며 살아가는 단체, 독특한 공동체의 가치와 목표를 위한 의의와 책무에 전념하는 단체를 말한다. 이 단체의 구성원들은 이러한 상호 이익 위주의 지속적이고 활발한 동료 의식을 지니고 있다. 단체 생활은 확실한 의사 결정 과정을 사용하는 특별히 규정된 관리부에 따라서 내부에서 조장된다. 때로는 정반대이기도 하지만, 일반적으로 계획 공동체는 좀더 폭넓은 사회를 위한 공통의 가치와 목적을 선전하기 위해 일하는 ─ 주택, 토지, 사업 등의 ─ 공동 소유권이나 공유지 임대차에 높은 가치를 둔다.

많은 공동체들이 지난 10여 년을 통틀어 가장 많은 인구 수를 기록하고 있다. 몇몇 공동체는 완전히 포화 상태에 이르렀으며, 나머지도 긴 대기자 명단을 지니고 있는 실정이다.

이 계획 공동체들은 몇 안 되는 가구만으로 이루어진 소규모의 자작 농가들에서부터 수백 명으로 구성된 이스라엘의 키부츠들과 유사한 마을식의 공동체까지, 그 규모와 강조점에 따라 여러 가지로 분류된다. 가장 잘 알려진 계획 공동체 가운데 하나는 바로 트윈 오크스이다. 1967년에 창설된 이 트윈 오크스는 버지니아 주의 샬로테스빌 근처 수림, 언덕, 목초지, 숲으로 이루어진 부지가 460에이커에 달하는 농업 생활 공동체이다. 이 공동체에 속하는 85명의 구성원들은 수공예 해먹을 만들고 우유, 치즈, 콩식품, 토푸와 채소 같은 다양한 농산물을 생산해서 자활하고 있다. 트윈 오크스는 스키너의 소설 <왈든 투>로부터 채택한 계획 감독자 통치 체제를 갖추고 있다.

코이노니아 파트너즈는 조지아 주의 아메리쿠스라는 곳에 위치한 단순한 생활 양식의 그리스도인 공동체이다. 이 그리스도인 공동체는 1942년에 설립되었다. 이 공동체의 봉사 활동에는 저소득층 가정을 위한 가옥 건축과 아동 발달, 그리고 평화의 증언이 포함된다. 이들의 수입원은 농사뿐만 아니라 피칸, 과일 케익과 사탕 통신 판매 사업에까지 이른다.

공동체가 번창하고 있는 또 다른 지역은 바로 버몬트라고 하는 작은 주이다. 인구가 50만밖에 안 되는 이 버몬트 주는 스위스와 여러 가지 공통된 가치를 공유하고 있는 것처럼 보인다—독립, 민주주의, 근면, 강한 공동체 의식. 초기의 이로쿠오이스와 양키 주민들에게서 일부 영향을 받은 덕택에, 버몬트는 미국에서 아직까지도 "골짜기마다 마을과 읍, 이웃, 모퉁이, 지방의 목소리가 생생하게 울려 퍼지고 있는"[13] 몇 안 되는 지역 가운데 하나로 남아 있다. 버몬트는 그 규모가 아주 작아서 정책적으로 충분히 관리할 수가 있는 곳이다. 버몬트의 강력한 민주 전통은 바로 이 주의 246개 읍 정부가 그 열쇠이다. 이 읍 정부의 최고 행정 관리자는 3명 내지 5명으로 구성된 위원회이고, 이 읍 정부의 입법부는 전설적이라고도 할 수 있는 읍 모임이다. 1990년에 버몬트의 유권자들은 독립적인 사회주의자를 국회에 내보냈다ー이것은 그야말로 반 세기 만에 처음으로 사회주의자가 국회의원으로 당선된 일이었다. 비록 너무 작아서 나라를 구할 수 없을지는 몰라도, 버몬트가 미국에서 좀처럼 발견하기 힘든 대안적 생활 방식과 양질의 삶의 본보기를 제공해 주고 있는 것만은 틀림없는 사실이다.

공동체가 탐구 안에서 맡고 있는 역할

삶의 의미를 찾는 일 못지 않게 공동체 건설 역시 시간이 걸리는 힘든 일이다. 이 일에 성공을 거둔 사람은 극히 드물지만, 그에 따른 잠재적인 보상은 상당하다. 공동체는 협동, 나눔, 책임, 신뢰, 정의, 권한 부여, 적응성, 그리고 긴장 완화와 관련이 있다ー이런 가치들에 갈채를 보내는 공동체는 많지만, 실제로 성취하는 공동체는 아주 드물다. 우리 가운데 의미 탐구에 연루되어 있는 사람들에게 공동체가 그리도 중요한 까닭은 무엇일까? 그것은 바로 분리와 무의미와 죽음이라는 망령과 관련이 있다. 우리는 자신과 타인과 자기 존재의 토대로부터 분리되어 있다는 사실을 잘 알고 있다. 또한 우리는 우리의 삶이 전혀 의미 없는 것이라고 하는 깊고도 오래된 공포 때문에 고뇌에 시달리고 있다. 분리와 무의미만 해도 우리의 영혼이 버텨 내기에는 너무나 큰데, 우리 자신의 죽음이 가져오는 불확실성과 명백한 무(無)까지도 우리는 상대해야 한다.

공동체는 끊임없이 삶과 사랑과 의미와 영혼 다루기, 그리고 죽음을 실험하는 시험대이다. 공동체 안에서 우리는 다른 사람들에게서 우리의 탐구에 관한 격려의 말과 지도를 받게 된다. 또한 공동체는 젊은이들과 늙은이들, 부유 계층과 빈곤 계층, 교육을 받은 이들과 받지 못한 이들 모두에게 재미와 우정과 유머와 크나큰 즐거움을 안겨 줄 수도 있다.

우리는 공동체가 우리의 분리를 감소시킬 수 있을 뿐만 아니라, 우리의 의미 탐구도 촉진시키고, 나아가 우리에게 자신의 유한성과 타협할 수 있는 방법도 가르쳐 줄 것이라고 확신한다. 우리는 공동체를 통하여 우리를 분리시키려 하는 틈들을 메울 수가 있으며, 우리의 공통된 곤경, 다시 말해 죽음을 직면케 할 의미를 찾는 일에 다같이 힘을 모을 수가 있다. 공동체는 우리의 영혼으로 통하는 가장 중요한 창문 가운데 하나이다—행복한 죽음을 맞이할 수 있는 기회의 창문인 것이다.

제8장

직장에서의 의미 탐구

소유도, 권력도, 감각적인 만족도 … 삶의 의미에 대한 인간의 욕구를 충족시켜 주지는 못한다 ; 인간은 모든 것으로부터 이렇게 분리된 채, 불행한 삶을 살아가게 된다. 오로지 생산적인 활동에 참여하는 것만이 인간의 삶에 의미를 부여해 줄 수 있다.

에리히 프롬
마르크스의 인간 개념

일의 의미

어떤 예술가, 작가, 음악가, 의사, 성직자들은 자신의 일에 전적으로 삶의 의미를 부여한다 - 자신의 창작품, 자신의 환자, 자신의 회중에게 말이다. 또 여러 기업의 경영진과 정치가들, 그리고 정부의 관리들은 조종과 권력과 통제를 통하여 의미를 찾으려 애쓴다. 어떤 사람들은 그저 일이 막대한 부와 물질적 소유를 축적하는 데 도움이 되기 때문에 일을 한다. 하지만, 대부분의 경우, 일은 자기 자신과 가족의 생계를 유지하는 데 기본적으로 필요한 필요 악으로 다가선다. 대개의 사람들에게 일이란 즐거움의 원천이 아니라, 생계를 꾸려 나가기 위한 따분하고도 반복적인, 전혀 도전적이지 못한 수단에 불과하다. 일에 관해서 알베르 카뮈는 이렇게 말했다. "노동자의 조건과 노동자들에 토대를 둔 문명 속에는 얼마나 지저분한 불행이 담겨 있는가!"[1] 자신의 일을 즐기면서 진정한 의미를 깨닫는 사람은 극소수에 불과하다.

미국인들이 주말에 가장 즐겨하는 일들을 보면, 미국의 직장 사회에 만연해 있는 소외 현상을 잘 알 수 있다. 주말이란 소비자의 낭비를 증가시키려는 광고업계의 재치 있는 마케팅 전략일까? 아니면 직장의 소외와 무의미를 누그러뜨리기 위한 진정제인가?

미국에서는 노동자의 77.4퍼센트가 사업에 종사하고 있으며, 15.2퍼센트가 정치에, 그리고 7퍼센트는 자영업에 종사하고 있다. 그 사람들의 일이 의미 있는 것인지의 여부를 결정하는 요인은 과연 무엇일까? 일의 의미는 전적으로 일 그 자체에 달려 있을까? 어떤 일이 다른 일들에 비해 본질적으로 의미 있는 것일 수 있을까? 특정 일의 무의미에 영향을 미치는 요인들 중에서 고용주가 맡고 있는 역할은 무엇일까? 노동자의 태도는? 어떻게 하면 의미 있는 일을 찾아낼 수 있을까? 이 장에서는 위와 같은 질문들을 다루게 될 것이다.

직장에서 느끼는 무의미함

　미국의 경우를 보면, 노동력의 사 분의 삼 이상이 사업에 종사하고 있기 때문에, 우리는 사업 세계의 무의미 문제에 특별한 관심을 기울여야 할 것이다. 자니와 사샤에 관한 이야기에서 이미 살펴 본 바와 같이, 미국의 회사들은 세계에서 가장 비민주적인 제도에 속한다. 대부분의 회사에서—크든 작든 간에—극히 적은 인원만이 다음과 같은 근본적인 전략 문제에 답할 수 있는 중요한 영향력을 행사할 수 있다 :

　　1. 어떤 사업을 할 것인가?
　　2. 각 사업에 어느 정도 손을 댈 것인가?
　　3. 사업 자금을 어떻게 조달할 것인가?
　　4. 어느 나라에서 공장을 운영할 것인가?
　　5. 회사를 어떻게 조직할 것인가?
　　6. 무엇을 연구하고 발전시킬 것인가?
　　7. 무엇을 생산할 것인가?
　　8. 어떻게 생산할 것인가?
　　9. 누구에게 팔 것인가?
　　10. 어떻게 팔 것인가?

　전형적인 노동자들은 고용과 해고, 봉급과 임금, 후생복지 특별급여, 작업 조건, 합병, 인수, 박탈, 공장 폐쇄 등의 문제와 관련된 의사 결정에 거의 참여할 수가 없다.

하지만, 오늘의 육체 노동자들과 샐러리맨들은 대부분 고등 교육을 받은 데다가 유복한 환경에서 자라났기 때문에, 상명하달식의 권위주의적인 경영에 좀처럼 존경심을 표하지 않는다. 그들은 타인에게서 자기가 해야 할 일을 명령받는 것을 불쾌하게 생각한다. 현대의 노동자들과 사무 환경 사이에 존재하는 이러한 부조화 현상은 산업 노동자들 사이에 증가하고 있는 계획적 결근, 생산성의 감퇴 그리고 외국과 비교해서 약화되어 가고 있는 미국의 경쟁력 등을 아주 잘 설명해 준다. 비민주적이고 계층적인 조직이 직장에서의 공동체 형성을 불가능하게 만들고, 나아가 의미의 탐구까지도 저해한다. 대부분의 회사들이 최고 경영자와 노동자들 간의 엄청난 임금 격차 때문에 신용과 신뢰의 공동체를 싹틔우기가 무척 어렵다.

노동 통계국에 따르면, 1980년대에는 대학 졸업자 가운데 20퍼센트가 대졸 학력이 전혀 필요치 않은 직업을 선택했다고 한다. 이런 직업들은 대개가 임금이 적고 또 실질적인 수입이 점점 감소하거나 부진한, 더 이상 출세할 가망이 없는 것들이다. 대졸 학력을 필요로 하는 여러 회사의 일자리에서도, 업무 수행 정도의 중요성은 종종 극소화되고 만다. 엄청나게 많은 노동자들과 경영자들이 자신의 따분하고 어리석은 일에 비해서 너무도 교육을 많이 받은 것으로 나타나고 있다. 미국에서 군살빼기를 감행하고 있는 기업의 간부들이 거의 아무런 저항에도 부딪히지 않고 있는 이유 가운데 하나는 바로 파면당한 경영자들의 대부분이 변변치 못한 불완전 취업자이기 때문이다.

직장에서의 무의미감과 무력감에 기여하는 또 하나의 요인은 바로 미국의 노사 관계가 갖고 있는 대치 현상이다. 미국의 노동 운동사는 서로를 파괴하는 노사 간의 갈등에 관한 이야기이다. 노사관계에 대한 미국의 접근 방식은 언제나 늠름한 제로섬 사고 방식에 기초를 둔 것이었다. 이 제로섬 사고 방식이란 노동자의 이익이 결국은 경영자 쪽에 그 만큼의 손실이 되고 만다는 사실을 경영자가 파악하고 있는 것이다. 조직화된 노동자측의 견해도 전혀 다를 바가 없다—노동자의 이익은 오로지 경영자측에 그 만큼의 비용을 부과할 때에만 돌아올 수 있다는 견해 말이다.

제2차 세계대전이 종결된 이후로, 국회와 주의회는 노동자 연맹의 권력을 제어하고 고용주를 향한 성공적인 노동 쟁의 활동을 수행하는 것이 불법적이거나 극도로 어려운 일이 되게 만드는 데 목적을 둔 법규들을 지나치게 많이 만들어 냈다. 대부분의 주들이 주정부와 지방 자치 단체에 반대되는 노동 쟁의를 금지하는 법률을 지니고 있으며, 연방 노동자들이 미국 정부에 반대되는 노동 쟁의에 참여하는 것은 불법이라고 규정하고 있다. 미국 정부는 동유럽에서 이른바 자유 노동 연맹의 설립을 적극적으로 지원해 왔다. 그런데도 우리 정부는 미국에서 자유로운 노동 연맹을 파괴하기 위해서라면 어떤 일이라도 불사하겠다는 자세를 취해 왔다.

미국의 역대 대통령 가운데 로널드 레이건보다 더 효과적으로 조직화된 노동자측의 경제적, 정치적 권력을 축소시킨 대통령은 없다. 레이건 대통령은 1981년에 11,500명이나 되는 파업중인 항공교통 통제관들을 해고하고, 항공 교통 통제관들의 연합인 파트코(PATCO)의 배후를 공격함으로써, 기업의 간부들에게 노동 조합의 습격을 그저 보고만 있지는 않겠다는 명백한 신호를 보냈다. 이것은 사실 공식적인 정부의 정책이었다. 회사들은 잇달아 자체의 파업 파괴 전략과 임금 삭감 전략을 펼쳤다.

레이건 시절에는 회사들이 파업중인 노동자들을—어떨 때는 25 내지 30년씩이나 근무해 온 고참들까지도—해고하고 대신 다른 사람을 고용할 수 있도록 법정에서 계속적으로 허용해 주었다. 어떤 지역에서는 파업 중인 노동자들의 식권을 찢어 버리기도 했다. 주지사들은 경영권을 보호하고, 파업 파괴를 호위하고, 파업 주동자들을 괴롭히기 위하여 주 방위군과 고속도로 순찰대까지 동원하였다. 노동자 연맹들은 종종 지역공동체와 조직화되지 않은 노동자에게서 고립되었으며, 아메리카 주식회사가 아주 효과적으로 "특별 주문에 따라 제작한" "특별 이익 단체"의 웃옷을 벗겨버릴 수가 없게 되었다.

피트스톤의 석탄 집단은 버지니아 고속도로 순찰대의 고압적인 작전과 파업파괴자들을 이용함으로써, 1989년에 웨스트 버지니아 주의 버지니아와 켄터키 주에서 파업중인 1,900명의 전 미국 광부들을 굴복시켰다. 적대적인 주 의회의 활동과 버지니아 주지사인 제럴드 밸리리스의 반 노동 조합 전략은 포위당한 피트스톤의 광부들에게는 너무 타격이 큰 것으로 판명되었다. 피트스톤 파업은 미국의 전형적인 노사 관계 활동이었다. 양쪽 모두 반대편에 심각한 고통을 안겨 주기 위해 있는 힘을 다했다. 아홉 달 뒤 마침내 파업이 진정되었지만, 싸움에서 진 노동 조합은 피트스톤으로부터 그저 면목을 세울 수 있을 정도의 중요하지 않은 허가만을 받을 수 있었다. 비록 노동자와 경영자가 공식적으로는 화해의 계약이 "쌍방에게 다 만족이 가는" 상황을 초래했다고들 주장하였지만, 피트스톤 파업에서 진정으로 승리한 것은 그 어느 쪽도 아니었다.

회사의 책임자들에게서 약속받은 것과는 달리, 미국에서 노동 운동이 감소한 만큼 생산성이 증가하지는 않았다. 육체 노동자들은 이전보다 훨씬 더 소외당하고 있다. 이제 미국의 회사들은 일본, 환태평양 국가, 유럽 공동체로부터 훨씬 더 심한 경쟁에 부딪히게 되었다.

20세기 내내 미국에 지속되어 온 대치적인 노사 관계는 도대체 누구의 책임일까? 노사 양측이 모두 비난받아야 마땅하다. 유럽의 노사 관계는 미국의 노사 관계보다 훨씬 더 참여적이고 비대치적이다. 이것은 노동자의 권리를 보장해 주는 광범위한 법규들과 진보한 노사 관계의 결합을 반영해 주고 있다.

비록 유럽의 노동 조합들이 미국의 노동 조합들보다 훨씬 더 강력하긴 하지만, 파업이나 심각한 노동 쟁의는 미국보다 훨씬 덜 발생하고 있다. 서독, 스웨덴, 핀란드 그리고 오스트리아의 노동 조합들은 매우 강력한 조직이지만, 그 대표자들은 자신이 대표하고 있는 회사가 현재 어떻게 굴러가고 있는지를 상당히 잘 알고 있다. 미국의 노동법과는 달리, 유럽의 노동법은 경영자가 아닌 노동자 편에 굳건히 서 있다. 예를 들면, 사업의 명백한 쇠퇴가 아닌 다른 어떤 이유로 노동자를 해고하기란 매우 어려운 일이다. 노동자들은 무차별적인 일시 해고로부터 강력한 법적 보호를 받고 있다.

유럽의 노사 관계는 갈등보다도 협동 정신에 더 많이 기초하고 있다. 기업의 경영자들도 노동계 지도자들도 모두 자기 권력의 한계를 잘 알고 있으며, 기업이 국제 시장에서 성공적으로 경쟁하지 못할 경우 양쪽 다 실패하고 말 것이라는 사실을 잘 이해하고 있다. 분열을 일으키는 제로섬 접근 방식보다는 쌍방에게 다 만족이 가는 태도가 더 일반적이다. 제로섬 접근 방식은 미국의 노사 관계가 보여 주는 특징이다.

그렇다고 해서 미국의 모든 회사들이 다 불신과 대결에 기초한 노사 관계를 지니고 있다는 말은 아니다. 아이비엠, 페더럴 익스프레스, 델타 에어 라인스, 유나이티드 파슬, 버로즈 웰컴은 진보한 비대치적 형태로 노동자들에게 접근하는 미국의 여러 회사 가운데 극히 일부에 지나지 않는다. 아이비엠과 델타는 여러 해 동안 한 번도 일시 해고 정책을 펴지 않았으며, 경제 침체기에도 노동자들의 일자리를 보장해 주었다. 하지만, 불행히도 1990년대의 경쟁 압박은 이 두 회사가 완전 고용 정책을 철회하도록 만들었다.

노동자들의 삶에 의미를 부여하는 것이 비단 회사만의 책임은 아니겠지만, 그래도 회사는 노동자들이 사내에서나 개별적 삶 속에서 의미를 발견하지 못할 경우 값비싼 대가를 치르게 될 것이다. 대치적인 경영 형태를 취함과 동시에 계층적으로 조직화되어 있는 비민주적인 회사들은 직장에서의 의미 탐구에 전혀 도움이 안 된다.

소 외

앞에서 말한 바 있듯이, 소외는 자기 자신과 타인과 자기 존재의 토대로부터 분리되는 데 그 원인이 있다. 직장에서의 소외는 개인이 일 그 자체를 통하여 비인간화된 사물이나 대상으로 변형됨으로써 생겨나는 현상이다.

일부 염세주의적 견해에 따르면, 직장에서 소외를 극복할 수 있는 유일한 방법은 바로 자영업에 종사하는 것이라고 한다. 칼 마르크스는 이렇게 말했다. "존재는 자기가 자기 자신의 주인이 아닐 경우 자기를 독립적이라고 여기지 않는다. 그리고 자신이 자기의 실존을 소유할 때라야 비로소 자기 자신의 주인이 될 수 있다. 다른 사람을 위해 사는 사람은 자신을 독립적인 존재로 보지 않는다."[2]

또한 알베르 카뮈의 설득력 있는 말도 있다. "존엄성이 자유로이 받아들여질 때에만 직업에 존엄성이 존재하게 된다."[3]

고도로 조직화된 사회, 대량 생산 사회, 소비자가 조종하는 사회, 자본주의적 사회 속에서 많은 사람들이 자영업의 가능성을 꿈꾸고 있다. 하지만, 성공하는 사람은 극히 드물다. 대부분의 미국인들에게 자영업은 실행 가능한 선택이 아니다. 따라서, 우리는 사업과 농업과 교육과 보건과 정치에 종사하는 사람들의 소외와 무의미에 관한 문제를 검토해 보아야 할 것이다.

만일 어떤 사람이 사업에서 출세하기로 작정한다면, 그 사업의 성격에도 불구하고 의미 있는 경력을 쌓는다는 게 가능한 일일까? 섬유, 담배, 의약품, 화학 제품, 플라스틱 제품, 핵무기, 일회용 기저귀 등, 그 종류가 문제될까? 회계, 재무, 마케팅, 생산, 연구와 개발, 인사 담당 등의 다양한 직종에 따라 그 무의미의 정도도 각기 다르게 나타날까? 직업의 목적에 따라서는? 이익 극대화, 서비스, 품질, 완전고용, 훌륭한 시민 정신 등이 모두 똑같이 의미 있는 사업의 목적일까?

이것은 결코 쉬운 문제가 아니다. 이 문제들에 대한 해답은 우리의 개인적인 철학－의미감, 가치, 윤리적 원칙, 사회적 책임감－에 달려 있다.

예컨대, 만일 어떤 사람이 살인을 허무주의적 행동으로 여기고 있다면, 어떻게 방위산업 계약자나 담배 제조업자를 위해 일할 수 있겠는가? 또 만일 어떤 사람이 중앙 아메리카의 토착민들을 착취하는 일에 반대하는 입장이라면, 어떻게 이 토착민들을 억압하는 데 기여하고 있는 미국 회사들의 정책에 노골적으로나 암묵적으로 찬성할 수 있겠는가? 토요일 아침 시간에 방송되는 만화 시청자들을 겨냥한 교묘한 텔레비전 광고들의 구상은, 어린이들에게서 의미를 빼앗아 버리는 사람들의 선자리에서 볼 때 매우 합법적인 일이 아니겠는가?

오늘날에는 미국에서 제조된 생산품이 거의 없는 실정이다. 그것들이 암이나 중독에서부터 위험한 기구, 장난감, 자동차로 인한 상처에 이르기까지, 사회에 적지 않은 해로운 영향을 미치기 때문이다. 자신의 의미감과 일치하는 직업을 갖기란 무척 힘든 도전일 수 있다. 너무도 많은 사람들이 그저 많은 급료와 부수입 때문에 의미 없는 직업의 유혹에 빠진다. "당신의 영혼에 대한 보답으로, 우리는 당신에게 명성과 행운과 권력을 약속하지요." 이것은 많은 회사들이 암묵적으로 내세우는 계약이다.

버몬트의 아이스크림 제조업체인 '벤 앤 제리스'는 "돌봄 자본주의"라는 공인된 정책을 폄으로써, 사회적으로 책임감을 다할 수 있는 진화된 미국 산업의 선두에 서게 되었다. 밴 앤 제리스에서는 그 어떤 고참 간부라 할지라도 일 년 남짓 근무한 최저 임금 노동자가 받는 보수의 일곱 배

정도를 벌 수가 없게 되어 있다. 저소득층이 사는 지역에 위치한 이 회사의 "공동 작업장"은 가난한 이웃들의 생기를 북돋워 주고, 이웃의 거주민들에게 힘을 불어넣어 주기 위하여 고용의 기회 창출을 목적으로 하는 비영리적, 공동체 지향적 조직들과 합작 투자한 것이다. 우유값이 폭락하던 1991년에도 벤 앤 제리스는 버몬트의 낙농장 주인들에게서 프리미엄을 붙여 유제품을 사들였다. 이것은 그야말로 벤 앤 제리스가 가족 농장들을 지원하고자 단호히 결심했다고 하는 사실을 잘 반영해 주는 일이었다. 벤 앤 제리스는 미국에서 가장 자유로운 노동자 이익 프로그램 가운데 하나이다.

벤 앤 제리스의 노동자 이익

1. 노동자 급료의 최고 2퍼센트까지 회사 보조 기금이 나오는 연금 수령자 프로그램
2. 의료보험과 치과 보험(회사 부담)
3. 집단 기한 생명보험
4. 신체 장애 보험
5. 채용지원(회사가 채용의 대가를 지불)
6. 출산휴가, 남편의 출산·육아휴가, 채용휴가(일자리와 이익의 손실없이 지급되는 휴가)
7. 헬스클럽(여러 분야의 헬스클럽에 자유로이 회원 가입)
8. 신뢰할 만한 노동자 상담(회사 부담)

---

9. 콜레스테롤 검사, 청력 검사, 그 밖의 건강 서비스(정기적)
10. 마사지 치료(정기적)
11. 이익 분배
12. 주택 할부금의 첫 지불액을 은행에서 대부받을 수 있도록 보증을 해 줌
13. 노동자 주식 매입(시가보다 15퍼센트 낮게)
14. 수업료 보조
15. 육아(변화하는 양육비 스케줄에 따른 현장)
16. 하루에 3파인트의 아이스크림을 무료로 배급(제조소의 2급품)
17. 금요일마다 모두에게 갓 구워낸 초콜렛 쿠키를 무료로 배급

60여 년 동안 소규모의 농부들이 계속해서 미국의 도시로 탈출했음에도 불구하고, 가족 농장은 서유럽에 남아서 소중한 전통을 지켜 나갔다. 유럽 공동체는 미국보다 10배나 더 많은 농부들을 지원해 주었다. 미국의 경우와 달리, 유럽에서는 소규모의 농장들이 여전히 가치 있는 삶의 방식으로 여겨지고 있다. 가족 농장을 미국인들이 얼마나 중요하지 않게 여기고 있는가는 거대한 기업 소유의 거대 농장들이 전통적인 농장들을 집어삼켜 버렸다는 사실에서 여실히 드러난다. 미국의 식품 가운데 절반 이상이 미국 농장의 4퍼센트에서 생산되고 있는 실정이다. 기업 농장들은 점점 더 화학약품과, 농약과, 에너지가 많이 드는 방법들을 동원해서 수확을 늘리고 또 농산물을 먼 거리에 있는 시장까지 운송한다. 기업 농장들

은 어떻게 하면 농작물의 산출을 더 늘릴 수 있을까를 늘 고민하고 있는데, 이것은 토양을 기름지게 하는 것이 아니라 오히려 파괴하는 행위이다. 가족 농장들이 사라져 감에 따라, 회사나 학교나 병원 같은 지방 공동체들도 같이 사라져 가고 있다.

특히 아프리카계 미국 흑인들은 시민전쟁 이후 그들이 추방당했던 착취적인 소작 농장에 그대로 남아 있을 이유가 전혀 없었다. 시카고나 클리블랜드나 디트로이트가 제공해 주는 것들이 미시시피 강의 삼각주 지역에서 사는 삶보다 훨씬 더 나았다. 1940년대와 1950년대에는 미국의 시골 전체에서 이용할 수 있는 공익 사업과 교육, 의료, 문화 생활, 교통 수단 등이 백인 농부들이 시골에 그대로 남아 있을 수 있을 정도로 좋지 못했다. 점차로 늘어만 가는 미국의 도시 인구는 농장에서의 삶을 고집할 이유가 전혀 없다는 거만한 태도를 잘 반영해 주는 것이었다.

농장으로 돌아가자

이제 다시 한 번 농업을 농부들 ─ 토지와 목초지와 과수원과 가축을 소유하고 그것들을 돌보는 사람들 ─ 의 손에 맡겨야 할 때이다. 이 사람들 가운데 일부는 소규모 농장주들이나 좀더 큰 규모의 가족 농장들일 수도 있으며, 또 일부는 소유주들과 기업체들의 수수한 협동조합일 수도 있을 것이다. 농부들이야말로 경제적 균형을 회복할 수 있는 방법과, 땅을 경작하면서 서서히 땅에게 건강을 되찾게 해 줄 방법을 가

장 잘 알고 있는 사람들이다ー그리고 새 농부들은 재빨리 이를 터득하게 될 것이다. 나는 또한 농경지의 일부를 그저 휴경지로 남겨 두거나, 목장으로 전환하거나, 아니면 재조림하는 것이 좋다고 확신하는 바이다.

바클라프 하벨
<여름 명상록>

우리는 미국의 시골에 대한 근시안적인 견해와 정책 때문에 막대한 희생을 치렀다. 가장 심각한 미국 도시의 사회적, 경제적 문제 가운데 대부분이 바로 제2차 세계대전 이후로 시골과 도시를 좀더 균형있게 발달시키지 못했던 우리의 무능력에 근거한 것들이다.

가족 농장의 경영

우리는 가족 농장의 생존이 지극히 중요한 일이라고 믿고 있다ー우리가 매년 4백만 갤런에 달하는 버몬트의 신선한 우유와 크림을 가져다가 아이스크림을 만드는 회사이기 때문에 이런 말을 하는 것이 아니다. 가족 농장의 경영은 우리 모두에게 중요하다. 가족 농장의 경영은 우리의 식품 공급과 가치의 유서 깊고 생생한 토대이며, 우리 나라가 항상 강력한 힘과 특성과 경제적 안정을 누릴 수 있도록 해 주었던 지방 공동체들의 토대이기도 하다.

벤 앤 제리스

미국의 경우와는 달리, 유럽의 농업 침체는 소규모 농장주들을 보호하기 위해 의도된 것이었다. 유럽의 농장들이 미국의 농장들보다 더 작고 더 비효율적인 데다가 식품의 가격도 더 비싼 것이 사실이긴 하지만, 거기에는 또 그만큼의 이익이 있다. 소규모의 유럽 농장들은 화학비료와 농약과 제초제를 더 적게 사용하며, 따라서 미국보다 우물과 개울이 훨씬 덜 오염된다. 유럽의 작은 읍과 마을들은 여전히 삶의 질이 무척 높기 때문에, 뉴욕이나 워싱턴이나 로스엔젤레스나 디트로이트에서 발견되는 도시의 가난, 범죄, 무주택, 절망 등의 문제들을 유럽의 도시에서는 찾아 볼 수가 없다.

미국에서 지난 반세기 동안 해 온 일이라고는 그저 소규모 가족 농장주들의 소외와 빈곤과 절망을 시골에서 우리의 거대한 수도권 지역의 도심부 빈민굴로 옮겨다 놓은 것밖에 없다—이런 문제는 정치적 캠페인에서 거의 언급되지 않는 실정이다. 무의미라는 주제는 우리의 정치가들이 별로 달갑게 여기지 않는 것이다.

불행히도 소외의 문제는 회사나 농장에서 일하는 사람들에게만 한정된 것이 아니다. 단과대학이나 종합대학들이 학생들로 하여금 자신들의 삶 속에서 의미를 찾아 낼 수 있도록 돕는 일에 그렇게도 비효과적이지만, 이것도 전혀 놀랄 일이 아니다. 지나친 대학교수 전문주의, 연구 보조금 획득술, 기능적 고립주의 등은 대학 교정에 공동체가 무질서하거나 전혀 존재하지 않는다는 사실을 잘 보여 주는 증거들이다. 교수들은 진급과 연구 보조금, 그리고 교수진의 봉급 인상을 위한 기금 가운데 점점 감소하고 있는 합동 자금을 서로 더 많이 타내려고 극심한 경쟁 속으로 뛰어 들고 있다.

우리의 단과대학과 종합대학들이 미국을 1980년대의 '나' 세대로부터 이끌어내리려는 의지나 지도력을 지니고 있다는 증거는 그 어디에서도 찾아볼 수가 없다. 미국의 대학들은 변화를 주도하는 촉매의 역할을 하기는 커녕 오히려 문제의 핵심이 되고 있다. 대학의 정책들은 학생들을 돌보고 양육하는 일보다도 교수진의 여러 구성원들을 훨씬 더 중요하게 여기고 있는 것처럼 보인다.

지금으로부터 약 50년 전에는 의사란 환자들의 집을 직접 방문하여 치료해 주고 치료비 대신 물품을 받거나(닭 한 마리, 토마토 한 봉지, 위스키 1/5 갤런 등) 또는 아예 치료비를 받지 않는 아주 헌신적인 공무원이었다. 하지만, 오늘에는 미국의 모든 보건 시스템이 탐욕과 죽음에 대한 우리의 심각한 공포에 따라 조종되고 있다. 의사, 영리를 추구하는 개인 병원, 건강 보험 회사는 모두 환자, 경영자, 정부에게서 가능한 한 많은 돈을 짜내기 위한 끊임없는 싸움에 연루되어 있다. 영리를 우선적으로 추구하는 병원의 의사가 어떻게 환자들에게 성실할 수 있겠는가? "24개월 이내에 100만 달러짜리 진료소를 세우는 방법" — 한 건강 진료소 마케팅 잡지에 실린

톱기사의 제목은 모든 것을 말해 주고도 남음이 있다. 1980년대에는 몇몇 개인 정신 병원에서 침상을 가득 채우라는 경제적 압박이 너무도 심했기에, 유효한 건강 보험에 든 극히 정상적인 사람들까지도 자기 의사와는 상관없이 이문이 많이 남는 이 병원들에 수용되었다. 그 이유는 딱 한 가지—바로 그들의 보험금이었다. 이제 병원들은 텔레비전에 이런 광고를 내보내고 있다—"와서 우리 병원에 있는 암 진찰실을 보세요!"

지미 카터, 로널드 레이건, 조지 부시 전 대통령들은 저마다 워싱턴의 연방 정부와 선거에서 맞붙어 싸움으로써 대통령으로 선출되었다. 그들이 묘사한 미국의 공무원상은, 국민의 재산을 낭비할 뿐 사회를 위한 가치 창조에는 전혀 무관심한, 무능하고 게으른 관료주의자들의 무리였다. 최고 경영자에게서 이렇게 인색한 대접을 16년 동안이나 받아 온 수많은 전임 당국자들의 자존감이 언제나 낮다는 것을 발견했다 한들 결코 놀라운 일이 아니다. 팀 워스 상원의원—1992년에 재선출되기를 거부하기로 작정했던 여러 하원 의원들과 상원 의원 가운데 한 사람—은 상원을 떠나기로 결심하고서 이렇게 말했다. "정치가 나를 내 자신이 싫어하는 사람으로 만들어 버렸다."

정부를 그렇게 철저히 경멸하는 나라는, 정치가와 전문적인 정부 노동자들이 정직함과 창조성과 효율성의 본보기가 되어 주리라 기대할 수가 없다. "우리 대(對) 그들" 식의 정신 구조가 지속되는 한, 우리 정부도 무의미라는 진구렁 속에서 여전히 허우적거리고 있을 것이다. 리처드 굿윈이 말한 대로, "오늘의 수많은 제도들에게 새로운 요구에 응답하라고 다그치는 것은 마치 어떤 사람을 창턱 위에 올려 놓고 날아 보라고 요구하는 것이나 다름없는 짓이다. 그는 날 수 있게 만들어지지도 않았을 뿐더러, 만일 당신이 계속해서 그에게 날아보라고 강요한다면 도리어 당신에게 달려들어 코를 한 방 쳐 버릴 것이다."[4]

의미 있는 정부

만일 이 나라의 공무원들이 진정한 의미에서 대표자가 되고 또 나라 전체의 지속적인 번영과 미래의 이익을 추구하는 대신에, 그저 자신의 지지자들이 분부하는 대로 따르기만 하는 하인이 된다면, 이 나라의 자유와 막대한 이익은 결코 안전하지 못할 것이다.

루시우스 퀸투스 신시나투스 라마르

남부 정치가

경영 철학

미국의 많은 회사들이 편협하게 규정된 재정상의 목표를 뛰어넘을 만한 최고 경영진의 명확한 방향 감각을 놓치고 있는 것처럼 보인다. 그저 주주들의 부를 극대화시키는 것 말고, 기업이 우선적으로 존재해야 할 이유가 더 있는가? 최고 경영진의 목적 의식과 가치, 그리고 노동자와 고객과 제조업자와 주주와 대중에 관한 고참 간부의 윤리적 원칙을 발표하는 것이 중요한 일인가? 버로즈 웰컴, 벤 앤 제리스, 존슨 앤 존슨, 유나이티드 파슬 서비스 등, 점점 늘어가는 성공적인 회사들은 이 문제의 해답이 "예"라고 생각하고 있는 것 같다. 이 회사들은 경영 철학을 공식적으로 표명한 바 있다.

경영 철학이란 한 회사의 업무의 기초를 형성해 주는 근본적인 원칙들과 관련된 것이다. 경영 철학은 최고 경영진의 의미감과 방향감을 포착해야 한다. 충분히 다듬은 경영 철학은 회사의 목표, 목적, 전략, 정책 그리고 회사의 전체적인 분위기와 경영 형태에까지도 상당한 영향을 미친다. 개인 철학과 마찬가지로, 경영 철학 역시 최고 경영진의 마음과 영혼을 비추어 주는 거울이다. 경영 철학은 경영진의 실존의 중심부를 명확히 보여 준다. 경영 철학은 노동자들에게 회사가 무엇을 중요시하고 있는지를 명확하게 보여 주는 것이어야 한다.

테네시 윌리엄스는 자신의 희곡(The Glass Menagerie)에서 경영 철학의 필요성을 뒷받침해 주는 이론적 근거를 간결하게 축약하였다 : "인간은 본능적으로 사랑을 하고, 사냥을 하고, 싸움을 하는 존재이다. 그리고 이 본능 가운데 그 어느 것도 인간 창고에서 많은 역할을 수행하지는 못한다." 이 본능들은 기업들의 전략에서 별 관심을 받아 오지 못했기 때문에, 경제적 혼란의 바다 한가운데에서 목표를 잃고 허우적거리고 있는 무수히 많은 대기업들을 발견한다 한들 그리 놀랄 것도 없다. 개인적인 삶 속에서 명확하게 규정된 의미감이나 방향감을 전혀 지니고 있지 않은 지도자가 이끄는 기업은 노동자들로 하여금 선장이 없는 배에 오르도록 권유하는 데 큰 어려움을 겪게 된다.

진짜 사나이

만일 당신이 위험을 무릅쓰는 사람이 아니라면, 아예 회사에서 발을 빼야 한다.

스티븐 J. 로츠
<타임 워너>

회사라면 모두―크든 작든 간에―경영 철학을 지니고 있다. 하지만, 대부분의 경우, 경영 철학은 고용인들이 회람할 수 있도록 공식적으로 표현되거나 문서로 작성되지 않는다. 오히려 경영 철학은 회사의 최고 경영자의 머리 속에만 머무른다. 공식적인 경영 철학을 문자화할 정도로 시간과 노력을 쏟아붓는 회사는 거의 없다.

최고 경영진이 공식적인 경영 철학의 선언서를 고안해 내는 것이 이로운 이유는 여러 가지가 있다. 경영진이 회사의 철학에 대한 의견 일치를 보기 위해 노력할 때에는, 경영자들마다 제각기 회사의 근본적인 원칙에 대해서 아주 판이한 이해를 하게 되는 것이 보통이다. 만일 이 때 경영진의 기본 원칙을 명시해 놓은 성문서가 없다고 한다면, 솔직한 견해의 차이가 그만 오랫동안 간과되고 말 것이다 ; 그리고 그 견해 차이가 분명히 드러나고 난 후에는 이미 극복하기가 어려운 상태에 빠져 있을 수 있다. 게다가, 회사가 커지면 커질수록 성문화되지 않은 정보의 한계점 역시 점점 더 확연히 드러나게 된다.

창립자를 한 번도 만나본 적이 없는 차세대 노동자들은 회사에 대한 창립자의 원대한 포부는 알지 못하고, 도리어 비틀어 곱새겨진 견해만을 갖게 될 수가 있다. 오래된 회사일수록, 그리고 창립자와의 간격이 먼 회사일수록 그 회사의 경영 철학에 관한 성문화된 전망을 지니고 있는 것이 더 중요하다.

명확히 규정된 경영 철학이 없다는 것은 곧 최고 경영진 측에 어떤 규율이 없다는 점을 암시해 주며, 일련의 특정 원칙들에 대한 책임이 없다는 사실을 암시해 주기도 한다. 이러한 책임의 결여는 머지않아 그 회사의 다른 경영자들과 노동자들의 눈에도 확연히 드러난다. 그런 회사는 경쟁 회사나 고객이나 정치가 같은 외부 환경에 따라 쉽사리 흔들리고 만다.

의미 있는 경영 철학은 다음과 같은 문제들을 다루어야 한다 : 회사가 '*사람들을 위해*' 무엇을 할 것인가? 회사가 '*사람들에게*' 무엇을 할 것인가? 회사의 경영 활동에 **사람들이** 어떻게 참여할 것인가? 경영 철학의 요소가 개인 철학의 요소와 매우 유사하다는 사실은 그리 놀랄 일이 아니

다 : (1) 의미감, (2) 가치의 선언, (3) 윤리적 원칙, (4) 기업의 책임 선언.

경영자가 경영 철학을 기록하는 대목에서 가장 어려운 단계는 분명히 자신의 의미감을 표출하는 일과 관련된 것이다. 삶의 의미에 대한 자신의 견해를 동료들과 공유하는 일에 편안함을 느낄 수 있는 경영자는 극히 드물다. 삶이 자신에게 어떤 의미를 가지고 있는지에 대해서 자기의 느낌을 그대로 진술할 수 있도록 경영자를 독려할 만한 간접적인 수단을 강구해야 할 때도 종종 있다.

의미를 탐구하는 일이 제아무리 어렵다 하더라도, 최고 경영진은 어떻게 하면 경영자들과 노동자들이 모두 자신의 개별적인 삶 속에서 의미를 발견할 수 있도록 격려해 줄 만한 환경을 조성해 줄 수 있을까를 진지하게 고려해 보아야 한다. 삶의 의미와 관련된 문제들에는 쉽고 빠른 해답이란 결코 있을 수 없다. 하지만, 기업은 이 문제가 고용인들의 정신 건강에 매우 중요한 영향을 미친다는 사실을 인식하고 또 인정해야 한다. 기업이 의미를 탐구하기 위한 기관은 아니지만, 그래도 기업이 노동자들의 의미 추구를 방해하는 것은 무책임한 행동이다.

일단 의미감을 기록한 경영진은 이제 기본적인 경영 가치에 대해서 생각해 볼 수 있다. 일단 가치의 선언을 공식화하는 데 필요한 여러 가지 규율이 만들어지면, 최고 경영진이 그 가치를 선언하도록 도와 줄 만한 외부의 매개체를 채용할 필요가 종종 있다. 심리학자, 신학자, 철학자들은 가치 공식화 과정에 효과적인 촉매 역할을 수행해 왔다. 만일 경영진이 가치에 대해서 비교적 다양한 견해를 가지고 있다면 기업 가치의 일치점에 이르는 길이 훨씬 더 힘겨울 수 있다는 것은 자명한 일이다. 사실, 심각한 가치의 차이가 표면적으로 드러나게 될 경우, 경영자들 사이에 틈이 벌어질 위험성도 농후하다.

버로즈 웰컴의 가치

1. 성실   6. 기술 혁신
2. 도덕   7. 품질
3. 개인 존중   8. 시민 정신
4. 팀워크   9. 효율성
5. 연구 전념   10. 적응성

아주 최근까지도 아이비엠은 세계에서 가장 잘 관리되고 있는 다국적 기업 가운데 하나로 여겨졌다. 아이비엠은 3가지의 기본적인 신념 - 개인 존중, 고객 서비스, 우수성 - 때문에 명성이 자자했다. 무니히, 시카고, 헬싱키, 리우데자네이루 등 그 어느 곳의 아이비엠 사무실을 방문한다 해도, 온 누리의 아이비엠이 모두 일관성을 지니고 있었다. 어느 곳에서든지 아이비엠에게 기대하는 바가 명확했다. 앞에서 살펴 본 바와 같이, 아이비엠의 일관성과 고도의 수행 능력에 필수적인 요소는 바로 완전 고용 정책이었다. 그렇지만 1990년대에 들어서서 아이비엠의 우선 사항 목록

에서 최고의 자리를 차지하게 된 새로운 가치가 있었으니─바로 **효율성**이라는 것이었다. 한때는 위대했던 회사가 이제는 구조조정과 군살빼기에 기초한 전략으로 점점 더 치사하고 빈약해져 가는 경쟁 속에서 살아남으려는 성공적이지 못한 시도를 기울이면서 비틀거리고 있다.

만일 한 회사의 경영 철학이 너무 많은 가치를 포함하고 있을 경우, 노동자들이 그 가치들을 진지하게 받아들이지 않을 수가 있다. 어떤 사람들의 눈에는 경영진이 모든 사람들에게 모든 것을 주기 위해 노력하는 것처럼 비칠 수도 있다. 그러므로 거짓된 경영 가치를 전하는 것보다는 진정으로 믿고 있는 몇 가지 가치들의 목록만을 짧게 작성하는 것이 더 낫다.

아메리칸 에어라인스, 브리스톨─미어스, 데이터 제너럴, 엘리 릴리, 아이비엠 등의 수많은 유명 회사들은 자체의 윤리적 원칙들을 명확히 표명하고 윤리 규칙을 통하여 그것들을 노동자들에게 전달하기 위해 많은 노력을 기울여 왔다. 이 윤리 규칙들은 몇 가지 윤리 원칙들을 한 페이지로 요약한 것에서부터, 회사 생활의 여러 가지 측면들을 두루 포함한 기업 정책을 자세히 길게 다룬 것까지 그 길이가 다양하다.

아이비엠의 30쪽짜리 <회사 경영 방침>은 지금까지도 가장 정교한 기업 윤리 규칙의 본보기가 되고 있다. 이것은 아이비엠의 이점을 살리는 것에서부터 경쟁자들에 대한 공평성, 뇌물, 선물, 사업상의 여흥, 이권 다툼, 독과점 금지법에 이르기까지 아주 광범위한 주제들을 다루고 있다.

아이비엠은 윤리적 난관에 빠진 노동자들을 위하여 아래와 같은 충고를 해 주고 있다 :

> 스스로에게 물어 보라, 평판이 자자한 동료들, 친구들, 가족들의 진단 까지도 모두 당신의 결정에 초점을 맞춘다면, 그것 때문에 당신의 마음 이 편안할 것 같은가? 당신이 해야겠다고 생각하는 것, 그것이 아마도 옳은 결정일 것이다. [5]

노동자들은 저마다 이 지침의 사본을 지니고 있어야 하며, 해마다 한 번씩 그 내용에 관하여 익히 알고 있으며 이를 승낙한다고 하는 보고서를 제출해야 한다. 최근에는 회사에 여러 가지 문제가 있지만, 그럼에도 불구하고 아이비엠의 <회사 경영 방침>은 오늘 많은 회사들이 열심히 배우고 있는 훌륭한 본보기가 되었다.

일련의 가치와 윤리적 원칙들을 정한 다음에는, 그것들을 어떻게 회사의 다양한 내기꾼 —투자자, 노동자, 경영인, 고객, 분배자, 제조업자, 경쟁자, 조정자 그리고 사회—에게 적용시켜야 할까? 그것이 바로 기업의 책임을 선언하는 목적이다. 그러한 선언은 회사의 내기꾼들에게 할당되는 상대적인 우선 순위를 가려 내기 위한 수단이다.

모든 사람을 기쁘게 해 주기 위하여 기업의 책임을 너무 여러 가지로 기록하다 보면, 애플 파이, 모성애, 미국 국기에 관한 지루한 문장이 되고 말 것이다. 기업의 책임에 관한 선언이 현실적인 미끼가 되기 위해서는,

노동자와 고객과 투자자 가운데 누가 더 중요한가 등의 입장을 분명히 선택해야 한다. 경영 철학이 이러저러하다고 말해 놓고서는 언제나 그 선언된 철학과 반대되는 경영 행동만 취할 경우, 경영 철학의 신뢰성은 완전히 무너져 버리고 말 것이다. 경영자가 마땅한 준비를 갖추지 못했을 경우, 경영 철학은 고객과 노동자의 중요성에 관해서 쓸데없는 선언을 늘어놓지 말아야 한다. 사회적 책임 부문에서 연속적으로 높은 점수를 받고 있는 회사들을 보면 벤 앤 제리스, 캠벨 숩, 데이톤 허드슨, 스리엠, 퀘이커 오츠 등이 있다.

우크롭스는 버지니아의 리치몬드에 위치해 있는 작은 슈퍼마켓이지만, 품격이 높고 수입도 많은 연쇄점이다. 우크롭스의 임무 선언서는 실질적인 내용의 기업 책임 선언서로서, 아주 좋은 본보기가 되고 있다. 우크롭스 연쇄점 어디를 가더라도 15분이 채 못되어서 우크롭스 상품의 고품질을 눈으로 확인할 수 있으며, 모든 노동자들의 적극적이고도 정중한 태도를 접할 수가 있다. 회사의 이익 가운데 10퍼센트를 지역 공동체에 환원하는 등, 리치몬드 도처에서 우크롭스의 관대한 행위를 보여 주는 생생한 증거들을 만날 수 있다. 또한 우크롭스는 대단히 적극적인 재생품 이용 프로그램을 갖고 있다. 다른 많은 회사들과는 달리, 우크롭스의 임무 선언서는 지루하고 의미 없는 홍보활동 전략이 아니다. 오히려 이것은 자영업자의 실제적인 사업 실천을 반영해 주는 것으로 보인다.

우크롭스의 임무 선언서

우크롭스 슈퍼마켓 주식회사의 임무는 우리가 개인적으로 대우받고 싶은 그대로 우리의 고객과 조합원과 제조업자들을 대우함으로써, 그 누구보다도 효율적으로 고객과 공동체에 봉사하는 것이다.

우리는 고객들에게 폭넓은 다양성과 최상의 서비스를 제공할 것이다. 우리는 영양가 높은 고품질 식품, 타협하지 않는 신선함, 그리고 낮은 가격에 대한 고객들의 욕구를 충족시킬 것이다. 우리는 청결한 판매장과 정중하고 유능한 조합원들, 친절하고 주의 깊은 태도를 통하여, 고객들의 식품 구매 경험이 즐거울 수 있도록 최선을 다할 것이다.

조합원들을 위해서 우리는 일하는 게 즐거운 경험이 될 수 있도록 유쾌하고 도전적인 작업 환경을 조성해 줄 것이다. 우리는 조합원들의 시험을 거친 능력과 자기 자신을 전문적으로 개선하려는 증명된 욕구에 걸맞게 성장과 진보의 기회를 조합원들에게 제공할 것이다. 우리는 조합원들의 실적에 따라 정당하게 보상을 할 것이며, 조합원들은 이익 분배 보너스를 통하여 회사의 성공을 공유할 것이다.

우리는 제조업자들이 시간과 자원을 투자한 만큼 정당한 대가를 받을 수 있도록 최선을 다할 것이다. 우리는 제조업자들이 우크롭스에 거는 기대를 충족시켜 주거나 기대보다 더 뛰어난 결과를 얻고자 노력함으로써, 그들을 정당하고 정직하게 대할 것이다. 우리는 공동체 안에서 재정적으로 활발한 활동을 할 것이며, 보람 있는 활동들을 지원하기 위하여 이익의 10퍼센트를 공동체에 환원할 것이다. 우리는 조합원들이 우리 공동체를 더욱더 살기 좋은 곳으로 만드는 일에 적극 동참하도록 격려할 것이다.

> 또한 우리는 우리의 환경을 돌보기 위하여 계속 재활용하고, 재생하고, 쓰레기를 줄이는 방법을 찾아 낼 것이다.
>
> 우리는 우크롭스와 고객들, 조합원들, 제조업자들, 공동체 사이에 상호 신뢰와 정직과 성실의 분위기를 조성함으로써 우리의 임무를 최대한으로 잘 수행하고 유익한 성장과 장기간의 재정적 안정을 달성할 수 있으리라고 확신한다.

1980년대에 미국의 많은 회사들이 보여 주었던 "무엇을 하든지 상관 없다"식의 행동에 대한 반응으로, 일부 개인 투자자와 민간 투자자들은 사회적 책임을 다하지 않는 회사에게서 자신의 유가증권 명세표를 빼앗아 오기 시작했다. 이른바 사회적 책임을 지는 수많은 개방형 투자신탁들은 좀더 사회 성향이 짙은 투자가들의 욕구를 충족시켜 줄 수 있는 존재가 되었다. 캘버트 사회 투자 신탁은 인상적인 금융 실적을 올리고 있는 개방형 투자신탁 가운데 하나이다.

모든 잠재적 투자는 우선 재정상의 안전도를 검사한 후에 캘버트 투자신탁의 사회적 기준에 맞추어 평가하게 된다. 사회적 기준은 회사들을 다음과 같이 감정한다 :

1. 우리의 자연 환경을 보존할 수 있는 *안전한 생산품과 서비스를 낳는* 회사

2. 조직화를 통하여 목적을 정하고 성취하는 데 *잘 참여하는* 회사

3. 노동자들과 *정당하게 협상하고*, 노동자들의 복지를 지원하는 환경을 조성하고, 여성이나 특권이 없는 소수 민족이나 그 밖에도 동등한 기회를 박탈당해 온 사람들에게 선택권을 주는 회사

4. 조직과 세계 속에서의 창조성, 생산성, 자존감, 책임감 같은 인간의 목적들에 대한 참여 *의식을 조장하고*, 계속해서 이 목적들이 실현될 수 있는 환경을 재조성하는 회사

캘버트 사회 투자신탁은 다음과 같은 회사에는 절대로 투자하지 않는다 :

1. *억압적인 관리 체제*로 사업에 종사하는 회사

2. *무기 체계*를 제조하는 회사

3. *핵 에너지* 생산에 연루되어 있는 회사

직장 민주주의

비록 우리는 미국의 자유와 개인의 해방과 민주주의적 성격을 자랑스럽게 여기고 있지만, 컬크패트릭 세일은 "우리가 대개 고용되어 있는 동안에 우리의 기본적인 민주주의적 권리는 대부분 보류되고 만다"[6]는 주장을 설득력 있게 펼쳤다. 대부분의 미국 회사들은 연설의 자유, 집회의 자유, 출판의 자유 또는 정당한 법적 절차를 모두 부인하고 있다. 노동자

들은 아무런 법적 절차도 거치지 않고서 다만 감독자의 변덕 때문에 그 자리에서 해고당할 수도 있다.

우리들 대부분에게 직업이 의미 있는 것이 되기 위하여 꼭 필요한 선행 조건은 우리가 하고 있는 일에 대한 경제적, 심리적 관여이다. 직장 민주주의의 두 가지 형태는 노동자의 의미 탐구를 향상시킬 수 있을 뿐만 아니라, 계획적 결근이나 노동자 인사 이동의 감소, 생산성 증가까지도 이끌 수 있다. 이 두 가지의 직장 민주주의란 바로 '참여 경영'과 '노동자 소유권'이다.

미국의 여러 회사들을 보면, 노동자와 경영인들 사이의 깊은 신뢰감이 이상할 정도로 부족하다. 이 쌍방의 신뢰감 없이는 높은 수준의 생산성을 유지할 수 없는데도 말이다. 직장에서 신뢰 관계의 요체가 되는 것은 바로 권한 부여이다. 권한 부여 없이는 신뢰감도 있을 수 없다. 조직체에게서 권한을 부여받았다는 느낌이 없는 노동자들은 회사의 목표나 목적이나 가치를 받아들이지 않을 것이다. 권한을 부여받았다는 느낌을 갖기 위해서는 노동자들 쪽에서 경영자들이 자신들의 기여를 존중하고 인정한다는 확신을 품어야 한다.

미국의 회사들이 일본이나 유럽의 회사들과 경쟁하면서 그렇게도 많은 어려움을 겪고 있는 이유 가운데 하나는 바로 미국 회사의 생산성 향상이 일본이나 유럽 회사의 생산성 향상을 따라 잡지 못하고 있다는 것이다.

이것은 일본과 유럽의 회사들이 미국의 회사들보다 훨씬 더 참여적인 경영 방침을 채택하고 있다는 사실을 부분적으로 반영해 주는 것이다.

경영 대학원에서는 미국의 기업들이 좀더 참여적이거나 좀더 공동체 중심적인 기업이 되도록 격려하는 일이 거의 없다. 대부분의 경영 관리학 석사 프로그램이 조직적 행동에 관한 교육 과정을 요구하지만, 이 조직적 행동이란 종종 "노동자들이 우리가 원하는 대로 행동하도록 조종하는 방법"을 완곡하게 표현한 것이기가 쉽다.

대부분의 미국 회사들은 1950년대에나 잘 먹혀 들어갔던 경영 철학을 오늘까지도 그대로 채용하고 있다. 그렇지만 그 당시의 전형적인 미국 노동자들은 1930년대의 대공황 시기에 성장했기 때문에 잘 교육받지 못한 사람들이었고, 오늘의 노동자들은 훨씬 더 잘 교육받은 데다가 좀더 유동적이고 실업이나 가난에 대해서는 전혀 모르는 사람들이다. 1950년대의 상명하달식 권위주의 경영 방침은 1990년대에 소외와 노동자 인사 이동 증가, 생산성 감소를 가져오고 있다.

최근까지도, 권위주의적이고 계층적인 미국 회사의 경영자들은 노동자들과 권한을 분배하는 일에 아무런 관심도 보이지 않았다. 지금 필요한 것은 노동자들의 권리를 옹호하는 새로운 법률들을 휩쓸어 버리는 것이 아니라, 노동자와 경영자의 사고 방식이 일대 전환을 맞이하는 것이다. 노사 관계 개선의 열쇠는 바로 의사 결정 과정에서 노동자들의 참여도를 높이는 것이다. 우리는 오스트리아, 독일, 일본, 스웨덴, 핀란드 같은 국가들의 노동자 참여 프로그램—공장 노동자 참여, 이사회에 노동자 대표 선출, 노동자 소유권—을 매우 진지하게 살펴 보아야 한다. 미국의 위압적인 기업과 정부는 미국의 국제 경쟁력을 조금도 개선할 수가 없다.

하지만, 1992년에 스웨덴에서는 참여 경영이 극심한 반대에 부딪히게 되었다. 세계 자동차 시장에서 힘이 약해짐과 동시에 스웨덴의 경제가 병들으로써, 볼보는 할 수 없이 3개의 공장 가운데 2개를 폐쇄해야 했다. 그리고 폐쇄된 공장 가운데 한 곳은 저 유명한 칼마 공장이었는데, 이 공장은 볼보가 팀—집회 접근법을 고안했던 곳이었다.

엘리 릴리, 제너럴 일렉트릭, 휴렛—팩커드, 모토로라 등을 비롯해서 점점 더 많은 미국 회사들이 참여 경영 수완을 실험해 보기 시작하였다. 역사상 경영진은 경영자와 노동자의 연합된 경험을 이끌어 내기보다는 경영진의 아이디어를 회사의 노동자들에게 강요하는 일에 더 익숙해져 있었다. 하지만, 이러한 관행이 변화하기 시작했다는 일종의 암시가 있다. 노동자와 경영자의 적대적인 관계는 결코 이익이 될 수 없다는 인식이 노동자와 경영자 양측에서 계속 높아져 가고 있다. 미국의 대치적인 노사 관계를 통하여 정말로 이익을 차지하는 쪽은 외국의 경쟁자들이다. 비합리적인 반노동자 정책과 노동 시간 단축, 한정된 직종, 인공적인 표준 노동량 제한 등에 대한 노동자측의 무책임한 요구는 둘 다 국제 시장에서 미국 경쟁국들의 입지를 강화시켜주는 데 큰 역할을 하고 있다.

이제는 미국 시장의 삼 분의 일 이상을 경쟁국에게 빼앗겨 버린 상태이기 때문에, 3대 자동차 제조회사가 경쟁국들의 경영 방침을 흉내내기 시작했다는 것도 별로 놀라운 일이 아니다. 이 3대 자동차 제조업체는 저마다 팀 접근법을 자동차 생산에 응용하고 있지만, 이것은 너무 뒤늦은 데다가 너무 힘이 약한 것이다.

래리탄 리버, 누코르, 플로리다 스틸은 좀더 규모가 작은 소형 제강소로 축소시킴으로써 효율성을 향상시킴과 동시에 비용을 절감하였다. 소형 제강소들은 참여 경영과 자본금 축소, 기업 간부 축소, 새로운 기술 개발, 가까운 시장 개척, 한두 가지 제품의 집중 생산을 통하여 비용을 절감하였다. 심지어는 보수적인 유에스엑스사(유에스 스틸사의 현재명)까지도 참여 경영술을 도입함으로써 어느 정도 성공을 거두었다.

아이비엠은 고용인들이 분망한 작업과 가정 생활의 균형을 유지할 수 있도록 도와 주기 위해서, 최고 3년까지의 휴가를 허락해 준다든가, 작업 시간을 훨씬 더 융통성 있게 조절한다든가, 일부 노동자들에게는 자택 근무의 기회를 제공해 준다든가 하는 새로운 선택권을 안겨 주었다. 크라이슬러, 카이저 알루미늄, 웨얼튼 스틸은 현재 노동자들이 선출한 이사회 임원을 두고 있다.

공동체 중심적 경영의 궁극적인 형태는 바로 노동자 소유의 회사이다.

현재 미국에는 8,000개 이상의 노동자 소유 회사가 있는데, 그 가운데 가장 유명한 곳은 유나이티드 파슬 서비스, 아비스, 시카고 노스웨스턴 레일로드이다. 유나이티드 파슬 서비스는 가장 잘 알려져 있는 노동자 소유 회사이면서 동시에 가장 성공적인 회사이다. 이 회사는 연간 170억 달러 이상의 매출을 올리고 있다. 서비스가 확실하고 가격이 저렴한 회사로 이름을 날리고 있는 이 회사는 18,000명의 경영자와 감독들이 소유하고 있다. 이 회사는 지금까지 미국에서 가장 많은 수익을 올리는 회사로 남아 있다. 이 회사의 창립자인 제임스 캐세이는 회사란 자고로 "경영자들의 소유이어야 하며, 그 소유자들에 따라 경영되어야 한다"고 주장한 바 있다. 가히 천재적이라 할 수 있는 연차 보너스 계획안과 노동자 주식 매입 선택권 계획안 때문에, 유나이티드 파슬 서비스에서는 점원이나 운전사로서 직장인의 첫발을 내딛은 노동자들도 천만 장자가 되어 은퇴를 한다. 이 회사의 노동자 인사 이동률은 겨우 4퍼센트밖에 되지 않는다.

노동자 소유권이 가져다 주는 이익에 대하여 캐세이는 이렇게 말한 적이 있다.

자기 자신을 위하여 일하는 것보다 더 고무적인 것은 없다 … 오늘 우리 회사를 이렇게 성공하게 해 준 기본적인 원칙은 바로 우리 회사에 채용된 사람들이 우리 회사의 주인이라고 하는 사실이다.

하 청

경제적인 힘과 기술적인 힘이 결합하여 미국에서는 자영(自營)의 가능성이 새롭게 열렸다. 1980년대 후반에 시작되어 1990년대까지 계속되고 있는 대기업의 축소화 현상의 일환으로서, 이 시대의 많은 회사들이 임시 노동자, 독립 컨설턴트, 이전에는 회사 직원들이 했던 일들을 대신 해 주는 프리랜서 등을 상당수 고용하고 있다. 퍼스널 컴퓨터 공업 기술은 이러한 추세를 더욱더 가속화시켰다. 오늘에 이르러서는 수천 명의 개개인들이 독립 회계사, 재정 고문, 여행 안내업자, 시장 조사원, 워드 프로세서, 컴퓨터 프로그래머, 디자인 엔지니어, 작가, 홍보 관련 전문가로서 재택(在宅) 근무를 하고 있다.

이러한 새로운 형태의 가내 사업을 가리켜 현대어로는 *'하청'* 이라고 부른다. 하청은 급속하게 변화하는 사업 조건들에 민감한 반응을 보임으로써, 경영자들이 비용을 절감하고 좀더 융통성을 띨 수 있도록 도와 준다. 이렇게 새로이 급부상하고 있는 직업의 밑천은 가정용 컴퓨터, 자동차용 전화, 팩스 기계이다. 이러한 형태의 자가 경영이 독립 계약자에게 가져다 주는 이익은 보지 않아도 알 수 있다—융통성, 저렴한 간접비, 자기 실현, 자기 자신의 주인이 될 수 있는 기회이다. 이런 형태의 작업 환경에서는 남편과 아내가 똑같이 육아와 가사의 책임을 분담할 수가 있다.

몬드래곤 협동조합

*40*여 년 전에 겸손한 교구 목사와 몇 명의 학생들이 시작한 이래로, 스페인 배스크 지역의 몬드래곤 읍과 그 근방의 주민들은 10명도 훨씬 넘는 사람들이 종사하고 있는 170개 이상의 노동자 소유-경영 협동조합들로 이루어진 생기 넘치고 성공적이고 탄력적인 네트워크를 형성하였다. 몬드래곤 협동조합에는 노동자가 관리하는 대규모의 은행과 노동자가 스스로 경영하는 기술 원조 기관과 연구-발전 기관, 연쇄 경영 백화점, 첨단 회사, 설비 제조업체와 기계 전문점까지도 다 포함되어 있다. 프랑코 총통의 억제와 경제적 침체, 격심한 경쟁에도 불구하고 몬드래곤 협동조합 네트워크는 2만 1천 가지가 넘는 안전하고도 보수가 좋은 일자리들을 창출해 냈으며(그 과정에서 3개의 회사만이 손해를 보았다), 혁신적이고도 대응적인 민주주의적 의사 결정 구조를 형성했는가 하면, 고도로 세련된 형태의 민주적 참여, 협력, 공동체를 점차적으로 고안해 나갔다. 이 얼마나 고무적이고 실용적인 모델의 민주주의 공동체 경제인가!

로이 모리슨

<우리는 여행하면서 길을 닦는다>

하청 때문에 의미 있는 직업을 얻을 수 있는 새로운 기회가 상당히 다양해진 것은 틀림없는 사실이다. 하지만, 여기에도 심각한 위험이 도사리고 있다. 이렇게 독립적인 경영자들은 결국 건강 보험도 전혀 없고 양성의 기회도 거의 없는, 그리고 직업의 안정도도 매우 낮은 그런 상태로 끝을 맺게 될 가능성이 매우 높다.

의미 있는 직업을 찾아서

직장에서 의미를 추구하는 것에 관한 우리의 분석 결과는 두 가지로 나타난다. 첫째, 의미 있는 일을 찾기란 매우 힘든 작업이다. 둘째, 노동자들의 의미 탐구를 조장하는 작업 환경을 만드는 것 역시 매우 도전적인 일이다. 의미 있는 일을 찾고 있는 사람에게나, 노동자들의 작업의 의미를 앙양할 만한 작업 환경을 만들어 주려고 애쓰고 있는 사람에게나, 다음의 7가지 질문에 대한 대답은 근본적으로 중요한 것이다.

1. 누가 일을 하고 있는가?
2. 어떻게 일이 조직되어 있는가?
3. 일의 본질이 무엇인가?
4. 일의 산물은 무엇인가?
5. 그 산물 때문에 이익을 얻는 사람은 누구인가?
6. 그 산물의 생산이나 소비 때문에 누가 해를 입을 수 있는가?
7. 고용인들은 어떻게 보상받을 것인가?

만일 우리가 의미 탐구란 어쨌든 우리 영혼의 돌봄과 양육에 관련된 것이라고 확신한다면, 우리가 해야 할 일과 그 일을 하는 방법과 그 일을 해야 할 시기를 우리에게 지시해 주는 다른 드러머의 장단에 맞추어 행진하고 있는 상황에서 어떻게 우리의 영혼을 책임질 수 있단 말인가? 어떤 직업에 종사하고 있든지 간에, 실제로 일을 하는 사람들과 기업을 경영하는 사람들 사이에는 갈등과 긴장이 끊임없이 생겨 날 수 있다. 당신의 영혼을 회사의 매점에 빚지고 있을 경우 당신 자신의 주인이 되기란—지혜로운 사람이 되기란—무척 힘겨울 것이다.

그렇다고 해서 자영만이 직장에서 의미를 찾을 수 있는 유일한 방법이라고 주장하는 것은 결코 아니다. 복잡미묘하고 고도로 서로 의존적인 우리의 산업 경제에서는 거대한 조직체 속에서 의미를 발견하기란 결코 쉬운 일이 아니다. 산업이든, 정치든, 비영리 사업이든 간에 모두 똑같다. 만일 우리가 거대한 기업체 안에서 자신의 운명을 전혀 통제할 수 없다고 여기게 될 경우, 곧장 우리는 환멸을 느끼거나 소외될 수도 있다. 만일 노동자들이—경제적으로나 심리적으로—기업체에 전혀 이해 관계를 갖고 있지 않다면, 지속적인 의미감을 성취할 수가 없을 것이다. 조직적인 차원에서 볼 때, 노동자 참여와 노동자 소유권은 직장에서의 의미 탐구에 극도로 중요한 영향을 미친다. 어떤 회사들은 공동체 중심적 경영 방침을 통하여 자가-경영과 노동자 소유권의 잇점을 모방하려 애쓰고 있다.

직업의 본질 자체는 분명히 의미의 중요한 결정 요소이다. 어리석고 따분하고 반복적인 사무직이나 일관 작업 직종들은 직장에서의 의미 탐구에 별 도움을 주지 못한다. 일본의 몇몇 회사들은 공장 작업과 관련된 소외와 무의미함을 타파하기 위해서, 이른바 꿈의 공장이라고 불리우는 것들을 만들어 내어 될 수 있는 한 일을 즐겁게 만들려고 노력하고 있다.

닛산 자동차 회사의 최신형 공장을 보면, 노동자들이 조립 공장이나 페인트 공장에서 힘들게 일하는 것이 아니라 오히려 조립 천막이나 그림 천막에서 "행복하게" 작업하고 있다. 그 회사의 노동자들은 팜 스트리트를 따라 걷다가, 플래밍고 브리지를 건너서, '하버 뷰 레스토랑'이라고 불리우는 노동자 카페테리아로 간다. 이 곳에서는 배에 짐을 싣고 있는 선착장의 장관이 파노라마처럼 펼쳐진다. 이 꿈의 공장들은 단조롭고 속도가 빠른 데다가 육체적으로 소모적인 작업이라 하여 일관 작업을 회피하기 시작한 일본의 젊은이들을 겨냥한 것이다.[7] 벤 앤 제리스도 "꿈의 회사"라고는 할 수 없겠지만, 어쨌든 이것과 유사한 것임에 틀림없다.

의미 있는 직업인가 아닌가의 여부는 또한 노동의 열매의 본질과도 관련이 있다. 만일 어떤 사람이 존재에게서 의미를 찾기 위하여 노력하고 있다면, 저질 플라스틱 장난감이나 소비 상품들을 생산하는 회사에 근무하면서 그 일이 무척 의미 있는 것임을 증명할 수 있으리라고는 상상도 할 수 없을 것이다. 한편, 어떤 사람들은 인명을 구조할 수 있는 약품을 생산할 때, 그 일이 아무리 따분할지라도 의미를 발견할 수가 있다. 허무주의를 거부하는 사람들의 경우, 권총과 자동 공격무기 생산은 틀림없이 무의미한 일로 여겨질 것이다. 자신의 행위가 환경에 미치는 영향을 전혀 고려하지 않는 회사들은 허무주의에 빠져 있는 셈이다.

어떤 이들은 직업이 있어야 자기에게 의미 있는 그 밖의 어떤 일을 할 수 있을 것 아니냐는 바로 그런 이유 때문에, 자기의 직업에서 의미를 추려 내기도 한다. 예를 들면, 미술가나 작가나 음악가 중에는 자신의 미술, 작문, 음악에 보탬이 된다는 이유로, 학교나 대학에서 교직 생활을 하는 이들이 많이 있다. 또한 신문 잡지 기고가 가운데에도 장편 소설이나 단편 소설이나 시를 쓸 수 있는 여유를 갖기 위하여, 신문에 글을 투고하는 경우가 허다하다.

어떻게, 누구에 따라서 자신의 서비스에 대한 보상을 받느냐 하는 것도 직업의 의미에 영향을 미치는 요소이다. 예컨대, 진료소의 개업에 관하여 한 번 생각해 보자. 대부분의 나라에서는 의사들이 급료를 받게 되어 있다. 하지만, 미국의 경우에는 환자들이 많이 아파서 병원에 오래 입원해 있을수록 더 많은 돈을 버는 것이 바로 의사이다. 미국에서 진료소를 개업한다는 것은 근본적으로 하나의 사업에 속한다. 그렇다면, 환자에게 제공하는 서비스나 환자들에게서 받는 치료비에서 의사가 의미를 찾아내는 것일까?

> ### *의미 있는 직업을 위한 네 가지 전략*
>
> 1. *자영*-당신 자신의 일을 하라.
> 2. *노동자 소유권*-유나이티드 파슬 서비스나 아비스같이 노동자
>   가 소유하는 회사에서 근무하라.
> 3. *참여 경영*-권한을 분배해 주고, 긴장을 완화시켜 주며, 함께 노
>   력하고 함께 그 결실을 나누는 공동체 중심의 경영 실천을 따르
>   고 있는 조직체에서 직장을 구하라.
> 4. *협상*-좀더 참여적인 경영에 접근할 수 있도록 당신의 고용주와
>   협상을 하라.

보수적인 이데올로기가 만들어 낸 대중적인 신화가 하나 있는데, 그것
은 바로 개인이 소유한 이윤 추구 기업체만이 효율적이고 생산적이라는
신화이다. 정부같이 비효율적이고 비영리적인 기업체에 근무하는 사람들
은 사회의 찌꺼기로 일컬어진다. 이런 식으로 왜곡된 사고 방식에 따르
면, 오로지 민간 부문에서만 의미 있는 직업이 생겨날 수 있다. 국영 기업
체들은 모두 재미없고, 거만하고, 상상력이 없는 직장으로 여겨진다. 하
지만, 이러한 비뚤어진 견해는 영국이나 구소련이나 동유럽이 아니더라
도, 매우 성공적이고 매우 이윤이 높은 국영 기업체들이 많이 있다고 하
는 사실을 그만 간과하고 있다. 그 대표적인 예는 바로 프랑스이다. 르놀
자동차그룹, 톰송 전기 그룹, 론-퓔랑 화학공업, 그리고 알루미늄과 포장
에 관한 거대 기업인 페시니 등은 모두 다 거대한 국영 기업체들이다. 프

랑스 사회주의 정부 아래서 그들이 받고 있는 지령은 "유익한 회사가 되어라. 그렇지 않으면 …"이다. 이 프랑스 국영 기업체들이 채택한 전략은 민간 부문의 경쟁 기업들이 채택한 전략과 사뭇 다르다.

직업에 관하여

직업이란 무엇일까? 직업은 사람들 사이의 독특한 대화 형태이다. 직업은 생명을 유지시키고, 인간의 성장을 촉진시킨다. 삶의 가치 때문에 직업은 그 자체의 의미와 위험을 지니게 된다.

요체프 티슈너

<신학자와 연대책임 지도자를 품위 있게 하라[8]>

의미 있는 직업을 찾는 일은 다른 곳에서 의미를 찾는 일과 별반 다를 바가 없다. 직장에서의 의미 선택권은 삶의 모체에서 설명했던 것들―무의미, 분리, 소유, 존재―과 똑같다. 직장에서 우리의 영혼을 돌볼 때 필요한 것은 명확한 방향감, 훈련 그리고 책임이다. 우리 삶의 영성적, 지성적, 정서적, 생리적 차원은 직장에서나 그 밖의 곳에서나 끊임없는 관심을 요구한다. 만일 우리가 지독히도 무의미한 직장에 매인 채로 일생의 대부분을 허비해 버린다면, 어떻게 행복한 죽음을 맞을 수 있겠는가?

직업은 우리의 의미 탐구에서 가장 중요한 도구 가운데 하나이다. 이제 우리는 그 밖의 여러 가지 도구로 관심을 돌리게 될 것이다. 이것들 역시 우리의 의미 탐구에 도움을 줄 수 있을 것이다.

제 9 장

탐구를 위한 도구들

하나님께서는 성령을 통하여 이런 일들을 우리에게 계시하셨다. 성령은
모든 것을 살피시니, 곧 하나님의 깊은 경륜까지도 살피신다.

고린도전서 2장 10절

우리는 어떤 외부적인 도움 없이 전적으로 혼자서 의미 탐구를 추구하려는 의지나 심리적 궤변 따위를 비교적 지니고 있지 않은 편이다. 우리는 대체로 탐구를 촉진시켜 줄 만한 한두 가지 도구를 채택할 필요가 있다는 사실을 잘 알고 있다. 이제 우리는 그러한 도구들을 6가지로 나누어 살펴 보게 될 것이다.

1. 심리치료
2. 생정신의학
3. 교육
4. 문학
5. 예술
6. 종교

심리치료와 생정신의학

　전문가의 상담 없이는 의미 탐구가 불가능할 정도로 정신적으로도 혼란스럽고 심리적으로도 불안정한 사람들이 더러 있다. 정신적으로 건강하지 못한 사람들에게는 심리치료와 생정신의학이 아주 유익한 것일 수 있다. 우리 가운데 정신적으로 아픈 곳이 없는 사람들도 — 아니면 최소한 자기가 그렇다고 생각하는 사람들도 — 역시 심리치료를 통하여 도움을 얻을 수가 있다. 우리는 누구나 다 분리와 무의미함을 고칠 만한 약을 찾아 헤매고 있으며, 우리의 영혼을 치유해 줄 만한 의사를 찾고 있으니까.

　심리치료의 주된 목적은 바로 '참여(Engagement)'이다. 효과적인 '심리치료'는 우리의 삶 속에서 실제로 일어나고 있는 일들에 대한 의식 수준을 높여 줌으로써, 우리가 의미를 찾을 수 있도록 도와 줄 뿐만 아니라 우리가 좀더 우리 행동의 결과를 잘 평가할 수 있도록 도와 주기도 한다. 심리치료는 우리 자신을 받아들이고, 우리 자신을 사랑하고, 우리 자신을 존중하는 방법을 우리에게 가르쳐 줄 수 있다. 우리 자신을 사랑하지 않고서는 결코 효과적인 의미 탐구를 수행할 수가 없다 : "내가 사랑하지도 않는 사람을 위하여 무엇 때문에 의미를 찾으려고 애쓴단 말인가?" 심리치료는 또한 우리가 욕구 충족을 늦추고, 책임을 인정하고, 현실과 접촉하고, 균형을 맞출 수 있는 방법을 배우는 데 쓰일 수도 있다.

심리학자인 롤로 메이는 심리치료의 목적이 우리가 자신의 가능성을 자유로이 인식하고 경험할 수 있도록 도와 주는 것이라고 제안하였다. 심리치료를 통하여 우리는 우리의 운명과 맞붙어 싸울 수 있는 자유를 더 잘 이용하게 된다. 심리치료의 역할은 치료자와 내담자의 대화를 통하여 우리가 *어떻게 존재할 것이며 어떻게 성장할 것인가*를 가르쳐 주는 것이지, 어떻게 소유하고 조종하고 통제할 것인가를 가르쳐 주는 것이 결코 아니다. 심리치료는 우리가 자신의 실존적 불안—자유와 운명, 고립과 외로움, 죽음에 대한 공포—을 직시하도록 도와 준다. 충실한 심리치료사는 또한 우리의 영혼을 다룰 수 있도록 도와 주기도 한다.

심리치료사들은 다른 사람의 이야기에 귀를 기울임으로써 치유를 행한다. 심리치료의 힘은 바로 치료자와 환자의 관계에 있다. 어떤 경우에는 의사 자신을 치료하는 것이 환자를 치유시킬 수 있는 유일한 방법일 때도 있다.

심리치료는 우리의 의미 탐구에 엄청난 기여를 할 수가 있다—특히 우리가 삶 속에서 자기 자신의 의미를 찾을 의무가 있음을 깨닫도록 도와 줄 수 있다. 우리는 다른 누군가가 우리를 대신해서 의미를 찾아 주리라 기대해서는 안 된다. 의미 탐구의 책임은 우리의 부모나 교사, 성직자, 하나님 또는 심리치료사에게 있는 것이 아니라 바로 우리에게 전적으로 주어져 있다.

삶의 모체가 심리치료에서 지니는 가치는, 삶의 모체가 환자들에게 유용한 선택권을 부여해 준다는 사실에 있다. 우리는 무의미나 분리나 소유에 굴복할 수도 있고, 우리의 '존재'나 '성장' 과정을 통하여 의미를 추구할 수도 있다. 치료자의 역할은 우리의 신실한 조언자가 되어 주는 것, 그리고 우리를 선택의 자유로 인도하는 것이다—의사 결정자가 아니라 고문이 되어 주는 것이다.

숙련된 치료자는 우리가 무의미함과 죽음에 맞서 싸우고, 우리의 분리를 직면하고, 소유에 기초한 삶의 결과물을 심사 숙고하고, 존재를 통하여 의미를 추구하고, 우리의 개인적인 역사와 철학과 전략을 서술할 수 있도록 *도와 준다.* 직장과 공동체에서의 의미 탐구 역시 치료자에 따라 조장될 수 있다. 나아가 우리의 치료자는 교육, 문학, 예술, 종교를 포함한 우리의 대안적인 탐구 도구들도 제시해 줄 수 있다.

궁극적으로, 심리치료사의 임무는 성직자의 임무와 별로 다를 바가 없다—우리에게 (1) 어떻게 존재할 것인가, (2) 어떻게 우리의 영혼을 돌볼 것인가, (3) 어떻게 죽을 것인가를 가르쳐 주는 것이다.

1980년대에는 *생정신의학*이나 정신약리학이 심리치료 대신 정신의학자들 사이에서 새로운 종류의 치료법으로 등장하였다. 비록 항울약이나 신경 안정제나 신경 이완약이나 그 밖의 약들이 환자에게 의미감을 제공해 줄 수도 있다고 주장하는 정신의학자는 한 명도 없지만, 적어도 그런

약들이 환자가 의미 탐구를 시작할 수 있도록 환자의 삶에 일시적인 안정을 가져다 준다는 면에서는 유익한 역할을 수행한다고 볼 수 있다.

미국 정신의학 협회의 회장을 역임했던 로렌스 하트먼의 주장에 따르면, 생정신의학이 점점 더 대중화되어 가고 있는 현상은 곧 정신의학이 통전적인 *생정신사회학적* 본보기에서 생리학적으로 극에 달한 편협한 *생의학적* 본보기로 퇴보하고 있음을 잘 보여 주는 것이라고 한다. 과거에는 비록 정신의학자들이 생리학적인 요소 역시 정신 질환 치료에 속하는 것으로 여기긴 했지만, 심리학적 요소와 사회적 요소가 오늘보다 훨씬 더 중요한 것으로 인식되었다. 생의학적 본보기는 측정 가능한 생물학적 현상들의 규칙에서 벗어나 질병을 설명할 수 있다고 가정한다. 이 본보기는 정신 질환이 영적, 정서적, 지적, 사회적 요인의 영향을 받지 않는다고 본다. 생의학적 본보기는 이원론과 환원주의를 결합시킨다. 이원론은 정신과 육체가 서로 완벽하게 독립되어 있는 것이라는 가정이다. *환원주의*는 우리의 육체적 기능들이 각 기능의 구성 부분들을 따로따로 검토함으로써 분석할 수 있는 것이라고 가정한다. 육체적 기능들은 단순한 인과 관계에 따라 연결되어 있는 것으로 여겨지며, 병적인 요소들은 직선적인 인과 형태로 취급된다.[1]

생정신의학이 정신의학에서 그렇게도 중요한 역할을 담당해 온 데에는 여러 가지의 특수한 이유가 있다. 첫째, 정신분열증 환자, 생리적으로 우울증에 걸린 환자, 그리고 조울증 환자들의 경우, 심리치료 하나만으로는 거의 아무런 이득도 얻을 수 없기 때문이다. 둘째, 심리치료는 보험회사들이 점점 더 보험금을 지불하지 않으려고 하는, 길고도 오래 가는, 고도로 노동 집약적인, 그리고 돈이 많이 드는 치료 과정이기 때문이다. 일부 파렴치한 심리치료사들은 환자들에게 끊임없는 의존 관계를 제공해 줌으로써 환자들을 착취하기도 했다. 셋째, 정신의학자들을 정신약리학 분야로 유인하는 매우 강력한 경제적 요인이 있기 때문이다. 정신의학자는 자신의 약물 치료에 대해서 15분당 50달러의 치료비를 환자에게 청구할 수 있다. 확실히 이것은 정신의학자가 90달러씩을 받게 되는 50분짜리 심리치료 과정보다 훨씬 더 이로운 것이다. 실제로 어떤 정신의학자들은, 심리학자나 사회사업가도 환자들에게 "약물 치료를 행하는 것"이 아주 유리하기 때문에 사실, 심리치료는 거의 행하지 않고 있다는 사실을 발견하였다. 자기 환자들이 보이고 있는 증상들의 근본적인 원인을 이해하려고 노력하기보다는 차라리 환자들의 증상을 치료하는 데 더 많은 관심을 갖고 있는 정신의학자들을 볼 때, 정신약리학은 거래액도 크고 이득도 많은 하나의 사업이다. 때때로 정신약리학은 특정한 항울약이 실제로 고통이나 고난 같은 환자의 증상을 덜어 주는가 못하는가 하는 가능성의 문제이기도 하다.

> ## 약물 중독
>
> **우**리는 가난한 사람들을 약물 중독죄로 감옥에 가두는 사회에서 살
> 고 있다. 하지만 만일 당신에게 충분한 돈이 있다면, 당신의 의사와 친
> 절한 이웃 약사가 당신의 온갖 정신 약리학적 욕구를 충족시킬 수 있
> 도록—다시 말해서, 합법적으로—도와 줄 것이다.
>
> 경제학자

30분 간의 평가 과정에 근거하여 다른 사람의 환자들에게 약물 치료를 행하는 것은 무척 위험한 사업이다. 당신이 잘 알지도 못하는 환자들에게 어떻게 심각한 부작용이 따를 수도 있는 심리치료제들을 처방할 수 있다는 말인가? 당신의 서비스를 요구하고 있는 전화선 저 편의 환자에 대해서 아무것도 모르는데, 어떻게 전화로 그 환자의 약물 치료를 조정할 수 있단 말인가?

넷째, 첨단 기술과 즉각적인 욕구 충족이 판을 치는 이 시대에 기꺼이 장기적인 심리치료가 필요로 하는 시간과 돈을 투자하려는 환자가 거의 없기 때문이다. 환자들은 바로 지금 좀더 나은 기분을 느끼기 위하여 즉효약을 요구하고 있다! 환자들을 정서적 고통에서 재빨리 해방시켜 주는 약은 종종 그들의 의미 탐구를 저해한다. 그런 환자들은 약물 치료에 대해서, "지금은 훨씬 더 낫네요. 틀림없이 상태가 좋아진 걸 거예요"라는 반응을 자주 보인다. 어떤 정신의학자들은 아주 기꺼이 "나" 세대 환자들

의 필요를 충족시켜 주고 있다. "나" 세대 환자들은 진심으로 자기가 모든 것을 가질 수 있다고 믿기 때문에, 의학 역시 자신의 실존적 고통을 곧장 덜어 줄 수 있다고 생각한다 — 하지만, 이것은 사실이 아닌 것으로 판명된다. 약 처방은 심리치료의 경우보다 훨씬 더 많은 권력과 통제력을 의사에게 부여해 준다.

우울증 치료를 위하여 병원에 입원한 35세 여성 에벌린의 경우를 한 번 생각해 보자. 그녀는 남편에게서 육체적인 학대를 받아왔다. 그녀의 우울증과 불면증을 치료하기 위하여 병원에서는 엘라빌을 투여하였다. 이것은 강력한 진정 작용이 있는 항울약이다. 그녀의 불면증은 고쳐졌다. 하지만, 그녀는 여전히 우울한 기분을 느꼈고, 그녀의 에너지 준위는 계속적으로 낮게 나타났다. 따라서, 의사는 또 다른 항울약인 프로작을 처방하였다. 그래도 에벌린이 계속해서 혼수 상태에 빠진 듯한 기분을 느꼈기 때문에, 이번에는 리탈린을 투여하였다. 그리고 그 다음에는 그녀의 조울증에 따른 기분의 현저한 변화 때문에 리디움을 더 투여하였다. 그래도 그녀의 불안 상태가 점점 더 커지자 — 의심의 여지없이 이것은 그녀가 이미 섭취한 네 가지 약물의 부작용이다 — 아티반까지 처방하게 되었다. 지금 우리는 우울증 때문에 병원에 입원한 환자가 다섯 가지의 상이한 증상 — 우울한 기분, 불면증, 낮은 에너지 준위, 기분의 현저한 변화 그리고 불안 — 에 대해서 다섯 가지의 상이한 약물 치료를 받고 있음을 알 수 있다.

소설가인 윌리엄 스티론은 저서인 <가시적 어두움>에서, 자신과 심각한 우울증과의 한 판 승부에 관하여 이야기한다. 몇 달 동안 부당하게 실시된 약물 치료를 받고 난 후에 그가 내린 결론은, 많은 정신의학자들이 "알약은 차 부수고 들어갈 것이며, 환자는 이에 반응할 것이고, 따라서 병원의 칙칙한 환경에서 벗어나게 될 것이라는 믿음을 가지고서 약물에 대한 고집스런 충성심을 그대로 간직하고 있다"는 것이었다.[2]

아주 흥미롭게도, 정신의학 분야에서 최첨단 생리학의 반대쪽으로 추가 너무 기울었다고 보는 정신의학자도 최소한 몇 명쯤은 있다고 하는 사실을 암시해 주는 몇 가지 증거가 있다. 하트만은 생정신사회학적 본보기로 돌아갈 것을 제창하였는데, 이것은 좀더 인간적인 가치를 정신의학에 부여한다고 한다. 과거에는 많은 정신의학자와 심리학자들이 무신론자나 불가지론자였을 뿐만 아니라, 심리치료의 맥락에서 종교에 관하여 언급하는 것까지도 매우 적대시하였다. 그렇지만, 대니얼 골만은 <뉴욕 타임즈>에 게재하기를, 정신건강 전문가들 사이에서 환자의 영적인 욕구의 중요성에 대한 인식이 점점 더 확대되고 있다고 하였다.[3] 일부 심리치료사들은 현재 실제로 환자들이 자신의 종교적 신념과 영적인 공허함에 관하여 털어놓을 수 있도록 고무하고 있다.

> **정**신의학자들이 자기 자신의 영적인 삶을 무시해 버리고 있다는 사실에 대하여 나는 무척이나 걱정하고 있다. 치료자가 되는 것 가운데 가장 중요한 부분은 바로 당신 자신을 위하여 일하는 것이다.
>
> M. 스콧 펙, M.D.[4]

우리는 극단적으로 단순화한 프로이트식 분석이나 기계론적인 생정신의학을 훨씬 능가하는 실존주의적 심리치료 프로그램이 절실하게 필요하다는 점을 확신한다. 그런 프로그램은 삶의 모체와 우리의 개인적인 역사, 철학, 전략 등 제1장에서 대략 살펴 보았던 7단계의 의미 탐구 과정을 심리치료 과정에 통합할 수가 있다. 직장, 공동체, 교육, 문학, 예술, 그리고 종교는 이 프로그램의 통전적인 일부일 수도 있다. 1980년에 어빈 D. 얄롬의 개척자적인 저서, <실존적 심리치료>가 출판된 이래로 더 이상의 새로운 발달은 거의 없었다.[5]

교 육

"의미 탐구" 강의와 함께 우리의 탐구는 본격적으로 시작되었다. 이 강의는 대학교에서 제공되는 다른 많은 교과 과정들과는 약간 다른 것이었다. 이 "의미 탐구" 강의는, 워커 퍼시의 말로 바꿔 쓰자면, 사람들이 "학교에서 모두 A학점을 받았으면서도 삶에서는 그만 실패하고 마는 것"에 대한 우리의 걱정에서 발달한 것이다.

교육은 계속 되풀이되는 평생 교육이어야 하며, 의미 탐구에 없어서는 안 될 도구여야 한다. 지식이나 태도나 기술이나 가치를 전달하거나 자아 내거나 받아들이기 위한 체계적이고도 고의적인 노력이라고 정의되는 교육이야말로 의미 탐구의 중심을 차지한다. 그렇지만 우리가 대개 교육을 경험해 온 방법에는 더러 문제가 있다.

첫째로는, 우리가 대개 "교육"이라고 할 때에는 "학교"를 의미한다는 것이다. 당신은 여섯 살이 되자 가족에게서 떨어져 이방인들, 곧 당신을 교육해 준 대가로 돈을 받는 사람들의 손에 넘겨졌다. 마치 이제까지는 당신 삶에서 교육이 진행되고 있지 않았던 것처럼 말이다. 이 사람들, 다시 말해서 초등학교의 교사들과 교장들은 다른 사람이 가르쳐 줄 수 없는 지식에 대해서 많은 것을 알고 있는 것처럼 여겨졌다. 그들은 전문가였다. 곧바로 당신은 교육이란 다른 사람이 당신에게 또는 당신을 위하여 행해 주는 것이라는 인상을 받게 되었다. 게다가 학교에서는 당신을 하나의 집단 속에 넣었다. 학교는 그 집단에 속하는 모든 사람들이 똑같이 관심을 기울이고, 똑같이 조용히 하고, 똑같이 가만히 있고, 똑같이 움직이기를 원했다.

사람들이 똑같은 방식으로 배우지 **않고**, 똑같은 속도로 배우지 **않는다**는 사실, 연대기적인 나이는 학습 능력과 전혀 상관 없다는 사실을 우리는 잘 알고 있다. 그런데도 학교는 여전히 *일괄적인* 교육을 실시하고 있다. 이렇게 인간의 지적 발달을 명백히 등한시하는 데에는 한 가지 이유가 있다. 우리의 학교는 원래 사람들이 공장에서 일할 수 있도록 준비시키고, 포드 회사의 일관 작업대에서 일을 잘하는 데 필요한 기술들을 사람들에게 가르치기 위하여 시작된 것이었다. 농장에 있는 사람들은 그 누구도 시계에 관해서 걱정할 필요가 없었다. 그들은 해가 뜨면 일을 시작하고, 해가 지면 일을 마쳤다. 농사일이라는 게 대체로 긴밀하게 맞물린 것이 아니었으니까. 하지만, 공장에서는 시계가 꼭 필요했다. 누구든지 호각만 불면 곧바로 일을 시작할 수 있는 만반의 태세를 갖춘 채 서 있어야 했다. 일관 작업에 따른 생산 활동은 획일성, 시간 엄수, 명령을 수행할 수 있는 능력, 고분고분한 능률 증진을 최고의 가치로 삼았다. 이러한 일관 작업을 교육시키는 학교에는 정각에 울리는 종이 있어서, 모든 학생들이 능률적으로 이 교실에서 저 교실로 옮겨 다니고, 작업대에 서서 기다리고, 규칙을 따르게 하는 일을 가장 중요하게 가르쳤다. 우리의 친구인 자니와 사샤도 이런 학교에서 교육을 받았다. 아마도 1920년대에는 그런 학교 교육이 아주 잘 먹혀들어 갔을 것이다. 아마도 그 시절에는 그러한 교육이 중요했을 것이다. 하지만, 불행히도 지금은 점점 더 창조성, 개인의 독창력, 개인적 책임을 요구하고 있는 경제 상황에서 그러한 학교 교육이 설 자리를 잃고 말았다. 비참하게도, 대부분의 미국 학교들은 마치 아무 일도 없었다는 듯이 끈기 있게 그런 교육을 계속 되풀이하고 있지만 말이다. 미국의 학교들은 불행히도 공장보다 더 공장처럼 보일 뿐만 아니라, 더 이상 존재하지도 않는 세상을 위해 온갖 준비를 갖춘 학생들을 기계적으로 생산해 내고 있다. 미국의 어린이들은 상상력과 창조성을 억누르는 학교에 다닌 후에, 단과대학이나 종합대학에 진학한다. 그리고 이 단과대학과 종합대학은 원래 작업 경험이나 실습 기간을 통하여 좀더 쉽게 습득할 수도 있었을 직업에 필요한 일련의 기술 따위를 제공하기 위하여 만들어진 것이다.

의미 탐구에서 가장 비극적인 요소는, 학교가 교육을 의미 탐구의 도구가 될 수 없을 정도로 무가치하게 만든다는 점이다. 수동성, 획일성, 전적인 시간 엄수는 의미 탐구에 전혀 도움이 못된다. 우리 가운데에는 형식적인 학교 교육을 끝마칠 때까지 단 한 과목도 진심으로 배우지 못하는 사람이 너무도 많다 ─ 교육은 따분하고 관련성이 없으며, 교육의 주된 목적은 우리가 알 수 있는 모든 것들에 대한 탐구로 우리를 초대하는 것이 아니라 오히려 우리가 알지 *못하는* 모든 것들을 우리에게 납득시키는 것이다.

그러므로, 우리의 교육을 지속시키기 위해서는, 우리들 저마다가 "탈학교화되어야" 한다. 우리는 우리가 가장 잘 배울 수 있는 방법을 알아야만 하며, 어떤 조건에서 우리가 정보를 수집하고 새로운 통찰과 이해를 얻을 수 있는지 알아야만 한다. '교육'이라는 단어의 어원인 *에두카레(edu-*

*care)*는 "꺼내다" 또는 "기르다"의 의미를 내포하는 것일 수 있다고들 한다. 교육은 우리 내부에 있는 통찰력을 끄집어 내는 과정일 수도 있고, 우리가 새롭고 혁신적인 방식으로 사물을 바라보게 되는 경험의 재구성 과정일 수도 있다. 이러한 형태의 교육은 학습자가 성장에 유용한 여러 가지 경험과 개념들을 익히는 것이 바로 교육의 목적이라고 본다. 이러한 교육은 학습자마다 차이가 있다는 점을 실감하게 된다. 주도적인 교육은 사상 주입 프로그램이 아니라 자기의 생각을 털어놓는 과정의 형태를 취하게 될 것이다. 이러한 교육은 학습자의 마음과 경험 속에서 사물이 "이해되고" 변화가 발생하는 "학습의 순간"을 향하여 언제나 열려 있게 될 것이다.

또한 교육은 "기르다"라는 의미를 가질 수도 있다. 이러한 형태의 교육은 사상 주입, 다시 말해서 경험이 많은 사람이 경험이 부족한 사람에게 정보나 통찰력을 건네 주는 과정을 결코 회피하지 않는다. 이러한 형태의 교육은 형성, 곧 기술과 정보의 습득이 그 목표이다. 이러한 형태의 교육은 과학이나 예술 분야에 가장 널리 보급되어 있지만, 모든 분야의 교육 현장에서 폭넓게 받아들여지고 있는 견해이기도 하다. 미국의 학교들은 대개가 변화보다 정보에 더 익숙해져 있다. 앞에서 살펴본 대로, "끄집어 내는 것"보다는 "길러 내는 것"에 더 관심이 많고 더없이 배타적으로 형성적이기만 한 교육은, 학습자에게 수동성을 조장하는 경향이 있으며, 지혜는 "그 곳에 있는" 일련의 정보라는 견해를 심어 주는 경향이 있다. 이런 식의 사고 방식에서는 지혜란 그저 간단히 "여기에" 주입시키기만 하면 "해냈다"고 말할 수 있는 것이 되고 만다.

우리의 많은 세미나에서 사람들은 자신에게 가장 중요한 교육은 학교를 벗어난 *이후에야* 비로소 시작되었다는 사실을 깨닫게 되었노라고들 이야기한다. 우리는 종종 "교육이 젊은이들의 시간을 헛되이 한다"는 식의 말을 한다. 이 말은 젊은이들에게 학습 능력이 없다는 의미가 아니라, 현 상태의 학교 교육으로는 국가가 재가하는 형식적인 교육이 우리에게 최악의 영향을 미친 후에 마침내 자유로이 삶을 배울 수 있는 상태에 이르러서야 비로소 의미 탐구가 시작된다고 하는 의미를 내포하고 있다.

탐구와 발견을 향한 우리 자신의 여행에 도움이 되는 논픽션 서적들이 여러 권 있다. 여러분들에게 그 책들을 추천하면 다음과 같다.

탐구를 위한 참고문헌

1. 어니스트 베커 <*죽음의 부정*> New York : Free Press, 1973.
2. 알베르 카뮈 <*시지프의 신화*> New York : Alfred A. Knopf, 1995.
3. 알베르 카뮈 <*반항인*> New York : Alfred A. Knopf, 1956.
4. 빅터 프랭클 <*인간의 의미 탐구*> New York : Washington Square Press, 1984.

---

5. 에리히 프롬 <*소유냐 존재냐*> New York : Bantam, 1981.

6. 롤로 메이 <*자유와 운명*> New York : Dell, 1981.

7. 스콧 펙 <*덜 지나간 길*> New York : Touchstone, 1978.

8. 폴 틸리히 <*존재에의 용기*> New Haven, Conn. : Yale University Press, 1952.

9. 어빈 얄롬 <*실존적 심리치료*> New York : Basic Books, 1980.

문 학

문학, 곧 소설이나 시를 읽는 것은 우리의 의미 탐구에서 아주 소중한 도구가 될 수 있다. 문학은 최선의 상태에 있을 때 삶을 비춰 주는 거울이 된다. 일찍부터 가장 위대한 소설가, 진정한 소설 창작가는 바로 여성들이었다. 소설을 통하여 우리는 다른 사람들의 개인적인 삶에 접근할 수가 있다. 우리는 우리의 삶 속에 있는 생활 방식이나 행동 방식과는 판이하게 다른 것들을 실행해 볼 수 있는 기회를 얻는다. 우리는 어떤 사람이 의사 결정을 하고 그 결과를 향해 헤쳐 나가는 모습을 그 사람의 어깨 너머로 자세히 볼 수가 있다. 평생 동안 자기 집에서 단 몇 마일밖에 벗어나 보지 못했던 제인 오스텐 같은 소설가는 인간의 정신을 세밀히 살핀 후에, 우리를 그대로 내버려 두었더라면 결코 알 수 없었을 삶의 측면들을 우리에게 보여 준다.

나쁜 문학과 달리 좋은 문학은 정직해진다는 것이 얼마나 힘든 일인지를 보여 주며, 우리가 얼마나 제멋대로의 함정 속에 빠져 있는가를 잘 보여 준다. 우리는 플로베르의 엠마 보바리를 보면서, 로맨스와 모험을 꿈꾼다. 하지만, 결국 우리의 꿈은 먼지 속으로 사라져 버리고 만다. 또 플래너리 오카너의 미치광이 같은 등장 인물들을 보고 우리는 충격을 받지만, 결국엔 그 미친 행동 속에서 우리 자신과 우리가 사랑하는 사람들을 발견한다. 좋은 문학과 달리 나쁜 문학은 우리 자신에 관한 가장 나쁜 환상을 우리에게 되뇌일 뿐이다. 우리는 삶을 새로운 방식으로 바라보거나 경험하기보다는 차라리 거짓 감상이나 감상적인 생각에 머무르게 된다. 아이리스 머독은 일전에 좋은 문학을 일컬어 "일종의 대리 선(善)"이라고 하였다. 좋은 문학은 우리가 볼 수 있도록 도와 주며, 우리가 명확하게 볼 수 있을 때에는 좀더 의미 있게 살 수 있도록 도와 준다.

우리 가운데 한 명은 몇 해 전에 이런 경험을 했다—나는 눈보라가 몰아치는 머나먼 공항에서 발이 묶인 채, 공항 서점을 두리번거리다가 가장 가격이 저렴하고 가장 두꺼운 책을 한 권 샀다. 이 책은 바로 톨스토이의 <전쟁과 평화>였는데, 대학 시절에 한 번 읽어 보려고 했었지만 그럴 만한 시간도 없었고 또 그럴 의향도 없었던 책이었다. 그로부터 15시간 동안 나는 <전쟁과 평화>를 읽었다. 나는 그 책의 등장 인물들과 그들의 삶에서 발생한 사건들에 완전히 빠져 들었다. 마침내 비행기가 본국의 공항에 착륙하고, 그 후로도 몇 시간을 더 읽은 다음에 책을 내려 놓았을 때에는, 나는 이미 다른 사람이 되어 있었다. 나의 세계는 재정돈되어 있었다. 이제 나는 이전에 미처 보지 못했던 내 자신과 나의 세계를 바라볼 수 있었다. 나는 그 책을 읽기 시작하던 곳과는 아주 딴판인 곳에서 살고 있었다. 나는 일종의 대리 지혜를 습득했던 셈이다.

강의 시간에, 우리는 앤 타일러의 <성 메이비>를 읽었다. 이 책은 이언이라는 한 젊은 남자의 이야기를 적은 것이다. 이언은 자기도 모르는 사이에 자기 형의 자살을 돕고, 따라서 실질적으로는 자기 형수의 죽음까지 도운 셈이 되자, 대학을 그만두고 죽은 형의 아이들을 키우기로 작정한다. 우리 강의에 참석한 학생들은 이언의 이야기를 읽기 시작했을 때, 처음에는 상당히 불쾌해 하였으며, 심지어는 분노심을 느끼기도 했다. 무엇보다도 그들 역시 이언처럼 대학 초년생이었기 때문이다. 그들은 그 당시 자기의 삶에 주어진 일 가운데 가장 중요한 것이 바로 대학교에 가는 것이라고 여겼기 때문에 모두 대학과 운명을 같이 하였던 것이다. 하지만, 이 책에는 대학 생활에 등을 돌려야만 한다고 생각하고 있는 한 젊은 남자의 이야기가 쓰여 있었다. 마침내 성 메이비를 다 읽게 되었을 때, 학생들은 삶의 풍부한 가능성에 관하여 새로운 인식을 갖게 되었노라고 말하였다. 대학, 경력, 직업도 물론 중요하지만, 그것이 가장 중요한 것만은 아니었다. 앤 타일러가 우리 학생들에게 문을 열어 주었고, 또 그들에게 새로운 세계를 보여 주었던 것이다. 그들은 이제 전혀 다른 사람이 되어 있었다. 이것이 바로 문학이 우리에게 해 줄 수 있는 일이다.

주정뱅이의 발걸음

내가 공격과 생성물을 내려다 볼 때,
늙고 음란한 여자는
나의 지난 날들을 헛되이 한다.
그리고 희망과 비전의 집중을 단념한
시간을 불러낸다.
나는 유령의 층계송 사이에서,
엮어지고 짜아지는
그림자 흔적을 본다.
실패한 성공을 통과하는
술주정뱅이의 걸음걸이,
즐겁기 위해, 마음을 돌리기 위해
-호기롭게   성취해   보기   위해 사랑을   받아들이지만,
그것은   늘   매혹하다가,   어슴프레해지고는   떠나   버린다.
그러나 이 걸음 뒤
그 모양새와 바보스러움을 넘어
나와 나 사이보다 친밀한 다른 형상이
유령의 층계송을 되찾고
잃어버린 성공의 모양을 바꾸고 이 여정의 비틀거림을 정렬한다.

잭 A. 들로이트

어빈 D. 얄롬의 소설 <니체가 울었을 때>는 1882년에 독일의 철학자인 프리드리히 니체와 비엔나 출신의 유명한 의사 요제프 브로이어가 만났다고 하는 가상의 사건을 이야기한 것이다. 니체와 브로이어는 협정을 맺는다. 브로이어는 한 달 동안 니체의 의사가 되어 편두통과 다른 육체적 병들을 치료해 주기로 하고, 그 대신 니체는 브로이어의 영혼을 치유해 주는 의사가 되기로 한다. 그 두 사람 모두 자신의 절망이 야기한 여인들-분리, 무의미, 나이 드는 것과 죽는 것에 대한 공포-때문에 공통된 강박증에 시달리고 있다. 결국 니체와 브로이어는 둘 다 서로에게 관심을 집중시킴으로써 치유를 받게 된다.

앨런 블룸은 자신의 베스트셀러인 <사양길에 접어든 미국 정신>에서, 미국의 대학생들이 느끼고 있는 무의미함은 소크라테스나 플라톤, 마키아벨리, 루소, 칸트 같은 위대한 철학자나 작가들의 작품을 너무 모르는 데서 비롯된 것일 수 있다고 주장한다. 단과대학과 종합대학은 학생들의 의미 탐구를 더 많이 도와 줄 수가 있다. 대학은 학생들에게 고전 철학과 문학을 통하여 확고한 기반을 다져 줄 수 있으며, 나아가 학생들이 알베르 카뮈의 <이방인>, <페스트>, 프란츠 카프카의 <심판>과 <성(城)>, 밀란 쿤드라의 <참을 수 없는 존재의 가벼움>, 워커 퍼시의 <영화광>과 <타나토스 증후군> 같은 소설이나 아서 밀러의 <어떤 세일즈맨의 죽음>, 유진 오닐의 <얼음 인간의 출현>, 장-폴 사르트르의 <파

리>와 <비상구는 없다>, 테네시 윌리엄스의 <욕망이라 불리우는 거리차> 같은 희곡과 접할 기회도 제공해 줄 수 있다.

예 술

회화, 조각, 무용, 드라마, 음악, 영화 역시 삶을 비춰 주는 거울이 될 수 있다. 더러는 의미 탐구와 직접적으로 연관되지 않을 수도 있겠지만 말이다. 예술을 통하여 우리는 말로 다 표현하기 힘든 감정과 통찰들을 음미하게 된다. 우리 학생 가운데 한 명은 강의 시간에 단 한마디도 하지 않고 반 학기를 보냈다. 구두 시험 때에도 그 학생은 자신의 생각을 말로 옮기는 데 무척 애를 먹었다. 그는 자기가 "대수롭지 않은 그림을 그리느라 시간을 허비해 버리는 때가 종종 있다"고 불쑥 말했다.

우리가 그 말에 관심을 보이자 그는 자신이 그린 그림 가운데 한 점을 가지고 왔다. 그 그림은 한 무리의 사람들이 있는데 어떤 한 사람이 그 무리와 따로 떨어져서 외따로 서 있는 모습을 그린, 심금을 울리면서도 아주 우울한 분위기가 느껴지는 그런 그림이었다. 그 학생은 말로 표현할 수 없었던 것을 그림으로는 그릴 수 있었던 것이다.

하나의 교향곡은 매우 선율적인 느낌으로 시작된다. 하지만, 그 다음에는 기대하지 않았던 방향으로 음악이 흐르게 된다. 불협화음이 들려 온다. 우리의 귀는 좀더 오랫동안 교향곡의 흐름을 즐기고 싶어 하지만, 관현악단은 계속해서 감정의 높낮이를 탐험해 나간다. 박자가 점점 더 세지기 시작하였다가 다시 본래의 주제 음악으로 되돌아온다. 이 음악이 교향곡을 듣는 사람들에게 하는 일은 무엇일까? 이 주제와 대(對) 주제, 잊지 못할 멜로디 탐구가 어떤 식으로 삶과 일치하게 되는 것일까?

예술에 관하여

예술은 삶의 심오한 의미를 드러내 주며, 삶에 새로운 의미를 부여해 준다. 예술은 좀더 뜻깊은 차원에서 삶을 보여 준다. 시는 "거지를 천사로 변형시켜" 줄 수 있는 일종의 예술이다.(율리우스 슬로바키)

요체프 티슈너[6]

폴 틸리히와 알베르 카뮈에 따르면, 예술이나 문학이나 둘 다 무의미와 절망에 대한 응답이라고 한다. 틸리히는 이렇게 말한다. "현대 예술의 창작가들은 우리 실존의 무의미함을 들여다 볼 수 있었다 ; 그들은 우리 실존의 절망에 뛰어 들었다. 동시에 그들은 우리 실존의 절망을 직면하고 자신의 회화나 조각 속에 그것을 표출할 수 있는 용기를 지니고 있었다. 그들에게는 자기 자신이 될 수 있는 용기가 있었던 것이다."[7] 카뮈는 의미 탐구가 온갖 형태의 예술을 뒷받침해 주는 추진력이라고 주장하기에 이른다 : "나는 쓰지 말았어야 했다 : 만일 세상이 깨끗했다면, 예술도 존재하지 않았을 것이다－하지만, 만일 세상이 의미 있는 것으로 내 눈에

비쳤다면, 나는 결코 쓰지 말았어야 했다." [8]

잉그마 버그먼의 고전 영화 <일곱번째 봉인>은 인류의 의미 탐구에 관한 근사한 비유이다. 십자군에 참가했던 한 중세 기사가 역병이 돌고 있는 유럽을 지나서 고향으로 돌아가던 중에 죽음과 맞닥뜨린다. 이 기사는 정정당당하게 체스 게임을 하자는 의견에 동의한다. 이 기사와 무고한 순회 극단의 생명은 앞으로 어떻게 될지 불확실하다. <일곱번째 봉인>은 인간의 낙천주의에 관한 초시간적 관찰 결과이며, 버그먼의 천재성에 대한 끝없는 찬사이다. 의미 탐구는 1950년대와 1960년대에 만들어진 버그먼의 거의 모든 영화에 공통적으로 등장하는 주제이며, 1982년에 제작된 영화 <패니와 알렉산더> 역시 의미 탐구를 주제로 한 영화이다.

유명한 텔레비전 제작자인 노먼 리어는 종종 의미 탐구에 바탕을 둔 연속 홈 코미디를 제작하기도 했다. 리어의 유명한 연속물("All in the Family")에 등장하는 영웅 아키 벙커는 뿌리 깊은 정서적, 영성적 문제를 지닌 한 소외된 육체 노동자이다.

예술과 반항적 인간

예술가는 자신의 계획에 따라 세계를 재구성한다. 자연의 교향곡은 절대로 멈출 줄을 모른다. 세계는 결코 침묵하지 않는다 ; 침묵의 순간조차도 변함없이 똑같은 음성으로 울려 퍼지며, 우리 귀에서 지워지지 않고 떨려 나온다 … 하지만 음악은 교향곡이 완성될 때 존재하

게 된다. 그 때에야 비로소 혼자서는 아무것도 할 수 없는 소리들에게 멜로디의 형태가 주어지고, 결국에는 한 특정한 음의 배열이 자연의 무질서로부터 우리의 마음과 정신을 만족시켜 줄 수 있는 통일성을 끄집어 내게 된다.

알베르 카뮈

<반항인>[9]

현대의 삶은 우리를 마비시켜 버리는 경향이 있다. 우리는 진정한 기쁨이나 지독한 고통에도 무감각한 사람이 되어 가고 있다. 우리는 하루하루 계속해서 판에 박힌 생활을 하고 있다. 지금까지 살펴 본 바에 따르면, 의미란 계속해서 자신의 삶을 다른 사람의 창조적인 공헌에 기꺼이 노출시키려고 하는 사람들의 삶 속에서 생겨나는 것이다. 사실, 우리는 어떤 사람이 삶의 무의미함을 느낀다고 해서, 그 사람이 정말로 삶의 풍요로움을 분석하고 경험하는 일에 자기를 좀더 완벽하게 바친 다른 사람들의 공헌에 자신을 덜 노출시켰다는 증거가 될 수 있는지 의아하게 여기고 있다.

차-노-유와 심미적 삶의 예술

일본의 완전 예술 형식은 차 시중을 드는 단순한 과정에서 발달된 것이다. 차-노-유 또는 다도(茶道)라고 불리우는 이 예술 형식은 일본의 일류 지성인들에 따라 수세기 동안 세련되게 다듬어져 왔다. 그러므로 다도는 지금까지도 전혀 불필요한 행위가 아니다. 다도는 능률의 절정에 달해 있다. 모든 동작에 목적이 있으며, 완벽한 관심과 주의 집중 속에서 행해진다. 차-노-유에서는 어떤 내적 진리도 바깥으로 표출되지 않는다. 형식은 내용보다 열등하지 않다. 형식이 곧 내용이다. 다도에서 숙련되고도 신중한 동작들을 이렇게 강조하는 것은 좀처럼 수행하기 힘든 사상의 명확성을 잠시나마 촉진시키기 위해서라고 한다. 다도는 필경 가장 기본적인 인간 행동의 미학까지도 감상할 수 있는 우리의 능력과 창조성을 강화시켜 줄 수 있을 것이다. 모든 행동에 목적이 있고, 모든 사상이 명확하고, 모든 물체와 동작이 의미로 가득 찬 그런 삶을 한 번 상상해 보라. 이것은 고도의 성취 수준이다. 다도의 대가들은 온 생애를 이 성취 수준에 도달하기 위하여 노력하는데 쏟아 붓는다. 하지만, 딱 일 년만 이런 식의 삶을 산다 할지라도, 지금보다는 훨씬 더 의미 있는 삶을 누릴 수 있을 것이다.

나는 이런 식의 의미 있는 삶을 사는 게 가능한 일이라고 확신한다. 차 시중을 드는 일처럼 단순한 설거지나 빨래가 예술적인 행위로 승화되지 말라는 법이 어디 있는가? 비록 하찮은 것처럼 보이기는 하지만, 우리의 온갖 행동 속에서 목적성과 효율성을 얻으려고 애쓰면 안 되는 이유가 어디 있겠는가? 일상 생활 속에서 우리가 취하는 행동들도 관심과 주의를 집중시켜 행하면 모두 의미를 갖게 된다. 우리는 무의식적 존재이신 하나님과 늘 함께하면서, 모든 일에 최선을 기해야만 한다. 그럼으로써 모든 일 속에서 배움을 얻고, 그 결과 좀더 나은 존재로 성숙하게 되는 것이다. 그렇게 될 때에야 비로소 우리는 심미적인 삶에 이를 수 있을 것이다.

목적 있는 행동들로 가득 찬 삶을 살아감으로써, 우리는 차-노-유의 정신을 온갖 차원의 실존으로 영구화시킬 수 있다. 우리는 침착하고도 적극적인 경계심을 유지함으로써, 관찰하고 혁신하고 분석하는 일을 결코 그치지 않는다. 이러한 적극적인 마음은 지극히 중요한 것이다. 그것은 우리가 진정한 의미의 삶을 누리고 있음을 의미한다. 살아가기 위해서 우리는 적극적인 마음을 유지해야 한다. 있는 그대로의 인간의 삶이 의식의 강이라는 점과, 이러한 의식에 초점을 맞출 수 있고 의식이 의도하는 육체적 행동들을 수행할 수 있는 우리의 능력은 전적으로 우리 자신이 조절할 수 있는 것이라는 점을 인정해야 한다. 그러므로 우리의 의식을 작동시키는 일에 실패할 경우 우리는 생각하는 일에 실패한 셈이며, 따라서 사는 것을 그만두는 것이 되고 만다.

이러한 비난은 보기보다 덜 가혹한 것이다. 적극적인 마음이 없는 사람들은 현실의 의미 있는 차원들을 많이 놓치고 있는 셈이다. 토마스 카릴이 기록한 대로, "삶의 비극이란 인간들이 겪을 수 있는 것이 아니라, 되려 그만 놓쳐 버리는 것이다." 이것은 매우 서글픈 일이다. 적극적인 마음을 지닐 때, 우리는 아무것도 놓치지 않을 수 있다. 우리의 관심은 우리가 하고 있는 모든 일들에 전적으로 집중된다. 우리는 그저 대상들을 얼빠진 구경꾼처럼 바라봄으로써, 형태나 기능에 상관 없이 그것들을 지나쳐 버리지 않는다. 우리는 온 신경을 집중시켜서 호기심을 가지고 관찰한다. 의식이 우리의 견해 속에 스며든다. 우리는 표정을 잘 살피거나 눈을 바라보거나 목소리의 느낌을 구별함으로써, 우리 주변 사람들을 이해하게 된다. 관찰과 인식을 통해서 우리는 삶의 복잡 미묘한 진리를 파악하게 된다. 좀처럼 생각을 하지 않는 보통 사람들은 절대로 이런 일들을 해낼 수가 없다. 그런 사람들은 실재의 진가를 알아보지 못하고 그냥 보내 버린다.

간단히 말하면, 생각하는 것이 곧 사는 것이고, 의미 있게 사는 것이다. 차－노－유 정신은 끊임없는 사고를 허용한다. 차－노－유 정신은 우리의 인지력을 향상시켜 주고, 의미 있는 행동들의 분류 체계를 거부한다. 삶은 더 이상 의미 있는 행동과 의미 없는 행동으로 구분되지 않는다. 우리는 더 이상 주말이나 휴가만을 기대하면서 살아가지 않는다. 생명과 재산을 유지하기 위하여 꼭 필요한 근무 시간이나 교통이나 끝도 없는 일들을 두려워할 필요도 없다. 우리는 더 이상 졸업이나 결혼 예식만이 우리 삶에서 기억할 만한 중요한 사건이라고 생각하지 않는다. "현재"의 모든 순간들이 목적을 지니고 있으며, 의미를 발하고 있다. 삶의 모든 순간들이 중요성을 지니게 되는 것이다.

켄드라 허드슨(듀크 대학교 1학년생)

최근에 우리 가운데 한 사람은 엄청난 흥분과 갈등 때문에 아주 힘들고 벅찬 하루를 보낸 적이 있다. 그 날이 다 지나가도록 직업이나 동료나 삶 자체가 모두 절망스럽고 헛된 것처럼 여겨졌다. 그 날 밤 나는 마지못해 연주회를 보러 갔다. 이유는 우리가 입장권을 미리 구입해 놓은 데다가 이미 가기로 서로 약속을 했기 때문이었다.

그것은 오르간 연주회였는데, 긴장을 풀고서 음악에 둘러싸일 수 있게 해 주는 그런 밤이었다. 하루 종일 좌절하고 안달했음에도 불구하고, 음악은 나의 영혼을 맑게 해 주고, 살아 있다는 것을 기쁘게 해 주고, 바하 같은 사람이 있는 한 나도 인류의 한 구성원이라는 사실을 정말로 기쁘게 해 주었다. 음악이 의미로 이끌었던 것이다.

종 교

우리가 삶에 대해서 아무리 많은 것들을 이해하고 있다 할지라도, 여전히 우리의 이해력이 미치지 않는, 우리가 이해해 주기를 기다리고 있는 나머지 의미들이 늘 존재하게 마련이다. 우리가 아무리 많은 연구를 하고 아무리 학문에 정통해진다 할지라도, 책상 위에 올려 두고서 송장처럼 해부해 가지고는 결코 알 수 없는 세계가 있는 법이다. 확실히 뭔가가 더 있다. 우리가 이해하고 있는 세계, 고정되고 제한된 실재만을 받아들일 때, 무엇인가가—우리가 기대하지 않았던 사건, 우리 능력 밖에 있는 통찰, 우리가 고안해 낼 수 없는 무엇인가 즐겁거나 언짢은 일이—우리에게 끼어들게 되고, 우리는 지금 이 순간 우리가 알고 있는 것보다는 더 많은 일들이 진행되고 있다는 사실을 깨닫는다. 늘 무엇인가가 더 있는 법이다. 이렇게 인간이 우리의 지식과 이해를 뛰어넘는 것들에 대하여 설명하고, 두려워하고, 간구하고, 격노하고, 화평을 이루려고 애쓰는 제일차적인 방법이 다름 아닌 종교이다.

프로이트는 종교란 환상이며, 무의식적인 부모-자녀 간의 갈등이 겉모습만 바꾸고서 다시 등장한 것이라고 주장하였다. 프로이트는 부모-자녀 간의 관계에 대한 우리의 투사가 객관적으로 사실적인 하나님과 인간의 관계에 대한 인간적인 전조가 될 수 있다는 생각을 결코 해 보지 않았던 모양이다. 니체는 죽음이 우리의 주된 관심사가 될 때마다 종교가 우리의 주된 생활 방식이 된다고 생각했다. 하지만, 죽음은 하나의 사실이다. 종교가 죽음을 취급하는 다른 수단들보다 덜 현실적인 것이라는 근거가 어디 있는가?

프로이트가 꾀했던 것과 같은 인간의 삶에 대한 전적으로 자연주의적인 설명은, 자연주의적 설명만으로는 정의 내릴 수 없는 무엇인가가 우리와 세계 속에서 진행되고 있다는 우리의 인식과 상충되는 것이다. 우리는 우리 마음의 한가운데에, 또는 우리의 가장 깊숙한 생각 속에, 또는 가장 중요하고 은밀한 우리 경험의 토대 위에, 무엇인가가 더 존재하고 있다는 사실을 알고 있다.

마르크스는 종교란 민중의 아편이며, 경제적 착취 때문에 생기는 고통을 완화시키기 위한 수단이라고 말했다. 사람들이 착취당할 때, 종교는 고통을 씻어 주는 수단뿐만 아니라 착취당하는 사람들에게 희망과 긍지를 가지고 살 수 있도록 힘을 부여해 주는 수단이 되어 주기도 했다. 다른 한편, 종교 때문에 둔감해진 모든 피억압자들의 경우, 좀더 높은 질서에 기초해서 현 질서에 대하여 반항하고, 반란을 일으키며, 문제를 제기할 만한 기운을 불어넣어 주는 무엇인가가 셀 수 없이 많이 있었다. 종교는 압제자들에게 전혀 위안이 되지 않는다. 종교는 인간의 기준을 초월하는 하나님의 방법과 수단을 제시해 주기 때문이다.

육체적 활동에 관하여

대체로 나는 언제나 육체적 수고에 대한 오스카 와일드의 접근법에 찬성을 해 왔다. 와일드는 이렇게 말했다. "이따금 나는 육체적 활동에 참여해 보고 싶은 마음이 간절해집니다. 하지만 얼마 동안 조용히 누워 있노라면, 그런 마음은 사라져 버리고 말지요."

지금까지의 의미 탐구 과정에서, 우리는 오로지 사색적이고 지적인 사상과 분석의 문제만이 탐구인 것처럼 이야기해 왔다. 아아, 슬픈 일이다. 우리 세 사람은 정신을 육체로부터 분리시키는 학풍의 희생물인 대학 교수들이다. 히브리 인들은 육체와 영혼의 이분법을 결코 만들어 내지 않았다.

육체, 정신, 영혼은 하나의 통일체였다. 우리들 대부분의 경우, 의미 탐구는 우리가 정신이나 영혼을 육체에서 분리시키지 않는다고 하는 새로운 인식을 포함하게 될 것이다. 우리는 육체를 지니고 있다. 육체적으로 우리에게 영향을 미치는 것들은 우리의 영혼에도 역시 영향을 미친다. 우리들 가운데 일부는 육체적 어려움 때문에 심리적으로나 영적으로도 어려움을 겪고 있다. 우리는 감정과 생각을 지닌 존재이기도 하지만, 호르몬과 근육과 아픔과 고통을 지닌 존재이기도 하다.

며칠 전에 나는 우울과 낙담 때문에 일을 그만두었다. 갈등과 미해결 문제와 골칫 거리가 너무도 많았다. 내 안에 있는 무엇인가가, 집 근처를 정신없이 뛰어다니고 싶은 평범한 욕구를 느끼게 했다. 나는 그 충동에 굴복하였다. 15분도 채 안 되어서 나는 땀에 푹 젖은 채로 숨을 헐떡거리고 있었지만, 그래도 마음은 자유롭고 평화롭고 상쾌했다. 일은 변한 게 전혀 없었지만, **나** 자신은 변해 있었던 것이다.

얼마나 많은 삶의 어려운 문제들이 우리의 육체에 좀더 관심을 기울임으로써 해결될 수 있을까? 우리는 알지 못한다. 정신과 육체를 연결해 주는 선은 널리 알려진 바와 같이 아주 얇다. 우리는 약이나 이야기를 통해서 치유될 수도 있지만, 에어로빅 운동을 통해서 치료받을 수도 있다. 어떤 의사들은 병원에 입원해 있는 환자들 가운데 3/4 정도가 단순한 전염병이나 질병이 아니라 바로 생활 방식의 문제점 때문에 입원해 있다고 추정한다.

우리 학생들 가운데 한 명이 첼로 연주가 자기 삶에 미친 영향-첼로가 그 여학생의 태도, 호흡, 손가락, 집중력에 요구한 사항들-에 대해서 말한 내용을 당신이 들을 수만 있다면, 육체가 얼마나 명확하게 영혼에 영향을 미치는지 알 수 있었을 것이다. 따라서, 아마도 이 책을 내려 놓고 산보를 하는 편이 당신의 의미 탐구에 더 도움이 될 수 있을지도 모른다.

목사

종교에 관하여

종교는 … 비록 증명할 수는 없지만 충분히 진실하다고 여겨지는 것을 상세히 설명해 준다 ; 종교는 인간의 실존을 둘러싸고 있는 굉장한 어두움과 사막 전체에 널리 퍼지는 빛을 의미 있는 단어나 심상이나 부호로 해석해 준다.

E.H. 에릭슨[10]

바클라프 하벨은 공산주의의 붕괴로 말미암아 현 세계가 끝이 났으며,

마침내 온 누리가 단순히 우리의 학문이나 정치학, 인과 관계에 따른 설명으로는 알 수 없는 무엇인가가 더 진행되고 있다는 사실을 인정해야 할 때가 되었다고 주장한다. 하벨의 주장에 따르면, 이 시대는 인류가 "현존하는 모든 것들을 객관적으로 설명하고, 묘사하고, 통제할 수 있으며 세상에서 오직 하나뿐인 진리를 소유할 수 있다"는 신념이 지배해 왔다고 한다. [11] 그는 계속해서 이렇게 말한다 :

> 우리는 세계가 그저 풀 수 있는 수수께끼에 지나지 않는다거나, 발견되기만을 기다리고 있는 사용 설명서 붙은 기계라거나, 조만간 보편적인 해결책을 토해 내리라는 기대 가운데 컴퓨터에 입력시키는 정보문이라는 식의 건방진 신념을 버려야만 한다 ⋯ 우리는 설명하기보다는 이해하기 위하여 더 많은 노력을 기울여야 한다. [12]

하벨은 정치가들더러 영성과 영혼, 직접적인 통찰, 그리고 존재에 더 많은 관심을 기울이라고 촉구한다 ─ 대부분의 정치가들에게는 터무니 없는 요구로 들리겠지만.

윌리엄 제임스는 우리들이 저마다 자신의 고독을 처리하는 것이 바로 종교라고 말했다. 하지만, 제임스는 종교적인 사람이 된다는 것이 어떤 느낌인지에 대해서는 충분히 설명하지 못했다. 대부분의 종교는 우리를 분리시키기보다는 오히려 더 가깝게 밀착시켜 주는 집단적이고 공동체적인 것이다. 종교는 우리에게 본능적으로 유용한 것보다는 인간 선(善)에 관한 좀더 고귀하고 심오한 개념을 간직함으로써, 좀더 정의로운 사회 추구에 기여한다. 우리는 기도와 찬송 가운데 다른 사람들과 목소리를 합치고, 종교 제의의 언어와 동작 가운데 스스로를 몰입시킴으로써, 우리 자신보다 훨씬 더 거대한 그 무엇인가에 사로잡혀 있는 스스로의 모습을 본다. 우리의 현재는 우리보다 앞에 왔었던 세대들에게로 연결된다. 우리는 우리 역시 일상생활의 단조로움 속에서 쉽사리 피해 버리게 되는 그런 문제들을 똑바로 마주 보라는 설득을 당한다.

앨프리드 노트 화이트헤드는 다음과 같이 선언하였다 :

종교란 사물의 흐름을 넘어서서 그 배후에, 그 내부에 있는 어떤 것 ; 현실적이긴 하지만, 아직 현실화되기를 기다리고 있는 어떤 것 ; 가능성은 희박하지만, 가장 위대한 당면 사실인 어떤 것 ; 지나가고 있는 모든 것들에 의미를 부여하지만, 이해하기는 곤란한 어떤 것 ; 궁극적 선(善)을 소유하고 있지만 이해의 범위는 뛰어넘는 어떤 것 ; 궁극적 이념이면서도 가망 없는 탐구인 어떤 것에 대한 통찰이다. [13]

확실히, 종교는 유아기적인 것일 수 있으며, 삶의 실제에 대한 거부이자 우리의 이상화된 자아상의 수양일 수도 있고, 추악한 삶의 현실에서 벗어나 아늑한 내면 세계로 도피하는 것일 수도 있다. 하지만, 이런 것들은 본래의 취지를 크게 벗어나는 것이다. 모든 종교에는 자기 비판 능력이 있으며, 자기를 재형성하는 과정과 성장이나 발견을 향한 추진력이 들어 있다. 가장 평범한 삶의 측면들까지도 종교를 통하여 새로운 의미, 더 심오한 의미를 지니게 된다. 우리는 우리의 삶이 좀더 큰 목적에 사로잡혀 있다고 믿게 되며, 세상은 인과 관계에 따른 결정론을 넘어서는 것이라고 믿게 된다. 소크라테스는 자기가 하나님에 관하여 아는 바가 거의 없다고 말했다(사실, 이것은 그가 하나님에 관하여 상당히 많은 것을 알고 있었다는 증거일 수도 있다). 그럼에도 불구하고, 그는 아테네의 시민들에게 의미를 향한 순례의 길을 권유하였다. 실재는 우리가 처음 지각하는 것보다 더 심오한 것이라는 생각, 우리의 직접적인 이해력을 넘어서는 의미가 존재한다는 생각에 사로잡힌 채, 소크라테스는 아테네 사람들더러 자기와 함께 탐구하자고, 자기와 함께 영혼을 다루는 일에 동참하자고 초대하였다. 소크라테스는 이렇게 질문한다. "아테네 시민 여러분, 진리나 지혜나 여러분 영혼의 향상에는 아무런 관심도 기울이지 않으면서, 그저 될 수 있는 한 많은 돈을 모으고 여러분의 명성과 위신을 높이는 일에만 관심을 쏟는 것이 수치스럽지도 않습니까?"

그리스도인의 의미

종교적인 사람에게, 종교란 의미를 발견하기 위한 "도구"나 좀더 의미 있는 삶으로 나아가기 위한 유용한 기술 이상의 의미를 담고 있다. 종교적인 사람은, 자기 신앙의 의식과 실천을 통하여, 세상에 관한 커다란 주장을 펼친다 : 세상은 진실로 하나님께서 창조하시고 지탱하시는 장소라는 주장을 말이다. 그리스도인들에게 하나님은 얼굴과 이름을 지니신 분이다 – 예수님이다. 삶의 의미란 주관적으로 끌어 내다거나 실존적으로 성취하는 창작의 범위를 넘어서는 것이라고 그리스도인들은 주장한다. 의미란 곧 우리를 제멋대로 내버려 두지 않으시는 인자하신 하나님의 *선물*이다. 삶의 의미는 우리 자신의 마술로 인한 결과가 아니다. 하나님께서는 우리의 성서와 예수님의 삶, 죽음, 부활과 교회 형제자매들의 자극과 지원을 통해서 인자하고 관대하게 당신 자신을 우리에게 드러내신다. 그러므로 우리가 삶 가운데서 발견하는 의미는 발견인 동시에 선물이기도 한 것이다. 그것을 가리켜 우리는 은혜라고 부른다. 그리스도인의 의미는 특별하다 – 그리스도인이라고 불리우는 이야기들과 성인들과 실천들과 요구들에 매여 있다. 그리스도인의 의미는 개인적인 것이다 – 우리들 각자와 하나님의 관계이다. 그리스도인의 의미는 우주적인 것이다 – 목적이 있어서 피조된 우주의 본질 그 자체에 관한 경험이다. 그리스도인의 의미는 공동체적인 것이다 – 우리보다 앞서 이 길을 걸어 갔던 사람들이 세대를 초월하여 공동체적으로 끌어 낸 선물이다. 의미 탐구가 그리스도인에게 그렇게 중요한 이유 한 가지는, 그런 선물이 우리에게 주어졌을 때 금방 알아챌 수 있도록 도와 주기 때문이다. 따라서 이러한 선물을 "은혜"라고 부르며, 이 은혜를 "놀랍다"라고 하는 것이다.

목사

영혼을 다루는 일

만일 영혼이란 게 있다면, 그것이 완벽하게 창조된 모습으로 우리에게 주
어졌다고 믿는 것은 큰 오산이다. 영혼은 여기에서 온 생애를 통하여 창조
되고 있는 것이다.

알베르 카뮈

노트북 1942~1951

발견을 위해 항해를 떠났다가 무인도에 고립된 자신을 발견하게 되었
을 때, 우리는 자신에게 유용한 의미 선택－무의미, 분리, 소유, 존재－에
관하여 다소 초연하고 객관적인 견해를 취하게 되었다. 우리는 그렇게도
소망하고 있는 의미의 원천을 자유롭게 선택할 수 있다. 하지만, 삶의 모
체를 향해 애써 나아가고, 공동체를 향한 우리의 갈망을 생각하고, 직장
에서의 무의미를 심사숙고하고, 우리의 탐구를 조장할 만한 대안이 될 도
구들을 검토하는 과정에서, 존재야말로 우리의 유일한 진짜 선택인 것으
로 나타났다. 오로지 존재를 통해서만 우리는 우리 삶의 영성적, 지성적,
정서적, 생리적 차원을 조화롭고 균형있게 만들 수가 있다.

의미 탐구는 곧 토대 탐구이다―우리 자신과 타인과 역사와 자연과 우리 존재의 토대에 대한 연결의식 말이다. 우리의 탐구는 내부로의 여행과 *외부로의* 여행을 겸한다. 이것들이 우리의 영혼을 통하여 합쳐지는 것이다.

우리 영혼을 책임지기

의미 탐구의 마지막 단계는 바로 영혼을 다루는 일이다―우리의 영혼을 돌보고 양육하는 것이다. 어쩌면 죽음의 망각으로부터 우리를 구할 수 있는 유일한 방법일지도 모른다. 우리 영혼은 우리의 행동, 우리의 작업, 우리의 창조, 우리의 경험, 우리의 사랑, 우리의 기쁨, 우리의 고통, 그리고 우리의 고난의 총합이다. 우리의 온 생애를 통하여 우리 영혼은 끊임없이 성숙해 간다.

우리는 우리 삶에 의미를 부여할 수 있는 능력을 가지고 있을 뿐 아니라, 우리 삶에 의미를 부여해야 할 책임도 지니고 있다. "내가 내 배의 선장이야 ; 내 영혼의 주인은 나야."[1] 이 속담은 뻔뻔스러운 우상 숭배나 과격한 개인주의의 표출이 아니라, 개인적 책임 선언과 연합된 자유 선언에 더 가깝다. 비록 우리는 삶의 의미를 자유롭게 선택할 수 있지만, 우리 영혼을 다루어야 하는 책임 또한 회피할 수 없다. 어떻게 우리의 영혼을 돌보아야 할까? 어떻게 우리의 영혼을 바람직한 방향으로 조정할 수 있을까? 바로 존재를 통하여—돌봄과 사랑과 나눔과 창조와 고난을 통하여—
그렇게 할 수가 있다. 존재의 방법을 우리 자신에게 가르치기 위하여 우
리는 공동체, 직장, 심리치료, 교육, 문학, 예술 그리고 종교의 도움을 청
하게 된다.

우리 영혼은 우리의 개인적인 철학—우리의 의미감, 우리의 가치, 우리
의 윤리적 원칙, 우리의 사회적 책임감—을 구체화한다. 우리 영혼은 우
리의 기쁨과 슬픔, 우리의 희망과 공포, 우리의 목표와 목적과 전략의 총
합이다. 우리 영혼은 우리의 현 존재와 우리가 되고 싶어하는 존재를 반
영해 준다. 우리가 원하는 세계상 또한 우리의 영혼 깊은 곳에 자리잡고
있다.

종교와 우리의 영혼

궁극적으로, 우리의 종교는 무의미와 분리와 소유와 존재를 향한 우리
의 자세에 따라 규정된다. 종교는 우리에게 존재의 방법, 다른 사람들과
관계를 맺는 방법, 우리 영혼을 돌보는 방법, 죽는 방법을 가르쳐 줌으로
써, 살아가는 방법 역시 가르쳐 준다. 종교는 우리 탐구를 위한 영적 토대
뿐만 아니라, 우리 영혼을 위한 돌봄과 양육까지도 제공해 준다.

불행히도, 무익하기 짝이 없는 마음의 평화와 죽음 이후의 행복한 삶을
약속해 주는 달콤하고 감상적인 설교를 듣기 원하는 사람들의 환심을 사

려고 애쓰는 주일 아침 설교가 너무나 많다. 그런 사람들에게 실망을 안겨 주는 설교는 거의 없다. 미국의 교회들은 수요보다 공급이 많은 매주(買主) 시장에 비치되어 있다. 고객들은 틀림없이 행복해 할 것이다. 그렇지만 목사나 사제, 랍비들은 오랫동안 의미 탐구를 포기하고 살아 온 몇몇 회중들에게만 초점을 맞춘 나머지, 허황된 것과 즉석에서 자존감을 높여 준다는 식의 근거 없는 약속에는 이제 그만 흥미를 잃은 여러 명의 사려 깊은 사람들을 몰아내 버리고 있다. 슬픈 일이지만, 정작 이 사람들이야말로 종교 제도에 새로운 전망과 무진장 필요한 에너지를 불어 넣어 줄 수 있는 장본인들이다. 그런데도 이 사람들은 많은 교회와 회당에서 권위주의적인 성직자나 천박한 사람들에게서 소외당하고 있는 실정이다.

영혼 다듬기

여기로 오라,
내 확언하기를 이상한 곳으로
친구는
불변을 부여받는다.
굳은 움켜쥠 또는
값비싼 망상이 되는 것도 당연한 것의
더 열정적인 포옹으로
어떤 것은 당신과 공유하고
다른 것들의 개개의 불씨는

그것들을 잠그는 데 쓰인다.

기쁨과 고통 속에서

유일하게 나의 것

나는 그것을 내가 여기에 왔을 때 세웠고

나는 그것을 내가 나아갈 때 세웠다.

그것의 선자리에서

내 신체의 한계를 넘어선

인내력은

비록 그것이 근거가 있다 할지라도

그런 값비싼 망상에서도

문제가 된다.

당신과 함께 있는 것을 제외하고는

어떤 의미에서도 전혀 즐겁지 않은

그것은 대부분이 고통이다.

모든 의미에서

문제가 사라질 때까지

우리가 할 수 있는 한 최대로 이 곳을

계속해서 세워라.

잭 A. 들로이트

교회들도 미국의 회사들을 괴롭히고 있는 것과 똑같은 '클수록 좋다,' '성장을 위해서라면 어떠한 희생이라도 좋다' 는 식의 정신 구조에 사로잡혀 있다. "성공적인 교회"란 요가반, 도자기반, 디즈니월드 청소년 여행반, 교단 프로그램을 계속 돌보고 공급하는 일 등으로 바쁜 사람들을 최대한도로 많이 보유하고 있는 회중을 가리키는 말이다. 예배는 수동적인 관찰자들을 위한 설교자-성가대의 공연이다. 모두들 미소를 짓고 있으며 모두들 친절하고 행복하게 구는-행복하고 성공한 것처럼 보이는 데 성공한-회중들 사이에는 유쾌함의 음모가 도사리고 있다. 그들의 대화는 정말로 중요한 주제만 빼고 모든 것들을 섭렵하는 것처럼 보인다. 의미에 관한 심오하고 정직하고 개방적인 토의는 정작 회피해 버린다. 천박한 사람들에게 자기 자신의 삶과 일상 생활의 무의미함을 정직하게 털어놓는 사람들은 교회의 주요 사업-행복해지고 성공을 거두는 일, 그게 아니면 최소한 일요일만이라도 그렇게 보이는 일— 에서 실패한 추방자 취급을 받게 된다.

우리 집단들 가운데 한 곳에 소속해 있는 어떤 사람, 곧 알코올 중독에서 차근차근 회복의 기미를 보이고 있는 한 사람이, 자신이 알코올 중독자 갱생 협회에서 삶의 변화를 체험하게 되자, 지역 교회가 그것을 참아내지 못했다고 말하였다.

> 내가 마침내 알코올과 싸우고 있는 사람들을 돕기 위하여 시간과 정력을 바칠 정도로 충분히 서로를 사랑하고 있는 진정한 공동체의 일원이 된 후로, 우리 교회의 상냥하고 천박한 교인들은 쌀쌀맞아졌다. 나는 내 자신의 투쟁으로부터 얻은 통찰의 일부를 그들과 나누려고 했으나,

그들은 나를 마치 미친 사람처럼 보았고, 나의 투쟁을 순전히 개인적인 문제인 것처럼 여겼다.

위대한 종교 서적들—성서, 코란, 베다—은 모두 의미 탐구에 관한 언급을 많이 담고 있다. 하지만, 그 책들이 말해야 하는 것은 그리 간단한 것이 아니다. 성서의 경우를 한 번 생각해 보자. 우리가 잘 알고 있는 바와 같이, 성서의 전도서와 욥기는 "모든 것이 헛되다"라고 말하고 있다. 성서에는 살인과 폭력과 전쟁 등 허무주의에 기초한 여러 가지 것들에 관한 이야기들이 가득 들어 있다. 한편, 예수 그리스도에 관한 이야기는 존재에 관한 이야기이다. 하지만, 사랑과 공동체를 토대로 하는 삶을 위해 예수가 지불했던 대가는 십자가에 달려 죽으심이었다—최고의 허무주의에 속하는 행동이었던 것이다. 십자가 처형 다음에는 부활이 뒤따른다—존재의 승리를 증거해 주는 것이다.

성서 문학의 형식, 성서의 복잡성과 풍요로움, 성서가 삶의 문제들에 대한 단순한 해답과 재빠른 해결책을 원하는 사람들을 좌절시킨 방법은 성서가 의미 탐구에 매우 가치있는 책임을 보여 주는 것이다. 성서에서 하나님은 여러 가지의 얼굴 모습을 하고 계신다. 우리는 자신이 하나님을 알고 있다고, 스스로 하나님을 완전히 이해했다고, 하나님을 꼼짝 못하게 했다고 생각하지만, 그 다음 쪽을 넘기면 하나님은 또 다른 얼굴 모습을 하고 나타나신다. 성서의 인물들 또한 성서의 하나님 못지 않게 복잡한 사람들이다. 성서에서 우리는 비현실적인 영웅이나 나무랄 데 없이 훌륭한 사람들이 아니라 실제의 인물들을 만난다. 그들은 가정 문제가 있었지만 하나님의 약속을 믿었던 아브라함 같은 사람 ; 정말로 심각한 가정 문제가 있었지만 꿈을 지니고 있었던 요셉과 그 형제들 같은 사람 ; 예수께 충성하겠노라고 말했지만 자기가 결단한 대로 죽 살아가기가 무척 벅찼

의심하는 도마

여러분은 목사나 사제가 설교단에 서서 하나님이나 예수 그리스도나 부활이나 삼위일체나 죽음 이후의 삶에 대해 심각한 의심을 표출하는 것을 얼마나 자주 들어 보았나? 왜 성직자들은 자기들 역시 삶의 집요한 문제들에 대한 응답에 관하여 의심을 품고 있다는 사실을 좀더 솔직하게 인정할 수 없는 걸까? 교회와 회당은 좀더 적은 몫을 약속하고 삶의 신비에 좀더 개방적인 태도를 취할 때에 자신의 영향력을 충분히 증가시킬 수가 있다. 성직자가 삶의 버거운 문제들에 대한 궁극적인 해답을 가지고 있지 않을 경우, 종종 그들은 의미 탐구에 참여하게 되며, 다른 사람들이 관습적 지혜에 관한 의심을 표출할 수 있도록 격려함으로써 그들 자신의 개인적인 탐구로 다른 사람들을 도와 줄 수가 있다.

경제학자

던 베드로 같은 사람들이다. 그리고 성서는 바로 *이런 사람들*을 하나님께서 세상에 당신의 뜻을 행사하실 때 쓰신다고 주장한다. 어쩌면 우리를

꼭 닮은 것 같은 이 비틀거리고, 영감을 주며, 서툴기 짝이 없는 사람들을 말이다.

우리 현대인들은 지식이 단순하여 서너 가지의 간단한 주장으로 다듬어지고 농축되길 원한다. 하지만, 이것은 성서가 하나님이나 삶을 대하는 방법이 결코 아니다. 성서는 이야기, 겉으로 보기에 대조적인 주장들, 역사, 시, 이상한 사건 등을 통하여 우리를 위험스럽고 모험적인 여행으로 유혹한다. 성서는 까다로운 문제들에 대한 간단한 해답을 원하는 우리의 욕구를 좌절시키고, 겉으로 보기에 상반되는 대안들 사이에서 선택을 하도록 만들며, 삶으로부터 한 걸음 물러서서 우리의 길을 생각해 보도록 하는가 하면, 우리가 처음에 상상했던 것보다 더 혼란스러우면서도 한편으로는 훨씬 더 재미있는 세상으로 우리를 이끌어 준다.

성서는(다른 위대한 종교 서적들과 마찬가지로) 의미 탐구의 소중한 동반자가 되어 줄 수 있다. 성서의 도전을 받아들이고, 성서의 질문에 대답하고, 심지어는 성서 때문에 혼란스러워질 것까지도 단단히 각오하고서 정직하게 성서를 읽을 때, 현대인들은 우리의 환원주의적이고도 무미건조한 풍치적 현대성이 우리에게 제공해 준 것보다 훨씬 더 다양하고 현실적인 세계로 들어갈 수 있다.

> ### 하나님은 누구십니까?
>
> **하**나님이 누구신지, 또는 하나님은 무엇인지, 심지어는 하나님이 과연 계시는지에 대해서조차도 결코 나는 알 수 없을 것이다. 하지만, 우리가 하나님과 동일시하고 있는 신비 속으로 좀더 깊숙이 안내될 수 있는 가능성을 모두가 가지고 있다는 사실은 알 수 있었다.
>
> 제임스 R. 애덤스 목사, 렉터
> 워싱턴 D.C.의 성 마가 성공회

우리는 교회와 회당이 그 구성원들의 개인적인 탐구를 도울 수 있는 위치에 있다고 믿는다. 한 번 더 자신을 의미 탐구의 필수 요소로 여길 만한 종교 단체들이 채워 주길 기다리고 있는 영적 공허는 너무나도 거대하다. 교회와 회당의 구성원들은 우리의 삶을 단순화하고, 힘겨운 문제들에 대한 적절한 해답을 우리에게 안겨 주고, 하나님께서 주신 우리의 자유를 다른 사람들의 손에 넘겨 주는 일에 우리의 종교 제도를 경솔하게 이용하고픈 욕구를 정직하게 인정해야 한다. 성직자들 역시 까다로운 문제들을 제기하고, 삶과 죽음의 신비를 통찰하고, 우리 자신을 위해 좀더 의미 있는 미래를 설계하는 일에 정직하게 참여하는 것에 대한 두려움을 솔직히 인정해야 한다. 만일 모든 교회와 모든 종교 공동체가 구성원들의 삶에 의미가 결핍되어 있음을 정직하게 직시하고, 대담하고도 모험적인 공동의 의미 탐구를 그 목표로 삼는다면 어떤 일이 벌어질까?

이스라엘아, 들어라. 주는 우리의 하나님이시요, 주는 오직 한 분뿐이시다. 너희는 마음을 다하고 뜻을 다하고 힘을 다하여, 주 너희의 하나님을 사랑하여라. 내가 오늘 너희에게 명하는 이 말씀을 마음에 새기라.(신명기 6장 4~6절)

우리가 아는 것과 함께 살아가기

죽음 이후의 삶에 대해서 우리가 확실히 알고 있는 것이라고는 단지 죽음 그 자체를 둘러싸고 있는 완벽한 불확실성뿐이다. 우리가 죽으면 무슨 일이 생길까? 우리는 흙으로 돌아가게 될까—다른 형태로 환생하게 될까? 아니면 그저 죽는 걸까—다시는 소식을 알 수 없게 될까? 이런 질문들에 대하여 간단하고 손쉬운 해답을 알고 있다고 주장하는 이들은 자기 자신과 다른 사람들을 잘못된 길로 인도하려고 애쓰는 사람들이다.

카뮈는 삶, 죽음, 하나님, 그리고 죽음 이후의 삶에 관하여 우리가 믿고 싶은 게 아니라 오직 우리가 알고 있는 것과만 함께 살아가라고 우리에게 거듭 훈계하고 있다. 죽을 고비를 겨우 넘긴 사람들이나 육체로부터 분리되었던 사람들의 경험에 관해서 아무리 많은 말들을 들었다 할지라도, 죽음이라는 산 저쪽에서의 삶은 여전히 너무나도 알려지지 않은 채로 남아 있다. 죽음 이후의 삶, 천국, 지옥, 환생, 그리고 무(無)가 산 저쪽에서 우리를 기다리고 있을 수 있다.

죽음 이후의 삶에 관한 우리의 인식이 얼마나 많은 괴로움을 우리에게 안겨 주는지를 인정한다 할지라도, 이것은 헛된 추측이나 희망에 따른 생각에 지나지 않는 것들이다. 우리는 죽음 이후의 삶에 대해서 전혀 아는 바가 없을 뿐 아니라, 죽음 이후의 삶에 대한 우리의 영향력 역시 이해하기가 어렵다. 우리가 대단히 중요시하고 있는 또 다른 세계가 정말로 있다고 믿느냐 안 믿느냐 하는 것은, 우리의 특별한 종교적 신앙에 달려 있다. 하지만, 우리의 종교에도 불구하고, 우리 자신과 나머지 인류에 대한 책임을 회피할 수 있을까? 비록 카뮈는 죽음 이후의 삶을 전혀 믿지 않았지만, 이 삶에 대한 책임을 부정하지도 않았다. "나는 우리가 '책임져야' 할 또 다른 세계가 있다고는 믿지 않는다. 하지만, 우리에게는 이미 이 세상에서-우리가 사랑하는 이들에게-져야 할 책임이 있다." 3)

그리스도인의 책임

그 때에 그는 또 왼쪽에 있는 사람들에게도 말할 것이다. '저주받은 자들아, 내게서 떠나서, 악마와 그 부하들을 가두려고 준비한 영원한 불 속으로 들어가거라. 너희는, 내가 주렸을 때에 내게 먹을 것을 주지 않았고, 목말랐을 때에 마실 것을 주지 않았고, 나그네 되었을 때에 영접하지 않았고, 헐벗었을 때에 입을 것을 주지 않았고, 병들었을 때나 감옥에 갇혔을 때에 찾아 주지 않았다.' 그 때에 그들도 대답하여 말할 것이다. '주님, 우리가 언제, 주께서 굶주리신 것이나, 목마르신 것이나, 나그네 되신 것이나, 헐벗으신 것이나, 병드신 것이나, 감옥에 갇히신 것을 보고도 돌보아 드리지 않았다는 것입니까? 그 때에 임금은 대답하기를 '내가 진정으로 너희에게 말한다. 여기 이 사람들 가운데서 지극히 보잘것없는 사람 하나에게 하지 않은 것이 곧 내게 하지 않은 것이다.' 하고 말할 것이다.

마태복음 25장 41~45절

우리가 죽을 때 기대할 수 있는 것이라고는 오로지 우리의 영혼 - 우리의 존재 자체 - 이 그 동안 우리가 경험했던 개인적인 관계, 우리가 남겨둔 창작품, 우리가 살았던 공동체, 우리가 겪었던 기쁨과 슬픔 등을 통하여 여전히 이 땅 위에 살아남으리라는 것뿐이다. 그것은 모두 고스란히 있을 수도 있겠다. 하지만, 그것은 추정일 뿐, 아무도 모른다.

우리는 삶의 의미에 대한 책임을 떠맡음으로써 우리의 운명까지도 조절할 수가 있다. 그것은 보기 좋은 그림이 아닐 수도 있다. 어쩌면 우리가 이 순례를 시작했을 때 마음 속에 그렸던 그림이 아닐지도 모른다. 의미 탐구는 겁쟁이들을 위한 것이 아니다. 자, 이제 우리의 여행을 진척시켜야 할 때가 왔다.

행복한 죽음

알베르 카뮈에게서 우리는 삶이 부조리(不條理)하다는 것을 배웠고, 폴 틸리히에게서는 우리가 분리되어 있다는 것을, 에리히 프롬에게서는 소유가 공허한 것이라는 점을, 그리고 예수 그리스도에게서는 사랑과 공동체가 빠진 삶은 아무것도 아니라는 점을 배웠다. 비록 우리에게 의미의 우주적 근원이 밝혀지지는 않았지만, 우리는 삶의 목적이란 행복하게 죽는 것이며, 행복하게 죽는 유일한 방법이란 존재 방식을 배우는 것뿐이라는 생각에 이끌리게 되었다.

개인주의와 의미 탐구

그리스도인인 나는 하나님이 단지 내 개인적인 탐구를 위한 선택의 대상이라기보다는 훨씬 더 심오한 존재라는 사실을 확신한다. 하나님은 종종 내가 전혀 모르는 사이에 내가 평소 믿지 않았던 방식으로 내 삶에 능동적으로 영향을 끼치신다. 그럼에도 불구하고, 의미 탐구는 나 자신과만 관련된 것이 아니다. 나는 "내 배의 선장은 나다 ; 내 영혼의 주인은 나다"라는 말을 불쾌하게 생각한다. 아마도, 우리의 개인

우리는 어떤 일이 있어도 행복한 죽음과 과격한 개인주의나 쾌락주의를 동일시하지 않는다. 행복한 죽음은 "나" 세대를 겨냥한 피상적인 자조(自助)나 자존(自尊)도 아니며, 그럴싸한 느낌의 철학이 결코 아니다. 우리는 행복한 죽음을 맞이하기 위하여 우선 우리 삶의 의미에 대한 개인적인 책임을 떠맡아야 한다. 산다는 것은 영성적, 지성적, 정서적, 육체적 고통과 고난을 회피하는 것이 아니라, 오히려 이것과 대면하는 것이다. 행복한 죽음을 맞기 위하여 우리는 무의미나 분리와 대면하고, 존재를 향해 나아가야 한다ー언제라도 닥칠 수 있는 단순히 소유하고픈 유혹에 저항해야 한다. 존재는 돌봄과 사랑과 나눔을 의미하며, 다른 사람들과 함께 공동체에 참여하는 것을 의미한다.

플라톤은 소크라테스의 말년의 수감 생활에 관하여 글을 쓰면서, 철학의 총체적인 목적은 바로 우리가 죽음을 준비하게 하는 것이라고 주장하였다.

진정 올바른 방법으로 자신을 철학에 적용시키는 사람들은 직접적으로 그리고 자발적으로 자기 자신을 임종과 죽음에 준비시킨다. 만일 이것이 사실이라면, 그리고 그들이 정말로 온 생애 동안 죽음을 고대해 왔다면, 그렇게도 오랫동안 그들이 준비하고 고대해 왔던 것이 임박했을 때 괴로워한다는 것은 있을 수 없는 일일 것이다.[4]

철학, 종교, 그리고 심리치료는 모두 우리에게 어떻게 존재해야 할지 그리고 우리 영혼을 어떻게 돌보아야 할지를 가르쳐 줌으로써, 우리가 죽음을 준비하도록 도와 준다. 유명한 등산가인 완다 루트키위크츠는 당대의 가장 훌륭한 여성 고지 산악인이었다. 그녀는 어쩌면 1992년 5월, 네팔과 시킴의 경계를 따라 캉케늉가의 정상 근처에서 행복한 죽음을 맞이했을지도 모른다. 루트키위크츠 여사는 죽기 직전에 이런 말을 했던 것으로 전해지고 있다. "내가 저 위에서 죽는 것은 전혀 이상한 일이 아니다. 그건 편안한 일일 것이다. 무엇보다도 내 친구들의 대부분이 저 곳에서, 저 산에서 나를 기다리고 있다."[5]

어쨌든 캉케늉가의 얼어 붙은 비탈 위에서 죽는다는 것은 에베레스트, K2봉(카라코람 산맥에 있는 세계 제2의 고봉 — 역자주), 마터호른을 포함하여 전 세계의 14대 최고봉 가운데 8개의 봉우리를 올라 갔던 한 여인의 삶에 꼭 들어맞는 절정인 것처럼 보였다. 루트키위크츠의 삶은 바로 등산 그 자체였으니까. 하지만, 그녀는 자기 자신처럼 최후의 위대한 등산에서 돌아오지 않았던 친구들 곁에서 죽었던 것이다.

불행하게 죽는 12가지 방법

1. 당신 자신에게서 분리됨

2. 다른 사람들에게서 분리됨

3. 당신 존재의 토대로부터 분리됨

4. 진정한 공동체를 한 번도 경험해 보지 못함

5. 모든 것을 소유하려고 애씀

6. 모든 것을 당신 자신을 위해 간직함

7. 옳지 못한 드러머의 북소리에 맞추어 행진함

8. 틀린 장단에 맞추어 춤을 춤

9. 틀린 적과 싸움

10. 무의미한 직업으로 당신의 삶을 허비함

11. 당신의 삶을 연속된 사건들로 살아감

12. 죽을 수밖에 없는 당신의 운명을 거부함

행복하게 죽는 사람들은 산송장들의 유혹적인 생활 방식으로 빨려드는 일을 신중하게 기피한다. 산송장들은 자기 영혼에게 망각으로 가는 편도 승차권을 팔아 왔다. 우리 가운데 행복하게 죽는 사람이 그렇게도 드문 이유는 우리가 우리 삶에서 절대적으로 확실한 한 가지 사건—우리 자신의 죽음—에 대하여 계획 세우기를 거부하기 때문이다. 비록 우리 가운데, 우리가 언제 죽을지, 또는 어떻게 죽을지 아는 사람은 거의 없지만,

그럼에도 불구하고 우리는 죽음이 다가올 때 우리에게 유익한 선택권들을 수없이 많이 지니고 있다. 우리 가운데 소유에 집착하는 사람들은, 우리의 세상적인 소유물들은 결국 "그것을 받을 만한 가치가 가장 많은" 사람들에게 분배될 것이라는 점을 확인하는 등 우리의 의지를 재검토하는 데 마지막 날들을 보낼 수 있다. 우리 가운데 일부는 이 땅에서 좀더 오래 머물 것과 우리 영혼의 구원, 위험이 없는 내세를 위해 기도하는 쪽을 택할지도 모른다. 어빈 D. 얄롬의 말로 바꿔 쓰면, 우리는 다른 사람들에게 이야기하거나, 충고하거나, 죽기 전에 말하려 했던 것들을 말하거나, 다른 사람들을 떠나 보내거나, 홀로 되어 울거나, 죽음에 반항하거나, 죽음을 저주하거나, 죽음에 감사할지도 모른다. [6]

그것도 아니면, 우리가 최선의 삶을 살았다는 사실을 만끽하면서 평화나 만족을 누리거나, 우리 영혼에 종지부를 찍으며 마지막 남은 시간을 친구나 연인과 함께 보낼 수도 있을 것이다. 카뮈는 하나님, 죽음, 그리고 탐구에 관하여 이렇게 말했다. "우리에게는 죽음과 함께 스스로를 정돈할 수 있는 한 가지 자유밖에는 없다. 그 후에야 비로소 모든 것이 가능하다." 우리는 스스로에게 하나님을 믿으라고 강요할 수 없다. 하나님에 대한 믿음은 죽음을 극복하는 것과 연관되어 있다. 우리가 죽음을 인정할 때, "하나님에 관한 문제가 풀릴 것이다―그 반대가 결코 아니다." [7]

결국, 틸리히에 따르면,

우리가 우리 삶의 최종적인 깊이에 다다르게 되는 순간은 바로 우리가 영원한 기쁨, 무너지지 않을 희망, 삶과 죽음의 토대가 되는 진리를 경험할 수 있는 순간이다. 그 깊은 곳에 진리가 있고, 그 깊은 곳에 희망이 있고, 그 깊은 곳에 기쁨이 있기 때문이다. [8]

우리의 무인도가 대학 캠퍼스이든, 거대한 주식회사이든, 결점 투성이의 결혼 생활이든, 요양소이든, 또는 부랑자들의 오두막이든 간에, 근본적인 문제는 오직 하나뿐이다 : "어떻게 해야 내가 행복하게 죽을 수 있을까?" 우리의 대답이 우리의 생활 방식을 결정할 것이며, 나아가 우리의 삶이 의미를 갖느냐 못 갖느냐 하는 것까지도 결정할 것이다.

우리가 그대에게 바라는 것이 있다면 이것이다. 부디 남은 생애 동안 의미 있는 여행을 하라. 하지만, 무엇보다도 인생의 마지막 순간, "행복하게 죽음을 맞을 수 있도록 하라!"

머리말

1) 루이스 H. 래펌, "누가 그리고 무엇이 미국인인가?" *Harper's Magazine* (1992. 1.) 46쪽.

서론 : 산송장

1) 이 장에 쓰여 있는 부분들은 본디 Thomas H. Naylor and Magdalena R. Naylor, "The Living Dead," *New Oxford Review* (1992. 9), 24-26쪽에 들어 있었던 것인데, 허락을 받고 옮겨 실은 것이다. Copyright ⓒ 1992 *New Oxford Review*. Reprinted with permission from the *New Oxford Review* (1069 Kains Ave., Berkeley, CA 94706)

2) 알베르 카뮈, *시지프의 신화와 다른 에세이들* (New York : Alfred A. Knopf, 1955), 4쪽.

3) 라인홀트 니버, *그리스도교와 권력의 정치학* (New York : Scribner's, 1940), 201쪽.

4) J. 미들턴 머리, 라인홀드 니버의 *그리스도교와 권력의 정치학* (New York : Scribner's, 1940), 196-97쪽에 인용되어 있음.

5) 에리히 프롬, *소유냐 존재냐* (New York, Harper & Row, 1976), XXVII쪽.

6) 워커 퍼시, *이상한 나라의 표지들* (New York : Farrar, Straus and Giroux, 1991) 162쪽.

7) 앞의 책, 163쪽.

8) 엘리 위젤, *맹세*(New York : Schocken, 1973) 11쪽.

제1장 : 탐구 과정

1) 에리히 프롬, *소유냐 존재냐*(New York : Harper & Row, 1976), 96쪽.

2) 도런 P. 레빈, "Domino Founder Seizes Command," *New York Times* (1992. 12. 10.), D1쪽.

3) 프롬, *소유냐 존재냐*, 97쪽.

4) 빅터 E. 프랭클, *인간의 의미 탐구*(New York : Washington Square Press, 1984), 133쪽.

5) 바클라프 하벨, "힘없는 이들의 힘," *힘없는 이들의 힘*, 바클라프 하벨 외. (Armonk, N.Y. : M.E. Sharpe, 1990), 92쪽.

6) 폴 틸리히, *존재에의 용기*(New Haven : Yale University Press, 1952), 91쪽.

제2장 : 무의미함

1) 장-폴 사르트르, R. 헵번의 "삶의 의미에 관한 문제들," *Religious Studies 1* (1965), 125-40쪽에서 인용.

2) 알베르 카뮈, *반항인* (New York : Alfred A. Knopf, 1956), 5쪽.

3) 어빈 D. 얄롬, *니체가 울었을때*(New York : Basic Books, 1992), 139쪽.

4) 알베르 카뮈, "독일 친구에게 보내는 네 번째 편지," 1944년 7월, 카뮈의 책 *저항, 반항, 그리고 죽*

음 (New York : Alfred A. Knopf, 1960), 28쪽에 들어 있음.

5) 알베르 카뮈, *시지프의 신화와 그 밖의 에세이들* (New York : Alfred A. Knopf, 1955), v쪽.

6) 알베르 카뮈, *칼리귤라* (New York : Alfred A. Knopf, 1958), 8쪽.

7) 알베르 카뮈, *시지프의 신화와 그 밖의 에세이들* (New York : Alfred A. Knopf, 1955) 안에 "티파사로 돌아옴", 203쪽.

8) 알베르트 아인슈타인, *생각과 견해* (New York : Bonanza, 1954), 11쪽.

제3장 : 분리

1) 토마스 H. 네일러의 논문, "Redefining Corporate Motivation, Swedish Style," *Christian Century* (1990. 5. 30.), 566-69쪽에 근거함.

2) 폴 틸리히, *흔들리는 터전* (New York : Charles Scribner's Sons, 1948), 156-57쪽

3) 롤로 메이, *자유와 운명* (New York : Dell, 1981), 10-11쪽.

4) 앞의 책, 54쪽.

5) 어빈 D. 얄롬, *니체가 울었을 때* (New York : Basic Books, 1992), 177쪽.

6) 에리히 프롬, *자유로부터의 도피* (New York : Avon, 1965), 161쪽.

7) M. 스콧 펙, *덜 지나간 길* (New York : Touchstone, 1978), 44쪽.

8) 라인홀트 니버, *정의와 자비*, 우르술라 M. 니버 편 (New York : Harper & Row, 1976), v쪽.

9) 폴 틸리히, *흔들리는 터전*, 57쪽.

10) 에리히 프롬, *사랑의 기술* (New York : Harper & Row, 1965), 88쪽.

11) 제럴드 J. 케이스먼과 할 슈트라우스, *난 네가 미워 — 날 떠나지 마* (New York : Avon, 1989), 4쪽.

12) 실비아 휼리트, *큰 가지가 부러질 때* (New York : Basic Books, 1991), 14쪽.

13) 얄롬, *니체가 울었을 때*, 55쪽.

14) 어니스트 베커, *죽음의 부정* (New York : Free Press, 1973)

15) 존 랄스턴 솔, Voltaire's Bastards (New York : Free Press, 1992), 347쪽.

제4장 : 소유

1) 리 아트워터, "리 아트워터의 마지막 캠페인," *Life* (1992. 2.)

2) 노먼 리어, "인간의 영혼을 위한 교육," National Education Association National Convention 에서 행한 강연, Kansas City, Mo., 1990. 7. 7., 3쪽.

3) 실비아 나사르, "빈익빈 부익부" 뉴욕타임즈(1992. 5. 24.)

4) 펠리서티 베링거, "부자들의 자선 행위가 평균 이하로 감소되고 있다," *New York Times* (1992. 5. 24.)

5) 그래프 S. 크리스털, *과도함에 대한 탐구* (New York : W. W. Norton, 1991), 27-28쪽.

6) 리어, "교육" 7쪽

7) 앨런 다인 더닝, "너무 많은 구매자들 : 쇼핑가게와 자본주의가 지구에 행하는 것" *워싱턴 포스트*
(1992. 8. 24)

8) 마이클 맥클로스키, *삶의 의미*, 데이빗 프렌드 편 (Boston : Little, Brown & Co., 1991), 13쪽.

9) 스탠리 하우워스와 윌리엄 H. 윌리먼, *이방인 거주자들 : 그리스도교 식민지 생활*(Nashville:Abingdon
Press, 1989),77~78쪽

10) 윌리엄 H.윌리먼, *성서적 유형* (Nashville : Abingdon Press, 1990), 28~29쪽.

11) 하우워스와 윌리먼, *이방인 거주자들*. 35~36쪽.

12) 램지 클라크, *민족*, (1992. 7. 15-22)

13) 존 메이너드 케인즈, *설득의 에세이들* (London : Macmillan, 1931), 312~13쪽.

14) 조안 로빈슨, *경제 철학* (Chicago : Aldine, 1962), 80~81쪽.

15) 존 메이너드 케인즈, *고용, 이자, 금융의 일반 이론* (London : Macmillan, 1936), 383쪽.

제5장 : 존재

1) 랠프 왈도 에머슨, *랠프 왈도 에머슨 : 에세이 선집*에서 "자립" (New York : Penguin, 1982), 177
쪽.

2) 라인홀트 니버, *정의와 자비*, 우르술라 M. 니버 편 (New York : Harper & Row, 1976), v쪽.

3) 롤로 메이, *창조의 용기* (New York : Bantam, 1976), 15쪽.

4) 앞의 책, 169쪽.

5) 앞의 책, 107~8쪽.

6) 알베르 카뮈, *반항인* (New York : Alfred A. Knopf, 1956), 253쪽.

7) 빈센트 반 고흐, 알베르 카뮈가 *반항인*에서 인용, 257쪽.

8) 로버트 펜 워렌, *여기에 있다는 것*(New York : Random House, 1978), 107~8쪽.

9) M. 스콧 펙, *덜 지나간 길* (New York : Touchstone, 1978), 81쪽.

10) 에리히 프롬, *사랑의 기술* (New York : Harper & Row, 1989)

11) 어빈 D. 얄롬, *니체가 울었을 때* (New York : Basic Books, 1992), 280쪽.

12) 레아 드 룰레트, 데이빗 프렌드가 편집한 *삶의 의미* (Boston : Little, Brown & Co., 1991)에서,
16쪽.

13) 라이사 M. 고르바초프, *나는 희망한다* (New York : Harper Collins, 1991), 97쪽.

14) 앞의 책, 19쪽.

15) 빅터 프랭클, *인간의 의미 탐구* (New York : Washington Square Press, 1959), 135쪽.

16) 재니스 카스트로, "단순한 삶," *타임* (1991. 4. 8), 58쪽.

17) 프랭크 레버링과 완다 우르반스카, *단순한 생활* (New York : Viking, 1992)

제6장 : 개인적인 탐구

1) 빈센트 배리, 사업상의 도덕적 쟁점 (Belmont, Calif. : Wadsworth, 1979)

2) 로라 L. 내쉬, "설교 없는 윤리학," 하버드 비지니스 리뷰 (1981. 11~12월호), 79~90쪽.

3) 어빈 D. 얄롬, 니체가 울었을 때 (New York : Basic Books, 1992), 188쪽.

제7장 : 공동체를 향한 갈망

1) 알베르 카뮈, 노트북 1942 ~1951 (New York : Alfred A. Knopf, 1965), 57쪽.

2) 알베르트 아인슈타인, 나의 후년으로부터 (New York : Philosophical Library, 1950), 260쪽.

3) 리처드 N. 굿윈, "재건의 끝," 당신은 목련을 먹을 수 없다, H. 브란트 아이어스와 토마스 H. 네일러 (New York : McGraw-Hill, 1972), 65쪽.

4) 앨런 다인 더닝, "그리고 너무 많은 쇼핑객들 : 가게들과 자본주의가 지구에 하고 있는 일," 워싱턴 포스트 (1992. 8. 24)

5) 레스터 더로우, "공산주의자 대 개인주의적 자본주의," 반응적 공동체 (1992. 가을호), 24~25쪽.

6) 성 마가의 몇 가지 철학 개념은 제임스 R. 애덤스의 책, 그래서 당신은 당신이 종교적이지 못하다고 생각하시는군요 (Cambridge, Mass. : Cowley, 1989)에서 일별할 수 있다.

7) 컬크패트릭 세일, 인간의 규모 (New York : Coward, McCann & Geoghegan, 1989), 487~90쪽.

8) 시어도어 로작, 지구의 소리 (New York : Simon & Schuster, 1992), 14쪽.

9) 세일, 인간의 규모, 387쪽.

10) 엘리자베스 오카너, 섬기는 지도자, 섬기는 구조(Washington, D.C. : Servant Leadership School, 1991)

11) 앞의 책, 68쪽.

12) 앞의 책, 86쪽.

13) 프랭크 브라이언과 존 맥클로리, "버몬트에서 온, 미국의 민주주의를 소생시키기 위한 급진적인 청사진," 우트 네 리더 (1991. 1-2월호), 50~57쪽.

제8장 : 직장에서의 의미 탐구

1) 알베르 카뮈, 노트북 1935~1942 (New York : Paragon, 1991), 85쪽.

2) 칼 마르크스, 경제철학 소고 (London : Lawrence and Wishart, 1959), 138쪽.

3) 카뮈, 노트북, 92쪽.

4) 리처드 N. 굿윈, 1970년 4월 17일, 테네시의 멤피스에 있는 L. Q. C. 라마 소사이어티에서 행한 강연. H. 브랜트 아이어스와 토마스 H. 네일러가 편집한 당신은 목련을 먹을 수 없다의 "남부의 전략"에서 토마스 네일러가 인용 (New York : McGraw-Hill, 1972), 356쪽.

5) 아이비엠, 사업 운영 지침, (Armonk, N.Y. : IBM, n.d., no copyright)

6) 컬크패트릭 세일, *인간의 규모* (New York : Coward, McCann & Geoghegan, 1989), 352쪽.

7) 앤드류 폴라크, "'꿈' 공장에서 일하는 일본 루레스 자동차회사 노동자들," *뉴욕 타임즈* (1992. 8. 16), A1쪽.

8) 요체프 티슈너, *에티카 솔리다노스키* (Paris : Spotkania, 1982), 18, 20쪽.

제9장 : 탐구를 위한 도구들

1) 로렌스 하트먼, "대통령 연설 : 인간의 가치와 생정신사회학적 통합에 대한 숙고," *아메리칸 저널 오브 사이카이어트리* (1992. 8월호), 1136쪽.

2) 윌리엄 스타이런, *가시적 어두움* (New York : Vantage, 1992), 68쪽.

3) 대니얼 골맨, "치료자는 종교를 환영이 아닌, 보조로 본다," *뉴욕 타임즈* (1991. 8. 10.)

4) *정신의학 뉴스* (1992. 6. 19), 20쪽에서 인용.

5) 어빈 D. 얄롬, *실존적 심리치료* (New York : Basic Books, 1980)

6) 요체프 티슈너, *에티카 솔리다노스키* (Paris : Spotkania, 1982), 35쪽.

7) 폴 틸리히, *존재에의 용기* (New Haven, Conn. : Yale University Press, 1952), 147-48쪽.

8) 알베르 카뮈, *노트북 1942~1951* (New York : Alfred A. Knopf, 1965), 39쪽.

9) 알베르 카뮈, *반항인* (New York : Alfred A. Knopf, 1956), 255~56쪽.

10) E. H. 에릭슨, *젊은 루터 : 정신분석과 역사적 측면에서의 연구* (New York : W. W. Norton & Co., 1958), 21~22쪽.

11) 바클라프 하벨, "현시대의 종말," 1992. 2. 4, 스위스, 다보스, 세계 경제 포럼에서 행한 강의.

12) 앞의 책.

13) 앨프리드 노트 화이트헤드, *과학과 현대 세계* (New York : MacMillan, 1926), 267쪽.

제10장 : 영혼을 다루는 일

1) 윌리엄 어니스트 헨리의 시 "Invictus"에서 발췌.

2) 어빈 D. 얄롬, *니체가 울었을 때* (New York : Basic Books, 1992), 140쪽.

3) 알베르 카뮈, *노트북 1942~1951* (New York : Alfred A. Knopf, 1965), 72쪽.

4) 플라톤, "최후의 대화 : 패도," 소크라테스의 마지막 날들 (New York : Penguin Books, 1969), 107쪽.

5) 리차드 카우퍼, "너무 높이 오른 여인," *위켄드 파이낸셜 타임즈* (1992. 6. 27~28)

6) 얄롬, *니체가 울었을 때*, 69쪽.

7) 카뮈, *노트북 1942~1951*, 151쪽.

8) 폴 틸리히, "존재의 깊이," *흔들리는 터전* (New York : Charles Scribner's Sons, 1948), 63쪽.

●지은이

토마스 H. 네일러 (Thomas H. Naylor, Ph.D)
작가요, 철학자이며, 듀크대학교 경제학과 교수이다. 그는 그 곳에서 30년 동안 가르쳤다. 특히 전략적
관리분야에서 활동하는 국제 관리 고문으로서, 30개 이상의 나라에서 정부나 주요 회사들의 고문 역할을 해 왔다.
현재 그는 미들버리대학과 버몬트대학에서 '직장에서의 의미 탐구'를 가르치고 있다. 그는 24권의 책을 쓴
작가이기도 하다.

윌리엄 H.윌리먼 (William H. Willimon, S.T.D)
듀크대학교에서 교목실장 겸 그리스도교 교역학과 교수로 활동하고 있다. 그는 〈에덴을 위한 탄식〉과
〈먼저 웃을지어다〉를 포함한 33권의 책을 쓴 작가이며,〈재류 외국인〉의 공저자이기도 하다.

맥딜레너 R.네일러 (Magdalena R. Naylor, M.D., Ph.D)
특히 여성과 사춘기 청소년 문제를 다루는 분야에서 두각을 보이고 있는 정신의학자로서, 버몬트대학 의학센터의
조교수이다. 그녀는 수많은 과학 논문의 공저자이기도 하며, 전문적이고 교육적이고 종교적인 집단을 대상으로
빈번하게 강의도 하고 있다.

●옮긴이

박근원
한국신학대학 · 한국신학대학대학원 · 미국 듀북대학교 신학대학 (S.T.M.) · 아퀴나스학원대학 신학부(Ph.D)졸업. 독일
하이델베르크대학 연구교수 · 미국 샌프란시스코신학대학 객원교수 · 한신대학 학장을 거쳐, 한신대학 실천신학 교수 ·
한국전문화목회연구원 원장으로 있다. 지은책으로 〈오늘의 교역론〉〈오늘의 예배론〉〈새로운 예배자료〉〈전5권〉〈예배
자료 21〉〈전5권〉 등이 있고, 옮긴책으로 〈목회학원론〉(E.Thurneysen) 〈목회상담신론〉(H.Clinebell) 등이 있다.

신현복
목사. 한국교회와 가정을 연구하는 모임 대표, 한신대 · 한신대대학원을 졸업하고 한국실천신학박사원 박사과정을 밟고 있다.
한국전문화목회연구원 · 한국심리치료연구소 등에서 연구활동을 했으며, 특히 박근원 박사의 지도로 〈새로운 예배자료〉
〈전5권, 진흥〉와 〈예배자료21〉〈전5권, 대한기독교서회)을 비롯한 여러 가지 연구프로젝트에 함께 했다. 지은책으로 〈건빵〉
〈목마른 사슴의 노래〉 옮긴책으로 〈희망의 목회상담〉(레스터) 〈영혼의 친구 365〉(로버트 스트랜드) 등이 있다.

삶의 의미를 찾아서

초판1쇄발행 1999년 3월 10일
초판2쇄발행 1999년 5월 5일

지은이 토마스 H. 네일러, 윌리엄 H.윌리먼, 맥딜레너 R. 네일러
옮긴이 박근원 · 신현복
펴낸이 길청자
펴낸곳 도서출판 아침
등록 제7호(1999.1.7)

기획 열린마당
제작 삼덕미디어

주문처(총판)생명의 샘
　　　서울 · 송파구삼전동 65/ 전화 419-1451/ 팩스 419-1452

* 정가는 뒷표지에 표시되어 있습니다. * 잘못만들어진 책은 책방에서 바꾸어 드립니다.

ⓒ Thomas H.Naylor, William H.Willimon, Magdalena R. Naylor, 1995

* 가까운 책방에 책이 없을 때에는 080-365-7878(수신자 부담 전화)로 전화주시면
　송료 본사부담으로 책을 보내드립니다.

ISBN 89-88764-03-X　　33230